AF155538

C. A. Ehemann

Meine Reise nach Florida

weitsuechtig

C. A. Ehemann

Meine Reise nach Florida

ISBN/EAN: 9783956560620

Auflage: 1

Erscheinungsjahr: 2013

Erscheinungsort: Bremen, Deutschland

@ weitsuechtig in Access Verlag GmbH. Alle Rechte beim Verlag und bei den jeweiligen Lizenzgebern.

weitsuechtig

Calwer Familienbibliothek.
51. Band.

Meine Reise nach Florida.

Von

E. A. Ehemann.

———

Mit vier Bildern.

Calw & Stuttgart.
Verlag der Vereinsbuchhandlung.
1900.

Druck der Stuttgarter Vereinsbuchdruckerei.

Inhalt.

Vorwort.

Warum nach Florida?

So wurde ich immer wieder von meinen Freunden gefragt, als es bekannt wurde, daß ich die Absicht habe, längere Zeit in Florida zuzubringen und meine zwei ältesten Söhne, die damals $17^1/_2$ und $15^1/_2$ Jahre alt waren, dahin mitzunehmen, ja sie dort dauernd anzusiedeln.

Nach Florida! Ins Land „der Sümpfe und der Fieber"! Als solches ist es mir auch vom früheren Geographieunterricht in der Schule her in Erinnerung, wenn diesem Lande zehn Minuten gewidmet wurden, um den Schüler einigermaßen mit demselben bekannt zu machen. Das Land „der Blumen und Orangen" nennt der Amerikaner diesen Teil seines großen Vaterlandes, der ihm selbst bis vor wenigen Jahren ein beinahe unbekanntes Land geblieben war, wenigstens soweit es den Osten, die Mitte und den Süden der Halbinsel Florida betrifft. Erst als die Eisenbahn auch in Florida eindrang und namentlich seit vor vier Jahren der Eisenstrang an der ganzen langen Ostküste hinunter, bis Miami,

gelegt war, ist das Land offen, und Groß und Klein
kann sich überzeugen, daß es wohl ein Land voll von
Sümpfen und Seen sei, aber doch frei von den mit Recht
so gefürchteten Fiebern, zumal dem gelben Fieber. An
der sumpfigen Mündung des Missisippi in dem mexi=
kanischen Golf, dort bei New-Orleans, ist der Herd des
alle Jahre mehr oder weniger heftig auftretenden gelben
Fiebers zu suchen, in einer Gegend, wo nach der sommer=
lichen Regenzeit die Luft geschwängert ist mit fieber=
erregenden Miasmen. Sobald der Ausbruch des Fiebers
von dort gemeldet wird, erlassen die benachbarten Staaten
ihre Quarantänegebote, die für amerikanische Verhält=
nisse merkwürdig genau beobachtet werden, da den Leuten
dort drüben ihr liebes Leben eben doch auch über alles
geht. Die Maßregeln, Florida von der Seuche frei zu
halten, werden strenge durchgeführt, und so ist es ge=
lungen, das gelbe Fieber vom ganzen Staate ferne zu
halten.

Aber die Malaria, das Sumpf= und Wechselfieber,
das in allen tropischen und subtropischen Gegenden, zu=
mal in der Nähe von viel Wassern heimisch ist! Da
ist es geradezu wunderbar, wie diese Malaria trotz der
ungeheuren Wassermengen, die das Land bedecken, so
äußerst selten in Florida, besonders an der Ostküste auf=
tritt. Es werden, und wohl mit Recht, zwei Gründe
dafür angeführt: einmal ist das Land an der Ostküste
vom atlantischen Ozean bis weit ins Innere hinein mit
Föhrenwäldern bedeckt, deren Ozongehalt zur Gesundheit
der Bewohner sehr viel beiträgt; sodann ist es die Nähe
des Meeres, durch das die Gesundheitsverhältnisse von

Ostfloriba überaus günstig beeinflußt werden. Vom Morgen bis zum Sonnenuntergang weht eine ununterbrochene kühlende und stärkende Brise vom Ozean herüber, die ein Arbeiten auf dem Felde selbst in der Mittagshitze möglich macht. Und weil der Golfstrom nur eine halbe Stunde vom Ufer entfernt von Süden nach Nordosten vorüberfließt, bleiben die Temperaturverhältnisse während des ganzen Jahres ziemlich gleichmäßig, zwischen 20 und 28° R. Nur durch länger anhaltende nordwestliche Windströmungen sinkt das Thermometer auf 8° R. ober sogar auf 0° R.

Durch alle diese günstig zusammenwirkenden Verhältnisse ist die Ostküste von Floriba für die Bewohner des Nordens der Vereinigten Staaten, besonders für die reichen New-Yorker das geworden, was Algier ober die Riviera für die Europäer des Nordens schon seit langer Zeit sind, nämlich ein für Lungenleidende und Rheumatismuskranke sehr zuträglicher Winteraufenthalt. Vom 1. Januar bis 1. April ist die ganze Küste in den Städten wie in den einzelnen Ansiedlungen von mehr ober weniger Erkrankten, die bort Heilung suchen und sehr oft finden, vollständig besetzt.

Mir war vom Arzt die Weisung geworden, den Winter in einem milden Klima zuzubringen, also an die Riviera zu gehen. Statt borthin ging ich nun eben etwas weiter, nach Floriba, und hatte es nicht zu bereuen. Der heilsame Einfluß der Ostküste dieser Halbinsel hat sich auch an mir bewährt, und wenn ich mit bem Gelbbeutel Abrechnung halte, der ja in diesen Sachen eine gewaltige Rolle spielt, so kann ich bestimmt versichern, daß mich eine zehneinhalbmonatliche Abwesenheit nebst der ganzen Reise hin und her nicht so hoch zu stehen kam als ein fünfmonatlicher Aufenthalt an der Küste des mittelländischen Meeres mich gekostet hätte! Und was hat man bei einer solchen Reise noch obendrein gesehen und erlebt!

Dazu kam aber für mich noch ein zweites: die Ansiedlung meiner Söhne in Florida.

Die Eröffnung des Landes durch die neue Ostbahn erregte das Kolonisationsfieber in solcher Weise, daß auch christliche Kreise in Philadelphia, den deutschen Pastor Pohle daselbst an der Spitze, davon ergriffen wurden. Ein Verein zur Ansiedlung im Süden von Ostflorida sandte Pastor Pohle nach Florida hinunter, um die Verhältnisse zu erkunden. Er schilderte Klima und Boden in so glänzenden Farben, obgleich er, wie sich nachträglich herausstellte, davon nichts verstand, daß man gleich an die Gründung einer Stadt etwas südlich vom 27. Breitegrad, hart am Meer, zu gehen beschloß, das Land dort vermessen ließ und den Bauplan aufs genaueste ausfertigte. Nun galt es, Ansiedler zu bekommen. Zu diesem Zweck benützte die Gesellschaft das „Lutherische Kirchenblatt“, das in Reading bei Philadelphia wöchentlich erscheint und auch mir in die Hände fiel, und in welchem Pastor Pohle bis ins kleinste die Aussichten und Hoffnungen künftiger Ansiedler im hellsten Licht erscheinen ließ. Durch einen längeren und ausführlichen Briefwechsel mit ihm kam ich endlich zu der Überzeugung, daß für die Zukunft meiner Söhne gut gesorgt wäre, wenn sie sich in dem gesegneten Lande

als Pflanzer von Südfrüchten, namentlich von Ananas
(ober Pine-apples) niederließen, und durch Anzahlung
wurde ein Stück Land gesichert. Allerdings war die
Behauptung von Pastor Pohle, es sei am besten, sich
durch sofortige volle Bezahlung das Land zu sichern,
da der Andrang von Ansieblern nach der neuen,
Dresden zu heißenden Stadt ein gewaltiger sein werde,
nicht richtig, und darum that ich wohl daran, nur wenig
Angeld zu bezahlen, das übrigens nicht verloren war.

Daß hinter allem ein großer, echt amerikanischer
Schwindel steckte, in den Pastor Pohle mitgezogen
wurde, stellte sich erst später heraus. Als wir an Ort
und Stelle angekommen waren, war die ganze Gesell=
schaft schon verkracht, und wir kauften das Land nicht
von ihr, da sie kein Recht daran hatte, sondern von der
Eisenbahngesellschaft, deren ursprüngliches Eigentum es
war, und zwar für weniger als die Hälfte des ange=
gebenen Preises. Bei wiederholten Vorstellungen gegen=
über den Vorständen der Gesellschaft ging es dann wie
bei manchen Angeklagten sonst: sie wollten lieber für
schlecht gelten, als zugestehen, daß sie selbst übertölpelt
worden seien.

Falls das Büchlein, das ich hier dem Leser in die
Hand gebe, dazu beitragen würde, irgend einen, der auch
durch das weitverbreitete „Lutherische Kirchenblatt" oder
sonst woher die Lust bekommen sollte, sich jener An=
sieblungsgesellschaft, die immer noch weiterarbeitet, anzu=
schließen, vor Schaden zu warnen und zu bewahren,
so sollte es mir seinetwillen sehr lieb sein. Auch in
kirchlichen Kreisen in Amerika herrscht nur zu oft ein

Schwindelgeist in Bezug auf irdischen Gewinn. Freilich, wenn einmal die Lust da ist, auf solche Versprechungen, ja Verheißungen einzugehen, hilft gewöhnlich ein guter Rat nicht mehr, erst der Schaden macht dann klug. Jedenfalls ist es meine vollste Überzeugung, die aus neunmonatlicher Erfahrung im Lande selbst gewonnen ist, daß der Grund und Boden in der Gegend, in der die Ansiedlung von Pastor Pohle erstehen sollte oder noch soll, zu den schlechtesten in ganz Ostfloriba gehört. Um den gewünschten Ertrag zu erzielen, ist es von Anfang an notwendig, den Boden mit allerlei Kunstdünger zu versorgen unter großen Opfern an Geld. Mit der gerühmten Fruchtbarkeit des jungfräulichen Bodens, wonach jahrelang alles von selbst in Hülle und Fülle wachsen soll, ist es nichts. Die Erfahrung hat das gezeigt.

1. Kapitel.

In Bremen. Unfreiwillige Wartezeit.

In Bremen steht neben dem ehrwürdigen Rathaus mit seinem berühmten Ratskeller, und neben dem alten Dom ein großes, schönes Gebäude, die Börse, wo die Kaufleute von Bremen zusammenkommen, um ihre Geld- und Handelssachen ins reine zu bringen. Über dem mächtigen Börsensaal führt hoch oben eine breite Galerie, von der aus der Fremdling dem Treiben unten gemütlich zusehen und zuhören kann. Ringsum ist diese Galerie mit hohen, von Künstlerhand hergestellten Gemälden geschmückt, welche teils die geschichtliche Vergangenheit der alten Hansastadt von ihrer Gründung an vorführen, teils die verschiedenen Handelszweige veranschaulichen, mit denen die Bremer Kaufmannschaft sich beschäftigt. Das allerletzte dieser Gemälde stellt das Auswanderungswesen dar, das durch den Norddeutschen Lloyd in so großartiger Weise entwickelt worden ist. Lange standen wir als angehende Auswanderer vor diesem Bilde. Eine Familie, Eltern mit erwachsenen und unmündigen Kindern lassen sich eben auf einem Boot überführen nach einem Dampfer, der ihrer draußen wartet, um sie an das unbekannte Ziel ihrer Reise zu bringen. Die Hand über den Augen schaut der Hausvater hinaus in die Ferne und seine ernsten Gedanken lassen sich wohl erraten in einem Augenblick, da er mit den Seinen der alten Heimat den Abschied giebt und den ersten

Schritt thut einer neuen, erst zu grünbenben Heimat
entgegen.

Auch unsere Gedanken wurden aufs Ernste gerichtet.
Auch für die jungen Söhne sollte sich eine neue Heimat
brüben über bem weiten Ozean aufthun unb wie wirb sich
da ihre Zukunft gestalten in ber neuen, noch unbekannten
Welt? Wenn auch menschlicher Verstanb unb menschliche
Überlegung alles aufs beste unb eingehenbste ausgebacht,
beraten unb vorbereitet hatte, so mußten wir boch wohl,
baß bamit allein ein gutes Enbe sich noch nicht erreichen
ließ. Aber wir wußten auch ebenso gut, baß man nicht
vergeblich auf ben traut:

Der Wolken, Luft unb Winden giebt Wege, Lauf unb Bahn,
Der wird auch Wege finden, ba bein Fuß gehen kann!

Unb in biesem Sinn blickten wir unverzagt hinaus in bie
Zukunft, hinüber über ben Ozean, in bie Neue Welt! —

Das Zeichen ertönte, baß bie Börsenstunbe vorüber
sei, unb stille wurde es um uns, unb stille unb beruhigt
traten wir wieder hinaus ins Treiben unb in ben Sonnen=
schein ber Stabt.

Zur Überfahrt nach New York hatten wir uns bas
nagelneue Schiff „Kaiser Wilhelm ber Große" auserlesen,
ben größten „Doppelschrauben=Schnellpostbampfer", ber je
zwischen ber alten unb neuen Welt verkehrte unb bessen
erste Fahrt wir mitmachen wollten. Darum hatten wir
auch bescheibentlich Fahrkarten für bas Zwischenbeck ge=
nommen, obgleich ein Beamter von ber Verwaltung mich
versicherte, für Leute, wie wir, sei bas Zwischenbeck nicht
bestimmt. Ein leiser Hinweis auf unseren Gelbbeutel
brachte ihn zu vernünftigem Schweigen. Allerbings fuhren
sechs Kollegen von mir in ber ersten Kajüte; boch sie werben
wohl gewußt haben, weshalb sie sich bas leisten konnten.
Wir bachten, ba noch niemanb mit biesem Schiffe gefahren,

und daher alle Räume noch neu und frisch waren, werde
die so viel kürzere Überfahrt wohl auch im Zwischendeck
durchzumachen sein; und wir täuschten uns nicht.

Wir hatten übrigens mit vielen anderen Reisegenossen
volle Muße, die Stadt Bremen kennen zu lernen. Der
Dampfer, der am 14. September abgehen sollte, war in
Swinemünde bei der Übernahme durch den Lloyd im Sand
stecken geblieben und sechs Dampfer mühten sich tagelang ab,
den Koloß wieder frei zu machen. Als er dann am Freitag 17. September endlich in Bremerhafen eintraf, mußte
Tag und Nacht daran gearbeitet werden, das Schiff mit
Kohlen und Proviant für die Reise zu versehen, die auf
Sonntag den 19. September festgesetzt wurde. Wohl hatte
man uns angeboten, mit einem der zwei Dampfer des Lloyd,
die am Samstag abgingen, zu fahren. Allein der Reiz,
dieses vielgepriesene neue Schiff zur Überfahrt zu benützen,
war zu groß, als daß wir gewechselt hätten. Und in der
That, wir sollten diese beiden Dampfer bald weit überholen.

Einstweilen benützten wir unsren unfreiwilligen Aufenthalt dazu, Bremen gründlich kennen zu lernen.

Großartig ist der Verkehr in dem neuen Freihafen,
in welchem eine Menge großer Schiffe lagen, die aus- und
eingeladen wurden. Eine lange Reihe mächtiger Lagerhäuser zieht sich am Hafen hinab; die Schiffe können bequem anlegen und die Waren mit schweren Krahnen
heraus- und hineingehoben werden. Welche Schätze aus
den fernsten Ländern liegen da aufgestapelt! Eisenbahn-
geleise laufen dem Hafen entlang, so daß aus Schiffen
und Lagerhäusern die Güter gleich in den Zug verladen
werden. So lange die Waren in den Hallen liegen, sind
sie zollfrei; was aus dem Freihafengebiet herausgeht,
wird am Ausgang aufgeschrieben und unterliegt dort dem
Zoll. Abends um 6 Uhr ist alle Arbeit im Hafen beendet,

die Häuser werden abgeschlossen und zu Tausenden ziehen
die Arbeiter ab in ihre Quartiere.

Ein übersichtliches Bild vom Handel Bremens erhält
man im Handelsmuseum in der Nähe vom Bahnhof. In
dieses haben die Bremer Kaufherren aus allen Ländern
der Erde die wichtigsten Handelsartikel gestiftet. Bekannt
sind die Bremer Cigarren. Da sieht man riesige Ballen
echten Havannah= oder Java=Tabak, weiter eine Samm=
lung aller Sorten Tabakblätter aus den einzelnen tabak=
bauenden überseeischen Ländern, und endlich alle möglichen
Sorten fertiger Cigarren, von den teuersten bis zu den
wohlfeilsten. Da fällt es einem Raucher schwer, sich nicht
gelüsten zu lassen. Deshalb aber ist alles unter Glas
und Rahmen gut verschlossen.

Bremen ist Hauptmarkt für Baumwolle. Da ist es
nun sehr interessant, im Museum ein Bild von der Ge=
winnung der Baumwolle nebst einer Sammlung der ver=
schiedensten Baumwollesorten zu sehen. Es sind Baum=
wollefarmen im Kleinen abgebildet, an denen man die
Aussaat, das Wachstum und endlich die Ernte der Baum=
wolle verfolgen kann. Eine ganze Menge kleiner brauner
Menschen ist z. B. beschäftigt, die reife Baumwolle von
den Büschen zu pflücken, während andere die gesammelte
Baumwolle verpacken und zu Schiffe tragen.

Das Leben und Treiben, Wohnung, Jagd, Gewerbe
und Handwerk der fernsten Völker sind in kleinem Maß=
stab dargestellt und daneben findet man die Tier= und
Pflanzenwelt in schönen Exemplaren ausgestellt, kurz, für
einen, der Völker= und Länderkunde studieren will, bietet
dieses Museum große Schätze und Lehrmittel. Schön und
dankenswert, daß die Liebe zur Heimatstadt deren Bürger
in der Ferne antreibt, solche zum Teil sehr kostbaren
Schätze in das Museum zu schenken.

Vom Museum aus erreicht man in zwanzig Minuten den sogenannten Bürgerpark. Der Weg führt am großen städtischen Schlachthaus vorüber. Im Vorbeigehen sahen wir drei Pferde schlachten und noch eine ganze Menge sollte an die Reihe kommen. Man findet zwar in der Stadt da und dort Fleischerläden, in denen nur Pferdefleisch zu kaufen ist. Aber so viele Pferde? was wird aus ihnen?

Der Bürgerpark ist wirklich einer so reichen Stadt würdig. Stundenlang kann man sich dort auf den schönsten Wegen und in den prächtigsten Wäldern ergehen und findet überall wieder ein lauschiges, schattiges Plätzchen zum Ausruhen.

Altehrwürdig ist der Dom. Im Innern aber sah es greulich aus, denn dasselbe wurde eben von Grund auf erneuert und war ganz mit Baugerüsten ausgefüllt. Weltbekannt aber ist die Bleikammer des Doms, eine frühere Seitenkapelle. In dieser liegen verschiedene zum Teil über 200 Jahre alte Leichname in offenen Särgen. Sie sind ganz ausgetrocknet, wie ägyptische Mumien. Man kann aber z. B. am Leichnam eines Studenten die Halswunde noch genau sehen, die er vor 230 Jahren im Zweikampf erhielt. Ein halbes Dutzend Hühner hängt in dem Raum schon seit 6 Wochen, ohne in Fäulnis überzugehen. Man sagt, als in alter Zeit das Dach des Doms mit Bleiplatten gedeckt wurde, haben diese Platten längere Zeit in der Kapelle gelegen und seither habe dieser Raum die Eigenschaft, Fleisch vor Fäulnis zu bewahren, indem dasselbe allmählich völlig eintrocknet.

Neben dem Dom steht das alte Rathaus mit seinem Ratskeller. Wer kennt nicht die „Phantasien im Bremer Ratskeller" von Wilhelm Hauff! Dort ist es jeden Abend voll besetzt in den unterirdischen Räumen inmitten von mächtigen Fässern, die aber leer sind. Dagegen wird man

in den einzelnen Kellern herumgeführt, z. B. dem Zwölf=
apostelkeller, in denen die ältesten und köstlichsten Weine
aufbewahrt liegen. Was man dort trinkt, ist durchaus
rein und unverfälscht.

Vor dem Rathaus steht in doppelter Lebensgröße das
steinerne Standbild Rolands des Riesen, des Hauptkämpen
Kaiser Karls des Großen.

> Roland der Riese, am Rathaus zu Bremen
> Steht er im Standbild standhaft und fest,

fängt das Lied an, das den Alten und seine Thaten feiert.

Und neben diesem uralten Denkmal ein ganz neues:
Kaiser Wilhelm I, ein herrliches Reiterstandbild von ge=
waltigen Verhältnissen. Nur schade, daß der enge Raum,
der zur Verfügung stand, eine volle Wirkung desselben auf
den Beschauer nicht gestattet.

Wir waren herzlich froh, als die lange Wartezeit
ihrem Ende zuging und es hieß, am Sonntag 19. Sept.
geht der Zug nach Bremerhafen zum Schiff ab.

Zuvor aber mußten wir uns einer Operation unter=
ziehen, die für Auswanderer eines so mächtigen Reiches,
wie das deutsche Reich, eine Schmach und Schande ist.
Wer nämlich im Zwischendeck nach New York reist, muß
sich zuvor in Anwesenheit des amerikanischen Konsuls einer
Pockenimpfung unterwerfen. Die amerikanische Regierung
besteht darauf, und darum müssen sich deutsche Bürger
diese Vergewaltigung gefallen lassen! Stundenlang geht
dieses Impfgeschäft fort. Wir warteten, bis wir die aller=
letzten waren. Nach der Prozedur kam der amerikanische Konsul
selbst zu uns ins Nebenzimmer, wo wir gerade daran waren,
die Impfwunden auszudrücken, bis das Blut reichlich floß.

„Ich würde es auch so machen,“ erklärte er.

„Ja, aber wozu dann dieser ganze Humbug und diese
Menschenschinderei?“ frug ich.

„Es ist nun einmal Vorschrift von drüben, da läßt sich mit dem besten Willen nichts dagegen machen."

Wir unterhielten uns noch eine gute Weile mit dem freundlichen Manne, der großes Interesse an unserem Unternehmen zeigte.

Welch gute Dienste uns übrigens der Impfschein von Bremen noch erweisen sollte, wird der Leser weiter unten erfahren.

In häringsmäßiger Weise verpackt fuhren die Auswanderer des Zwischendecks in ihrem Extrazug von Bremen ab und in einer Stunde ist Bremerhafen erreicht. Der Zug hält unmittelbar neben unserem Schiff, aber ohne den Reisenden Zeit zu lassen, dieses seiner Länge und Ausdehnung nach zu betrachten, wird man die Schiffstreppe hinaufgetrieben; und obgleich noch vier Stunden bis zur Abfahrt vergehen, bleibt einem die Möglichkeit verschlossen, auch nur für etliche Augenblicke ans Land zu gehen.

Genau vor 20 Jahren war ich schon einmal in Bremen und auf einem Dampfer des Norddeutschen Lloyds gewesen. Damals hatte ich einen jungen Baron, der seine Studien nicht in gewünschter Weise nachkommen wollte, im Auftrag seines besorgten Vaters nach Bremen begleitet und auf das Schiff abgeliefert, dessen Ausfahrt aus dem Hafen ich noch abwarten mußte. Es war ein lebensfroher junger Mensch, und ich wünschte ihm von Herzen alles Gute in der neuen Heimat; denn schlecht war er nicht. Es ist ihm elend gegangen! Als Metzger fand er ein Auskommen am Eriesee, aber zerrüttete eheliche Verhältnisse trieben ihn zum Selbstmord. Sein Vater überlebte ihn nicht lange.

Innerhalb dieser 20 Jahre hat sich im Zwischendeck der Lloyddampfer vieles, und zwar zum Vorteil verändert. Damals lag noch alles, Männer, Weiber, Kinder durch-

einanber in einem Raum, unb ber Aufenthalt wurbe bei
stürmischem Wetter zur wahren Hölle.

Jetzt sinb Abteilungen vorhanben; auf unserem Schiff
waren es brei: für lebige Männer, zu benen wir kamen;
für Verheiratete, besonbers bie Juben, unb für bie Aus-
länber, b. h. bie Polaken, Slowaken, Galizier unb Russen,
beren eine erklecklicke Menge mit uns fuhr. Im Ganzen
waren es 268 Zwischenbeckler, bie von elf Uhr an sehn-
lichst auf bie Abfahrt bes Schiffs harrten.

––––––

2. Kapitel.

Die erste Fahrt bes „Kaiser Wilhelm ber Große“.
Freuben unb Leiben auf bem Ozean.

Nach zwei Uhr trafen bie Passagiere ber ersten unb
zweiten Kajüte mit ihrem Extrazug am Schiff ein unb
wurben von ber Schiffsmusik mit munteren Weisen empfangen, währenb am Lanb bie Zahl ber Zuschauer immer
mehr anwuchs, bie bas größte Schiff ber Welt abfahren
sehen wollten. Auch verschiebene Bremer Behörben hatten
ihre Abgeorbneten gesanbt, bie sich mit ben Reisenben ber
ersten Kajüte zu einem solennen Mahl mit Tafelmusik vereinigten. Gegen vier Uhr war bas Festmahl zu Enbe,
bie gelabenen Gäste verließen bas Schiff unb es wurbe
nunmehr Anstalt gemacht, abzufahren, nachbem bie Un-
gebulb ber Reisenben, wie bes tausenbköpfigen Publikums
aufs höchste gestiegen war.

Ein Pfiff, nein, ein mächtiges Geheul aus ber Dampfpfeife, bas nervenerschütternb burch ben ganzen Körper
fuhr unb bie Ohren zerriß! Es war bas Zeichen, baß
ber Riese sich nunmehr in Bewegung setzen werbe. So
geschah es, langsam, unmerklich. An ber Spitze gab sich

ein kleiner Lotsendampfer redliche Mühe, das große Schiff
von der Stelle zu bringen, und es gelang je länger, je
besser. Der Zwischenraum zwischen uns und dem Ufer
wird von Minute zu Minute größer. Jetzt kann die eigene
Schiffsmaschine mit eingreifen und schneller wird die Bewegung. Noch gilt es um die Ecke der Hafendocks zu
fahren, dann sind wir im freien Fahrwasser der Weser.
Das überaus zahlreiche Publikum drängt sich in lebens-
gefährlicher Weise bis an den Rand des Wassers heran
und in allen möglichen Farben wehen Tücher, und immer
wieder aufs neue erschallt von hüben und drüben das
tausendfache „Adieu“, und jetzt lassen wir in schneller Bewegung den Hafen und die Zuschauer zurück und in kürzester Zeit sind sie unseren Blicken entschwunden. Der
Dampfer fährt in majestätischer Ruhe seine Bahn die
Weser hinab, begleitet von dem Lotsenboot, das seine
Dienste gethan hat.

Wir waren eine Stunde gefahren, da hielt der Dampfer
sachte an. Er war festgefahren. Nach einer Stunde etwa
gelang es, ihn wieder flott zu machen, nachdem die Flut
in der Zwischenzeit gestiegen war und es ging weiter in
die Nacht hinein, in der die elektrischen Lichter von Norderney und der dort nach vollendeten Manövern versammelten
deutschen Kriegsflotte hell zu uns herüberstrahlten.

Norderney hatten wir passiert, da verbreitete sich die
Kunde, daß eine Stewardeß (Aufwärterin) über Bord
gesprungen und den Tod in den Wellen gesucht und gefunden habe, und wieder nach einer Stunde hieß es, ein
Feuermann, den die Hitze im Maschinenraum überwältigte,
habe sich ins Wasser gestürzt. Allgemeines Entsetzen befiel die Reisenden über diesen schrecklichen Anfang der ersten
Reise des bewunderten Schiffes. Was mich dabei am
meisten erschütterte, war die Erinnerung an die Rede,

welche die Frau eines der Direktoren bei Stapellauf und
Taufe mit Hinweis auf den „hochseligen Kaiser Wilhelm I.
und seinen geheiligten Geist" gehalten hatte. Der Leser
wird sich derselben wohl selbst erinnern und seine eigenen
Gedanken sich schon darüber gemacht haben.

Als ob ein Bann gelöst wäre, fuhr nun der Dampfer
mit gewaltiger Schnelligkeit sanft und ruhig dahin durch
die Nacht, und während wir schlafen, geht es durch die
Nordsee und den Kanal zwischen England und Frankreich
hinunter und am nächsten Tag um 2 ½ Uhr sind wir
schon in Southampton, von wo die ersten Nachrichten in
die Heimat zurückgesandt werden. Hier aber giebt's abermals einen unfreiwilligen Aufenthalt von 9 Stunden,
denn wir staken wiederum fest mit unserem Riesen. Die
Hochflut erst brachte uns los.

Am Anfang der Reise, solange man dem Schiffs-
personal noch nicht bekannt ist, hat man gute Gelegenheit,
sich das Schiff in allen seinen Teilen anzusehen.

Ein technisches Meisterstück ist dieser vom Vulkan erbaute und aufs prächtigste ausgestattete Dampfer. Seine
Länge beträgt 602 Fuß, die Breite 60 Fuß und die Höhe
vom Kiel bis zum Oberdeck 40 Fuß. Eben so hoch ragen
die 4 riesigen Schornsteine in die Luft. Die 2 Haupt-
maschinen haben eine Stärke von je 15000 Pferdekräften
und macht der Dampfer 23 und mehr Seemeilen in der
Stunde bei einer Wasserverdrängung von 20000 Tonnen.
Der Durchmesser der beiden Schrauben am Hinterteil des
Schiffes beträgt 22 Fuß, die 2 Stahlwellen sind je 2 Fuß
dick. Zu den verschiedensten Dienstleistungen stehen 68
Hilfsdampfmaschinen mit zusammen 124 Dampfzylindern
zur Verfügung, alles in allem ausreichend für eine ziemlich große Fabrikstadt. 208 Maschinisten und Heizer bedienen die Maschinen mit 14 Kesseln. Solche Maschinen

wollen geheizt sein; darum braucht man jeden Tag 50 Eisenbahnwagen Kohlen, d. h. täglich 10000 Zentner! Die ganze Mannschaft umfaßt 450 Mann. Kajüten= passagiere können 800, Zwischendeckler 1000 aufgenommen werden, so daß, wenn das Schiff vollständig besetzt ist, 2250 Menschen darauf wohnen. Die Behaglichkeit und Zweckmäßigkeit der Räume auf diesem schwimmenden Koloß wird nur durch ihre Pracht übertroffen. Ganz besonders glänzend sind der große Salon der ersten Kajüte und die 4 daranstoßenden Zimmer: Königin Luise, Kaiserin Augusta, Bismarck und Moltke genannt, die von ersten Künstlern in entzückender Pracht und Anmut ausgestattet wurden. Wer 2000 Mark für eine 7 tägige Reise bezahlen will, der kann einen der Salons mieten, die der Kapitän zu vergeben hat und die, wie auch die ganze erste Kajüte, auf der ersten Reise vollbesetzt waren.

Im Hotel in Bremen hatten wir Bekanntschaft ge= macht mit etlichen Reisenden, die zweiter Kajüte fuhren. Die Jugend, zu der auch ein kleiner Mann gehörte, der seinen Onkel in Chicago besuchen wollte und der mit uns fuhr, verschaffte sich in den ersten Tagen das Vergnügen, in der zweiten Kajüte zu speisen; sie wurden aber bald verbannt und waren dann auf das Obst und die Orangen angewiesen, welche die Freunde von drüben herunterzu= bringen pflegten, eine sehr große Wohlthat für die Zwischen= deckler, die auch für gutes Geld nichts kaufen konnten. Daß die Schifffahrtsgesellschaften an den Zwischendecks= reisenden ihren Hauptverdienst haben, ist unbestritten. Die Verköstigung eines Reisenden in dieser Klasse innerhalb 7 Tagen kommt noch nicht auf 10 Mark; denn sie ist höchst frugal und die marinierten Häringe und das fette Pökelfleisch mit Bodenkohlraben bilden einen gewaltigen Kontrast gegenüber den 8 feinen Gängen in der ersten

Kajüte, zwischen denen die Schiffsmusik jedesmal ein Stück
zu spielen hat. Was war es für ein Jubel bei unseren
Polaken und Slowaken, wenn es hieß: heute giebt's Häringe
mit Pellkartoffeln, und sich dann jeder seinen Fisch am
Schwanz haltend auf dem Verdeck zum Mahl niederließ.
Die Passagiere der ersten Kajüte hatten überdies noch das
Vergnügen gratis, von ihrem erhöhten Verdeck aus die
Zwischendeckler bei ihren Mahlzeiten zur Stärkung ihres
eigenen Appetits betrachten zu können. Wir kamen uns
jedesmal, wenn wir auf den Planken unseres engen und
schmalen Verdecks, so gut es ging, das gefaßte Essen ver-
schlangen, vor wie Bären in einem tiefen Zwinger, an
dessen Rand das schaulustige Publikum bei der Fütterung
sich ergötzt. Um warmes Wasser zum Reinigen der Speise-
gefäße mußte man beim Schiffskoch förmlich betteln. Sollte
einer der Leser dieses Buches in die Lage kommen, auf
gleiche Weise einmal die Fahrt über den Ozean zu machen,
so gebe ich ihm übrigens den guten Rat, sein Billet bei
einem der vielen Agenten in Bremen erst zu kaufen; er
bekommt es um 10—15 Mark billiger als bei den Agenten
in seiner Heimat, und das so ersparte Geld kann er auf
dem Schiff aufs beste anwenden.

An Platz zum Schlafen fehlte es in unserer Abteilung
nicht. Es waren im ganzen nur 268 Zwischendeckler, so
daß die unter den unsrigen liegenden Räume gar nicht
zur Benützung kamen. In unserem Schlafsaal lagen etwa
60 Personen, während noch einmal so viele Bettstellen
aufgeschlagen waren. Wir hatten die einzigen Betten, die
quer zum Schiff standen, was bei stürmischer Fahrt sehr
angenehm ist. Es sind übrigens immer je 2 Bettstellen
übereinander. In der ersten Nacht wurde ich geweckt durch
eine Nässe, die von oben herabträufelte dicht neben meinem
Gesicht vorüber, und manchmal zu einem kleinen Bächlein

anschwoll. Ich lag doch oben und es konnte unmöglich
durchregnen; wir waren ja unter einem doppelten Verdeck.
Ich spannte meinen Regenschirm auf und befestigte ihn,
um gegen alle weiteren Witterungseinflüsse gedeckt zu sein.
Am andern Morgen fand ich die Quelle des nächtlichen
Regens. Die Matrosen hatten den Gang bei der Küche
über uns abgespült und das überschüssige Wasser hatte
seinen Weg zu mir gefunden. Trotz guter Versprechungen
blieb der nächtliche Regen und ich blieb unter meinem
Schirm, bekannt unter den Reisegefährten als „der Mann
mit dem Schirm."

Die Nächte waren sehr unruhig. In der Nacht, da
wir von Southampton abfuhren und alles im besten Schlaf
lag, ging ein Gerassel los, daß einem Hören und Sehen
verging. Es wurden die Anker mit Dampf aufgezogen
und die Ketten rasselten durch zwei riesige Eisenzylinder in
unserem Raum hinab in die tiefsten Tiefen des Schiffes.
Man bedenke, daß die einzelnen Glieder der Ankerkette
ein Gewicht von etwa 2 Zentnern haben und man wird
sich den furchtbaren Lärm vorstellen können.

In einer andern Nacht zwischen 12 und 1 Uhr fing
in den Räumen unter uns ein entsetzliches Gepolter an
von übereinander geworfenen Eisenstücken, vermischt mit
schrecklichen Flüchen. Alles fuhr aus dem Schlaf. Was
mochte das wieder sein? Die Matrosen hatten, um auch
während der Nacht nicht träge zu ruhen, den Befehl er=
halten, die eisernen Bettstätten, die da unten nicht gebraucht
wurden, abzuschlagen! Nun, das ging selbst den geduldigen
Zwischendecklern zu weit und die streitbare Mannschaft
erklärte, wenn der Skandal nicht sofort aufhöre, so werde
sie mit Gewalt Ruhe schaffen. Das half, und der Unter=
offizier zog seine Mannschaft zurück, die froh war, sich
niederlegen zu können. Wieder in einer Nacht benützte

man die Zeit zwischen 2 und 3 Uhr dazu, Proviant für
die Küche der ersten Kajüte an unserem Schlafraum em-
porzuziehen, so daß niemand schlafen konnte. Auch da
schaffte energisches Auftreten der erregten Volksmenge
Ruhe. Man sieht aber nur daraus, wie wenig Rücksicht
auf das Menschenmaterial genommen wird, das froh sein
muß, daß es um sein Geld überhaupt über den Ozean
befördert wird.

Tagsüber hielt man sich auf dem sehr beschränkten
Verdeck auf, das Sitzgelegenheit für zwei Dutzend Personen
bot und dazu noch sehr beengt war von einer Schar
Frauen, die in einemfort Kartoffeln schälten. Wer keinen
Sitzplatz fand, mußte sehen, wie er es machen wollte.
Wir saßen meistens auf Fässern, die mit Krautköpfen gefüllt waren. Am dritten Tag wurde uns die Ehre eines
Besuches von Seiten des Kapitäns zu teil, der sich bei
mir erkundigte, wie es gehe. Ich sagte, er könne sich mit
eigenen Augen überzeugen, wie miserabel für die Bequemlichkeit der Passagiere gesorgt sei, da ⅔ derselben herum-
stehen müßten. Er versprach Abhilfe mit der Bemerkung:
bei einem neuen Schiffe stellen sich gerade wie bei einem
neugebauten Hause nachträglich noch allerlei Wünsche heraus.
Als ein Freund von uns an Weihnachten auf demselben
Schiffe die Reise machte und uns in Florida besuchte, erzählte er, der Übelstand sei noch derselbe gewesen.

Die zwei ersten Tage auf dem offenen Meer gehörten,
als stürmische Tage, dem Meeresgott Ägir. Bei allem
dem aber war der Gang des großen Dampfers noch ein
sehr ruhiger, wie man überhaupt bei uns an der Spitze
des Schiffes von den Maschinen gar nichts verspürte. Als
wir den am Samstag abgegangenen Dampfer „Stuttgart"
am Dienstag im Sturm überholten, sahen wir, wie er
einer Nußschale gleich von den Wellen hin- und hergeworfen

wurde. Als ruhigere Tage kamen, erschienen auch die drolligen Delphine oder Schweinfische, die sich in lustigen Purzelbäumen um das Schiff tummelten und in der Ferne ließen Walfische ihren Wasserstrahl in die Höhe springen, wobei der Familienvater das Vorbild zu geben pflegte.

Mit allerlei Musik und fröhlichen Spielen suchten sich die Reisegefährten die Zeit auf unserem Verdeck zu vertreiben, wobei sich immer wieder gesetzte Elemente fanden, die Roheit oder Ausgelassenheit in die Schranken wiesen. Manche lagen den ganzen Tag über, mit Ausnahme der drei Mahlzeiten, nebeneinander auf ihren Betten und spielten Karten, während wieder andere auch beim schönsten Wetter krank liegen mußten. Abends ergötzte sich das junge Volk bei einem Tanz auf schmalem Raum, wozu das Zwischendecksorchester spielte. Es hatten sich nämlich fünf Matrosen auf verschiedenen Instrumenten: Dreiangel, Schellenbaum, Klarinette u. s. w. eingeübt und gaben nach Feierabend dem dankbaren Publikum seine Künste zum Besten. Wie bescheiden man doch werden kann!

Zweimal im Tage wurde auf je eine Stunde eine Wirtschaft eröffnet, in der man Bier oder Wein kaufen konnte. Manchmal mußte dieselbe aber gleich geschlossen werden, wenn der Wirt seine epileptischen Anfälle bekam und weggetragen wurde.

Ein wichtiges Ereignis war die Geburt eines Polaken= jungen, dessen Taufe aber bis nach der Landung in New York aufgeschoben wurde.

Die Mehrzahl unserer Mitreisenden, nämlich alle Russen, Österreicher und Polen, die zum Teil nicht einmal Deutsch verstanden, hatte als Reiseziel die Kohlengruben von Hazzleton in Pennsylvanien erwählt, wohin sie von etlichen Agenten geleitet wurden. Einer von diesen, der sich gerne als den „Gebildeten" ausspielte, verzehrte täg=

lich wie er sagte, zwei „Sarbinien" (statt Sarbinen), da diese gegen Seekrankheit vorzüglich seien. Das Gesetz, daß keine kontraktlich angeworbenen Arbeiter in den Vereinigten Staaten landen dürfen, wird einfach dadurch umgangen, daß die Leute verschiedene Verwandte angeben mußten, zu denen sie auf Besuch gehen wollten. Im Januar 1897 waren bei einem Auflauf in Hazzleton eine Menge Grubenarbeiter von Amerikanern erschossen worden und unsere Reisenden bildeten den Ersatz dafür, nicht ahnend, daß sie dem reinsten Sklavenleben und Elend entgegenfuhren.

Am Sonntag 26. Septbr. um 10 Uhr abends warfen wir Anker in dem herrlichen Hafen von New York in der Nähe der Freiheitsstatue, welche die französische Republik im Jahr 1886 der amerikanischen Republik zum Geschenk gemacht hat. Auf einem 155 Fuß hohen viereckigen Granitpostament erhebt sich eine 151 Fuß hohe Frauenfigur aus Kupfer, gekrönt mit einem Diadem, in der erhobenen rechten Hand eine Fackel, an deren Ende ein elektrisches Licht den Hafen weithin erleuchtet. Von der gewaltigen Größe dieses Standbildes geben folgende Zahlen eine Vorstellung: Der Kopf ist 14 Fuß hoch, die Nase fast 4 Fuß lang, der rechte Mittelfinger beinahe 8 Fuß lang und 5 Fuß im Umfang. Die kleine Bedloe-Insel, auf der das Standbild seinen Platz gefunden, war in früheren Zeiten der Hinrichtungsort für Seeräuber.

Die täglichen Leistungen unseres Dampfers von Southampton ab waren
Montag Nacht bis Dienstag Mittag 208 Meilen,

Dienstag bis Mittwoch	„	531	„
Mittwoch bis Donnerstag	„	495	„ (stürmisch!)
Donnerstag bis Freitag	„	512	„
Freitag bis Samstag	„	554	„
Samstag bis Sonntag	„	564	„

und hatten wir somit die Fahrt in der kürzesten Zeit ge=
macht, die je ein Dampfer zur Reise brauchte.

Freudigen und dankbaren Herzens darüber, daß die
Fahrt glücklich von statten gegangen und nun vorüber
war, hörten wir diesmal das fürchterliche Rasseln der
Ankerketten, als der ungeheure Anker in die Tiefe sauste.
Unter dem weithinstrahlenden Glanz unserer elektrischen
Scheinwerfer konnte unser Schiff in dem lebhaften Hafen
von New York sicher liegen und wir uns zum letztenmal zu
ruhigem Schlaf auf unsere Strohbetten niederlegen.

Die Neue Welt lag vor uns!

---

3. Kapitel.

Wie man in New-York landet und visitiert wird.
In den Händen eines Agenten. Das Emigrantenhaus.

Am Montag Vormittag blieb unser Schiff zunächst
vor Anker liegen. Die Zollbeamten kamen an Bord und
untersuchten das Gepäck der Passagiere der ersten und
zweiten Kajüte, während bei uns im Zwischendeck ein Arzt
zur Visitation der Impflinge sich einfand. Nach Vorschrift
hätte der Schiffsarzt täglich sämtliche Zwischendeckler in
Augenschein nehmen sollen; statt dessen mußten wir am
zweiten Tag der Fahrt in Reih und Glied an ihm vor=
beimarschieren und ohne daß die Impfstellen besichtigt
wurden, durchlöcherte er auf dem Impfschein sämtliche Tage
der Fahrt, die darauf eingezeichnet sind und beglaubigte
damit den Erfolg der Impfung.

Als der amerikanische Arzt erschien, mußten alle Passa=
giere auf dem einen Teil des kleinen Verdecks mit ihrem
Impfschein sich einfinden, während der andere Teil durch

Stricke abgesperrt und von Matrosen bewacht wurde, damit keiner durchschlüpfe. Einer nach dem andern mußte
durch einen schmalen Gang hindurch, in welchem der Arzt
seinen amtlichen Stempel auf den Impfschein drückte und
damit seinerseits, ohne Augenschein genommen zu haben,
den Erfolg der Impfung beglaubigte. Es sollte mich
gar nicht wundern, wenn überhaupt nur zum Schein ge-
impft würde!

Nachdem diese Zeremonie mit allem Ernst amtlicher
Autorität vorgenommen war, dampfte unser Schiff langsam den Hudsonfluß hinauf, um in den Docks des Norddeutschen Lloyds in Hoboken, auf dem Westufer dieses
Flusses einzufahren. Seiner ganzen Länge nach bis zu
den Spitzen der Masten war unser „Kaiser Wilhelm der
Große" mit einer Menge bunter Wimpel geschmückt, die
lustig im Wind flatterten, während unten die Schiffskapelle
ihre heiteren Weisen hören ließ. Um 10¹⁄₂ Uhr legte das
Schiff im Dock an.

Der Empfang war ein begeisterter. Das mehrstockige
ausgedehnte Gebäude des Lloyd war von unten bis oben
dicht besetzt von einer buntgekleideten Menge Männer und
Frauen, die mit Blumensträußen versehen und mit Tüchern
wedelnd den ersten Ankömmlingen auf dem Riesendampfer
einen fröhlichen Willkomm bereiten wollten. Die Behörden
von New York waren erschienen und betraten als die
Ersten das Schiff, um dem Kapitän ihre Glückwünsche
darzubringen, während die Passagiere der ersten Klasse
demselben eine Dankadresse voll Lobens und Rühmens
über seine Leistungen überreichten. Die Reisenden der
zweiten Kajüte standen grollend zur Seite, denn sie hätten,
wie sie erklärten, zu besonderem Dank keinen Grund. Die
Zwischendeckler hatten eine Art Mißtrauenserklärung aufgesetzt, die in Ermanglung von Tinte mit Bleistift ge-

schrieben war. Allein als sie an den Kapitän hinüber-
gesandt werden sollte, wollte sich keiner der Angestellten
zur Beförderung hergeben, da sie Dienstentlassung befürch-
teten. In der Freude, endlich am Ziel zu sein, wurde das
Vergangene begraben und das Schriftstück flog über Bord.

Nachdem die Begrüßungsfeierlichkeiten glücklich vorüber
waren, durften die Reisenden der oberen Klassen das Schiff
verlassen. Zu uns aber strömte eine Menge Volks herein,
das Schiff und uns bewundernd. Voran waren etliche
Photographen, denen eine gute Anzahl Zwischendeckler sogleich saß, um ihr wertes Ebenbild an ihre Angehörigen
in die Heimat als erstes und richtiges Lebenszeichen zu
senden. Schon während der Fahrt waren täglich die photo-
graphischen Apparate der Gesellschaft der ersten Kajüte auf
uns Wundermenschen im Zwischendeck besonders während
der Mahlzeiten gerichtet gewesen. Die gerechte Entrüstung
vieler auf solche erzwungene Weise Photographierter ließ
aber Bilder zu stand kommen, die sich wohl nicht gut
zum Vorzeigen geeignet haben mögen.

Wir mußten warten. Plötzlich höre ich meinen Namen
vom Lande herüber rufen und sehe einen Herrn, der mir
zuwinkt und auf der nun wieder abgesperrten Schiffsbrücke
zu uns zu kommen sucht. Allein er wurde von den Beamten zurückgerissen und erst nach langen Auseinander-
setzungen gelingt es uns, in der Mitte der Brücke zusammen-
zutreffen. Es war Herr Fr., der, wie Pastor Pohle mir
geschrieben hatte, mit seiner Familie von New-York aus
sich uns anzuschließen und mit nach Florida zu ziehen entschlossen war. Das war uns eine Freude, daß wir doch
auch jemand hatten, der uns begrüßte, nachdem wir fast
mit Neid, jedenfalls aber mit innerer Betrübnis bei Seite
gestanden hatten, während hundert andere, auch Zwischendeckler, von ihren Angehörigen herzlich bewillkommt worden

waren. Wir verabredeten, am Nachmittag im Emigrantenhaus, wenn alle Scherereien vorüber sein würden, zu gemütlicher Begrüßung zusammen zu treffen.

Endlich kam die Reihe des Landens auch an uns und
ohne Wehmut verließen wir die Stätte, in der wir wenig
Schönes, wohl aber recht viel Ungemütliches mit einander
erfahren hatten.

Wir kamen in ein gewaltiges Zollhaus und die zweite
Visitation begann, diesmal die unsers Gepäcks. Der Zoll-
aufseher, mit dem wir es zu thun hatten, erkundigte sich
zunächst über das Ziel unserer Reise und war sehr befriedigt, als er vernahm, daß wir unsere Person und Arbeit
in den Dienst der Besiedlung des neuen Landes stellen
wollten. Sämtliche Gepäckstücke mußten geöffnet werden,
aber hineingesehen wurde nicht, indem der Aufseher erklärte, mit dem Öffnen sei die Verordnung des Gesetzes
schon erfüllt.

Als dieses Geschäft fertig war, mußten sich die Reisenden in Haufen aufstellen und zwar nach den Buchstaben,
die quer über den Impfscheinen gedruckt waren. Sie gingen
von A bis H. Nachdem es mit vieler Mühe gelungen
war, die 268 Männer und Frauen an den ihren Buchstaben entsprechenden Platz zu bekommen, erscholl der Ruf:
Buchstabe A vor! Wir gehörten zu A und so zogen wir
mit unserem Handgepäck über eine schmale Brücke auf einen
kleinen Dampfer, auf dessen Verdeck wir uns wieder an
einem bestimmten Platz niederlassen mußten, der dann mit
einem Strick abgegrenzt wurde. So kam Buchstabe nach
Buchstabe, bis alle auf den Verdeck in ihren Abteilungen
waren. Es war wirklich nicht anders als wie auf einem
Schafmarkt, wo die einzelnen Herden in ihrem Pferch von
einander getrennt sind. Gerade so geduldig ergaben wir
uns in unser schafähnliches Schicksal, denn wir hatten

allmählich in klug abgemessener Abstumpfung gelernt, uns
über nichts mehr zu wundern oder zu entrüsten, und kannten
nur noch Eine Frage: Was wird weiter in dieser menschen=
würdigen Behandlung noch geschehen? Selbst die Sozial=
demokraten, die auf dem Zwischendeck noch gethan hatten,
als ob sie Kaiser und Reich verschlingen wollten, waren
unglaublich sanft und leise geworden.

Es kam aber in der That noch der Höhepunkt in
dieser Hinsicht und zwar in der Visitation Nummer Drei,
die dem Leib und dem Geldbeutel des Reisenden galt.
Wir fuhren den Hudson hinunter nach der Stadt New=
York und landeten an der kleinen Ellis=Insel (Ellis=Is=
land), wo das Vereinigte Staaten Emigranten=Bureau
seine Gebäude hat. Früher fand die Landung in Castle
Garden statt, an der äußersten Südspitze der Stadt, und
zwar von 1855 bis 1891, in welchem Jahr die Gebäude
niederbrannten. Nach ihrem Wiederaufbau wurde das
städtische Aquarium darin eingerichtet und hübsche Park=
anlagen hergestellt. Früher war Castle Garden ein Theater,
in welchem unter Barnums Leitung im Jahr 1850 die
„schwedische Nachtigall" Jenny Lind ihre fabelhaft bezahlten
Konzerte gab.

In Ellis=Island werden nunmehr (seit 1891) die Ein=
wanderer in Empfang genommen und die Untersuchung
hat sich darauf zu erstrecken, ob einer ein Verbrecher,
Geisteskranker, Idiot, Mittelloser sei, der voraussichtlich
der Kommune zur Last fallen würde, ob einer an einer
ansteckenden Krankheit leide, ein Kontraktarbeiter oder ein
Polygamist sei! Nach diesen schwierigen Punkten hin wird
visitiert und zwar auf eine ganz geistreiche Weise. Daß
die ärztliche Untersuchung von lauter ganz jungen Personen,
Ärzten und Ärztinnen, vorgenommen wird, schadet der
Sache nichts; ältere Personen dieses Standes würden sich

ohnedem zu diesem Handwerk nicht mehr hergeben. Beim
Eintritt ins Haus befindet man sich in einem schmalen
Gang, durch den nur einer hinter dem andern passieren
kann und an dessen Gitter entlang ein halbes Dutzend,
männliche und weibliche, Ärzte stehen. Auf das Kommando:
Hut ab!, müssen sämtliche Kopfbedeckungen abgenommen
werden und indem man nun langsam an dem prüfenden
Personal vorbeimarschiert, werden von diesem die Augen
und der Kopf auf Geisteskrankheit und ansteckende Krank-
heiten geprüft. Ein alter Mann aus Polen, dem eine
Ärztin seine Perücke aus Rindshaaren abgenommen, bot
mit seinem völlig haarlosen, spitzgeformten Kopf einen für
das ärztliche Personal so völlig neuen Anblick, daß es in
ein schallendes Gelächter ausbrach. Zartbesaitet waren
diese jungen Amerikaner nicht.

Nachdem diese Untersuchung vorüber, wird man wieder
nach den bekannten Buchstaben in einzelne schmale Gängchen
abgezweigt, an welchen sich Pulte mit Schreibern und
dicken Büchern befinden und wo man nun angelegentlich
nach dem woher? und dem wohin? so wie nach der Hin-
länglichkeit des Reisegeldes gefragt wird. Um gewiß zu
sein, daß man auch ganz sicher bis an dieses Ziel gelangen und nicht etwa unterwegs in Geldverlegenheit geraten werde, geht die rührende Sorgfalt so weit, daß diese
Menschenfreunde nicht ruhen, bis sie in die Tiefe des Geldbeutels einen Blick geworfen und ihre Neugierde ein be-
ruhigendes Resultat gefunden. Doch waren sie bei uns
noch so anständig, uns viel Glück für Reise und Niederlassung zu wünschen. Leider verloren wir den kleinen Mann,
der von Bremen an sich zu uns gehalten hatte und nach
Chicago wollte, aus den Augen; das Durcheinander aller
dieser Untersuchungen trennte uns. Wir hatten ihm noch
etliche Mark geliehen, damit er etwas Bargeld neben seiner

Eisenbahnkarte und dem Brief vom Onkel vorweisen konnte;
denn auf dem Schiff waren ihm seine letzten 20 Mark
gestohlen worden und den über Bord gewehten Hut hatte
er mit einer geschenkten Kappe ersetzen müssen, die ihm
um 2 Zoll zu weit war. Doch hatte er wenigstens noch
ordentliches Handgepäck, während ein anderer Mitreisender
außer dem, was er auf dem Leib trug, rein nichts besaß
und da auch ihm der Wind den Hut geraubt, zog er barhäuptig in Amerika ein.

Mit Schaudern betrachteten wir die überall für männliche und weibliche Einwanderer angebrachten Isolierzellen,
in welchen zweifelhafte Ankömmlinge einige Zeit untergebracht und regelrecht untersucht und beobachtet werden,
bis sie nötigenfalls mit dem nächsten Schiff wieder nach
Europa zurückbefördert werden. Außer dem Jahr 1890
betrug die Zahl der Einwanderer, die die obigen Visi-
tationen durchzumachen hatten, nie weniger als 300 000
im Jahr.

Damit, daß wir den letzten Schreibpult passiert hatten
und aus dem schmalen Gang heraustraten, waren wir frei
und jetzt erst wirklich gelandet in der vielgepriesenen Weltstadt New-York.

Einen Vorschmack ihres Treibens sollten wir sofort
bekommen. Als wir abgefertigt waren, kam uns der Beamte vom deutschen Emigrantenhaus entgegen, der an den
grünen Karten seines Hauses, die wir deutlich erkennbar
am Hut trugen, gesehen hatte, daß wir dort Unterkunft
nehmen wollten. In wenigen Worten setzten wir ihm das
Ziel unsere Reise auseinander, und er nannte uns einen
amerikanischen Schiffsagenten, Mr. Clark, der eben hier in
der Vorhalle seinen Stand habe und uns reell bedienen
werde, da er im Emigrantenhaus wohl bekannt sei. Herr
Fr. hatte uns geraten, mit der Clyde-Linie, deren Dampfer

schon am nächsten Tag abgehen sollte, zu fahren. Ich
dachte aber, einen andern Vorschlag zu hören, würde nichts
schaden. Mr. Clark, der in der Nähe gehört hatte, wohin
wir strebten, kam nun herzu, eine echte Yankeephysiognomie,
lauernd, verschmitzt, für Geld zu allem zu haben. Es entspann sich folgendes Gespräch:

Er: „Sie wollen nach Florida, alter Knabe?“ das
scheint der Ausdruck besonderer amerikanischer Liebens-
würdigkeit zu sein, wie ich ihn in England zwischen zwei
einander gänzlich Unbekannten nie gehört hatte. Jedenfalls
durfte ich nicht weniger liebenswürdig sein, um den braven
Mann nicht zu verletzen. Also:

Ich: Möglich, lieber Knabe; vielleicht aber auch nach
Klondyke, auf die Goldfelder.

Er: Ah, lieber Herr, da gebe ich Ihnen die Fahrkarte
nebst der gesamten Ausrüstung für 950 Dollars, statt für
1000. Schlagen Sie ein!

Ich: Nur gemach, Wertester; machen Sie mir zunächst
einen Vorschlag für die Seereise nach Jacksonville in Florida.
Sind Ihre Bedingungen günstiger als die der Clyde-Linie,
so ·können Sie ein Geschäft machen.

Er: Unser nächstes Schiff geht erst am Freitag, weil
es durch einen Strike der Neger in Brunswick nicht aus-
und einladen konnte und daher verspätet hier eintrifft.
Wir haben auf der Mallory-Linie dieselben Fahrpreise,
wie auf der andern Linie. Wir bezahlen Ihnen aber pro
Tag und Person einen Dollar bis Freitag, wo immer Sie
logieren mögen.

Ich: Und mein Gepäck mit acht Zentnern?

Er: Wird frei nach Jacksonville befördert.

Ich: Und sollte Ihr Schiff später als Freitag erst abfahren, haben wir dann von Freitag Abend an freie Verköstigung auf dem Dampfer?

Er: Ah, mein Lieber, Sie denken an alles. Auch das soll zugestanden sein.

Den Beamten vom Emigrantenhaus frug ich, ob er und sein Haus Garantie übernehmen für das, was Mr. Clark versprochen hatte? Als er sich in vollem Maße verbürgte, bezahlten wir sofort das Fahrgeld; um unser großes Gepäck hatten wir uns nicht mehr zu bekümmern und die schöne Aussicht lag vor uns, fünf Tage in New-York sein zu können und für Kost und Wohnung nicht mehr als eine Mark pro Tag und Person zulegen zu müssen.

Und nun endlich verließen wir mit dem Beamten an der Spitze und gefolgt von einem Trüppchen anderer Ankömmlinge das erbärmliche Ellis-Island.

Aber welcher Anblick bot sich uns, als wir die Straße betreten wollten! Ein zahlreicher Haufen heruntergekommener, abgerissener Vagabunden, wie sie selbst in London nicht zu sehen sind, stürzte sich auf uns, in der Absicht, uns das Handgepäck zu entreißen und uns dadurch zu zwingen, ihnen dahin zu folgen, wohin sie uns haben wollten. Allein etliche New-Yorker Polizisten, die stets mit wuchtigen Spazierstöcken ausgerüstet sind, ergriffen die zwei stärksten im Nacken und schmissen sie in Einem Ruck die hohe, steinerne Treppe hinunter, daß sie Hals und Bein hätten brechen müssen, wenn sie nicht von ihren Kameraden aufgefangen worden wären. Ein wüstes Schreien und Drohen hub an; allein unser Beamter zog uns auf die Seite, winkte einige ihm bekannte Gepäckträger heran und an der Mauer entlang schleichend konnten wir endlich die freie Straße gewinnen und waren bald in dem nahe gelegenen Emigrantenhaus bei Pastor Berkemeier (26 State Street) angelangt. Am 31. Oktober 1898 feierte das Haus das 25. Jahresfest. Mehr als 227000 Emigranten sind in dieser Zeit dort aus- und eingegangen, von denen 34000 ganz un-

entgeltlich Kost und Logis erhielten. 7140000 Mark wurden
dem Hause zur Übermittlung nach und von Deutschland
übergeben. An die Stelle des mit 78 Jahren verstorbenen
Gründers ist sein Sohn als Leiter der Anstalt berufen
worden, die in gleichem Geiste weitergeführt wird. Man
ist da gut aufgehoben und ich möchte jedem, der nach oder
durch New-York reist, dies Haus aufs Beste empfehlen.
Wie wohl thut es einem, der einen fremden Weltteil betritt, guten Rat und freundliche Auskunft in jeder Beziehung
zu finden, ohne irgend welche Aufdringlichkeit. Das ist
gerade das Angenehme, daß man einen völlig gehen läßt,
ohne sich neugierig in seine Verhältnisse zu mischen; daß
man aber sofort die herzlichste Aufmerksamkeit findet, wenn
man sich mit irgend einem Anliegen an die Hauseltern
wendet. Zudem ist Wohnung und Verpflegung gut und
was besonders anspricht, das sind die kurzen täglichen
Morgen- und Abendandachten und der gesunde christliche
Geist, der durch das Ganze geht. Sehr gerne waren wir
die Woche über dort und haben uns auch in Floriba noch
manchmal an den schönen Aufenthalt im Emigrantenhaus
erinnert.

---

4. Kapitel.

In New-York. Die Bürgermeisterwahl.
Geschichtliches von New-York. Der Juden Neujahr.
Armut und Reichtum im Leben und Tod.

Unsere Ankunft in New-York fiel gerade in eine interessante, für die Stadt und ihre Bewohner höchst bewegte
Zeit. Die Städte New-York und Brooklyn, das durch die
berühmte Drahtbrücke mit ersterem verbunden über dem
East River drüben liegt, waren eben als Eine Stadt mit
dem Namen „Groß New-York" erklärt worden, mit 3 Mill.

Einwohnern die zweitgrößte Stadt der Welt. Und nun sollte der Mayor oder Bürgermeister erwählt werden, der die Leitung dieser Weltstadt zu übernehmen hatte. Da gingen, wie es bei den Amerikanern ja immer der Fall ist, die Wogen des Wahlkampfes gewaltig hoch. Hie Republikaner! Hie Demokraten! aber in der Mitte diesmal der Kandidat der Gemäßigten, für den auch die Mehrzahl der Deutschen dort zu stimmen bereit war. Denn dieser Kandidat, der rühmlich bekannte Henry George, war der einzige von allen, dem man eine ehrliche und uneigennützige Verwaltung dieser hohen Stelle zutrauen konnte. Dieser Mann aber starb plötzlich, während wir noch in New-York waren, und obgleich sein Bruder an seiner Stelle als Kandidat ausgerufen wurde, schwanden doch die Hoffnungen ihn durchzubringen mehr und mehr. Der demokratische Kandidat wurde gewählt, was besonders den zahlreichen Irländern und den Katholiken zu verdanken war. Wo man ging und stand, nichts als Wahlgeschrei. Am ärgsten ging es im Hauptquartier der demokratischen Partei zu, der sog. Tammany Hall, von der diese ganze Partei in New-York wie im Lande sonst ihren Namen führt. Diese Tammany Hall ist ein gewaltiges Gebäude in der 14. Straße, das schon über 100 Jahre alt ist. In demselben wurde nämlich 1789 eine Gesellschaft als eine patriotische Vereinigung ins Leben gerufen mit allerlei von den Indianern entlehnten Namen und Gebräuchen, die heute noch fortleben. An der Spitze steht ein sog. Groß-Sachem (indianischer Häuptling ursprünglich), der von 13 gewöhnlichen Sachems ernannt wird; neben ihm amtet ein Sagamore (indianischer Unterhäuptling) und ein Wiskinskie (entsprechend dem indianischen Priester). Um die benachbarten Indianerstämme freundlich zu stimmen, nahm die Gesellschaft den Namen eines damals bekannten Indianerhäuptlings Tammany

an. Eine ausgesprochen patriotische Gesellschaft und Spitze
der demokratischen Partei wurde sie erst unter der Verwaltung des Präsidenten Jefferson und ist es bis heute
geblieben. So hatte die demokratische Partei gesiegt und
ihr Kandidat, van Wyck, trat als Erster die Stelle eines
Bürgermeisters der Weltstadt „Groß New-York" an.

Wie hat sich doch diese Stadt so merkwürdig schnell
und großartig entwickelt! Der erste Europäer, der seinen
Fuß auf die Insel Manhattan (ein Indianerwort, das
„kleine Insel" bedeutet), auf der zwischen dem Hudson und
East River die jetzige Stadt New-York steht, war der
Florentiner Verrazano, der 1524 von da aus Boote den
Fluß aufwärts sandte, um das Land auszukundschaften,
wobei er von den Ureinwohnern überall freundlich auf-
genommen wurde. Von weiterer Bedeutung war aber sein
Aufenthalt in dieser Gegend nicht.

Erst 1609, als der Engländer Hudson im Dienst einer
holländischen Gesellschaft an den nach ihm benannten Fluß
kam und Land und Leute auskundschaftete, begannen die
Holländer einen regelmäßigen Handel mit den Indianern,
besonders in Pelzwaren. Die Holländer besetzten die Insel,
errichteten ein Fort und bauten etliche Blockhütten, in denen
sich die ersten richtigen Kolonisten, 110 Wallonen aus Süd-
holland im Jahr 1621 niederließen. Im Jahr 1625 wurde
das erste Mädchen von europäischen Eltern, Sarah Rapälje,
geboren, „die erstgeborene Christentochter der Kolonie,"
als welche sie gefeiert wurde. Der Name des Ortes war
damals Fort Amsterdam, und der des ganzen Landes
Neu-Niederlande. Ringsum waren dichte Wälder, in denen
noch Wölfe, Panther und Bären hausten, die oft in die
Kolonie eindrangen. Damals zählte sie 170 Einwohner,
sank aber nach mehrjährigem Krieg mit den Indianern
1645 auf 100 herab.

Die Zunahme des Handels mit dem Mutterlande Holland und den englischen Gebieten in Nordamerika ließ auch die Einwohnerzahl bald wieder anwachsen. Da, im Jahr 1664, mitten im Frieden zwischen England und Holland, sandte der Herzog von York eine Flotte herüber und ließ Stadt und Gebiet als zum englischen Gebiet gehörend besetzen. Und wenn auch 1673/74 die Holländer die Stadt wieder in die Hand bekamen, blieb sie nach der förmlichen Übergabe von Seiten der holländischen Regierung an England, im Tausch mit Sumatra, im Besitz der Engländer und erhielt schon 1664 den Namen New-York.

Unter der verständigen Leitung verschiedener englischer Gouverneure erfreute sich die Stadt eines steten Wachstums in ihrem Handel mit dem englischen Mutterlande, und auch die inneren Verhältnisse der Bewohner wurden immer günstigere. Etliche Male drohten Sklavenaufstände ernstliche Gefahr, so 1712 und 1741, als sich 4000 schwarze Sklaven empörten. Mit Waffengewalt wurde die Empörung niedergeworfen und die Rädelsführer hingerichtet.

Mit dem amerikanischen Unabhängigkeitskrieg wurde auch New-York den Engländern entrissen, als am 7. Juli 1776 Washington vor versammeltem Heere die Unabhängigkeitsurkunde verlas. Zum Zeichen, daß sie wirklich frei seien von englischer Herrschaft, nahmen die New-Yorker Bürger die Reiterstatue Georgs III. von ihrem Postament herab, sandten sie nach Connecticut und ließen sie in 48000 Gewehrkugeln umgießen.

Zur Bundeshauptstadt wurde übrigens New-York nicht gemacht und zwar aus dem Grund, weil die Stadt dem Gesuch des Kongresses, ihren Distrikt der gesamten Nation als Eigentum zu übertragen, nicht nachkommen wollte. So wurde denn die Stadt Washington Sitz der nordamerikanischen Bundesregierung und ist das geblieben bis auf den heutigen Tag.

Im Lauf des gegenwärtigen Jahrhunderts nahm die
Einwohnerzahl von New-York ganz gewaltig zu. Im Jahr
1830 waren es 202000, im Jahr 1860 schon 805000,
zwanzig Jahre später 1206000 und 1892 erreichte die Be-
Bevölkerung die Zahl 1800891. Mit Brooklyn zusammen-
gerechnet beträgt die Einwohnerzahl von „Groß New-York"
etwas über 3 Millionen. Unter diesen 3 Millionen sind
mehr Irländer als in der irischen Hauptstadt Dublin, mehr
Deutsche als in irgend einer Stadt Deutschlands, Berlin
ausgenommen; die einzelnen Nationen bilden Kolonien
für sich selbst, von denen hauptsächlich die deutsche, französische, italienische, chinesische, jüdische, spanische und ara-
bische Kolonie zu nennen sind.

Von der jüdischen Kolonie bekamen wir gleich am
Abend nach unserer Ankunft in New-York eine deutliche
Vorstellung. Es war nämlich gerade Neujahrstag der
Juden. Während der Überfahrt hatten die Juden auf dem
Schiff gehofft und gewünscht, die Landung möchte auf den
Tag vorher fallen, damit sie ihr Fest in Ruhe, nach dem
Gesetz feiern könnten. Das war nun eben nicht der Fall.
Als wir am Abend auf die herrliche Brooklynbrücke gingen,
flutete es auf und ab von Tausenden von Juden, besonders
von Jüdinnen, die da in Seide und Geschmeide umher-
stolzierten, während die Sitzplätze auf der Brücke von
Hunderten ihrer ärmeren Glaubensgenossen eingenommen
waren, die in Andacht versunken in alten schmierigen Psalm-
büchern die vorgeschriebenen Psalmen beteten. Ein ganz
merkwürdiges, unvergeßliches Bild, im Glanz der unter-
gehenden Sonne, die über den Hafen und den Wald von
Schiffsmasten herübergrüßte!

Ich glaube, man geht nie fehl, wenn man, um die
lebenden Bewohner eines Ortes beurteilen zu können, sich
dahin begiebt, wo ihre Toten ruhen, auf den Kirchhof.

Auf meinen vielen Wanderungen schon in jüngeren Jahren habe ich stets gerne die Gottesäcker besucht und die Denk=mäler und Inschriften mir betrachtet, auch den ganzen Zu=stand, in welchem ein solcher Friedhof sich befindet. Es lassen sich da allerlei Schlüsse auf Dichten und Trachten, Leben und Anschauung derer ziehen, die ihren Vorange=gangenen die letzte Ehre erwiesen haben, aber selbst noch des Lebens sich erfreuen. Ich kann mir z. B. keinen ge=waltigeren Gegensatz denken zwischen den engzusammen=gedrängten, schlecht gepflegten Grabstätten des berühmten Pariser Kirchhofs Père Lachaise und einem der lieblichen, friedevollen Kirchhöfe in der Umgebung von London. Der Pariser hat keine Zeit mehr für seine Toten; diese haben abgeschlossen; wer zurückbleibt, muß die kurze Spanne Zeit noch für sich selbst benützen und darf sich nicht stören lassen durch Sterben und Grab. Der Engländer, so eigentümlich er erscheint in seiner steifen Zurückhaltung, hat doch ein pietätsvolles Herz und wünscht seinen Lieben auch über den Tod hinaus noch Freundliches zu erweisen in Aus=schmückung ihrer Gräber. Man wird übrigens nur selten einen großthuerischen Sinn auf einem englischen Kirchhof entdecken, wie auch das Zurschautragen des Reichtums auf der Stätte der Vergänglichkeit taktvoll vermieden wird.

Wie ganz anders auf den Kirchhöfen von New=York, wenigstens auf den in neuester Zeit dort angelegten, auf denen für den armen Mann und unbekannten Weltbürger und Himmelspilger kein Räumlein zu finden ist. Auch da entscheidet der „allmächtige Dollar“ und zieht seine Scheide=grenze zwischen dem Reichen und Armen dieser Welt. Es sei nur der Wooblawn Kirchhof, vier Stunden vom Mittel=punkt der Stadt entfernt, erwähnt; eine solche Pracht in Denkmälern und Grabbauten findet sich nirgends in der Welt. Die Millionäre, die für ihre Wohnstätten in und

außerhalb von New-York nicht mehr zu sorgen brauchen,
weil sie schon alles haben, was ihr Herz an Luxus und
Bequemlichkeit wünscht, haben sich, einer dem Exempel des
andern folgend, auch schon ihre letzte Ruhestätte gebaut,
und so eingerichtet, daß sie von dem Reichtum dessen, der
da der Ewigkeit entgegenruhen soll, beredtes Zeugnis geben.
Zugleich sind diese Grabstätten so fest gebaut, daß Ein=
brecher vergeblich nach dem Leichnam des Besitzers suchen
werden, um, wie es schon manchmal vorgekommen ist, von
den Hinterbliebenen Geld zu erpressen.

Der Kirchhof umfaßt 396 Morgen in wundervoller
Lage. Hier stehen die Mausoleen der meisten New-Yorker
Millionäre, die von 40 000 Mark an aufwärts gekostet
haben. Gould hat einen riesigen griechischen Tempel mit
32 Marmorsäulen erbaut; daneben liegt ein See, der zum
Bootfahren einläßt. Einer der Millionäre überbietet den
andern an zum Teil recht geschmacklosen, aber um so mehr
mit kostbaren Steinen und Ornamenten überladenen Bauten,
an denen die Sprüche aus der heil. Schrift sich wie ein
Hohn ausnehmen. Als das kostbarste Grabmal gilt das
des Petroleumkönigs H. M. Flagler, der die Eisenbahn
an der Ostküste von Florida gebaut hat und den ganzen
Landstrich von Jacksonville bis Miami dort beherrscht.
Überall prangen in Gold die Namen der Reichen dieser
Welt und verkündigen protzenhaft dem Beschauer von
Männern, die gewöhnlich mit nichts im Leben angefangen,
dann aber auch nichts von der Herrlichkeit dieser Erde
mitgenommen haben oder mitnehmen werden. Wie gering
dagegen sind die Grabstätten der Armen, wo 8—10 Tote
in ein und dasselbe Grab über einander gelegt werden
und wo kein Denkzeichen Nachricht giebt von denen, die da
ruhen; sie sind gestorben, begraben, vergessen, weil sie nicht
auch an dem Mammon teil hatten, der dort allein dem

Menschen einen Wert giebt in den Augen seiner Mitmenschen.

Doch zurück zu den Lebenden. Auch da, im Leben, sind die Reichen förmlich übersättigt und wissen nicht, was anfangen mit allen ihren Millionen, die sie ihr eigen nennen. Nicht einmal wahres Mitleid und Barmherzigkeit ist bei solchen Leuten zu finden, denen das Wohlthun so leicht gemacht ist. „Als Bettlerin verkleidet, schreibt eine amerikanische Schriftstellerin, habe ich im Quartier, wo die Millionäre wohnen, von Haus zu Haus angeklopft und gebettelt, nicht etwa um Geld, sondern um Brot; aber überall wurde ich zum Teil sehr schroff abgewiesen. Im Hause eines der bekanntesten amerikanischen Staatsmänner kam ich ins Gespräch mit einer Dienerin. „Wir haben nichts," erklärte sie. „Aber wann Sie die Herrin des Hauses fragen wollten?" „Nein, wir haben rein gar nichts." „Doch wenigstens ein Glas Wasser?" „Wir haben kein Wasser." Mit Teilnahme im Herzen für einen armen Millionär, der nicht einen Schluck Wasser sein eigen nannte, zog ich ab. Unterwegs traf ich eine junge Schauspielerin, die mir unaufgefordert ein Butterbrot anbot mit den Worten: es muß wohl sehr hart sein, betteln zu müssen?"

Vor lauter Übersättigung in ihrem Reichtum kommen solche Leute auf allerlei Einfälle, durch die ihre Nerven gereizt und die überflüssigen Stunden tot gemacht werden. Dazu gehört das sog. „Arme Leute Spielen." Eine reiche Frau der oberen Gesellschaft mietet eine leere Wohnung und läßt ein altes Klavier hineinschaffen. Dann führt sie ihre geladenen Gäste in die ungeheizte Wohnung, die durch Kerzen in Flaschenhälsen notdürftig beleuchtet ist. Stühle sind nicht vorhanden, sondern die Gäste sitzen auf Brettern, die über leere Seifenkisten gelegt sind; eine solche dient auch als Tisch, auf dem ein jeder Gast sich aus der Kanne

das Eiscreme herausholt, in der es ins Haus gebracht
worden und wobei Papierservietten benützt werden. Auf
dem alten Klavier wird dann eine Zeit lang geklimpert und
am Ende haben die Teilnehmer sich doch wirklich einmal
wieder köstlich unterhalten!

Woher aber kommt dieses Anhäufen solch riesiger
Vermögen in den Händen eines verschwindend kleinen Teils
der Bevölkerung? Daran sind die sog. Trusts oder Monopolgesellschaften ganz besonders schuld, die namentlich seit
der Regierung des jetzigen Präsidenten Mc. Kinley mächtig
angewachsen sind. Wohl haben gerade in einem Land wie
Nordamerika mit seinen riesigen Länderausdehnungen solche
Vereinigungen ihren Wert und Vorzug. Ohne das Zu-
sammenschließen kapitalkräftiger Gesellschaften wären die
Tausende von Kilometer langen Eisenbahnen nicht gebaut,
die Riesenströme nicht überbrückt, der Reichtum des Erd-
innern nicht erschlossen, Dampfer= und Telegraphenlinien
nicht angelegt worden. Alles das wurde auch von der
Regierung anerkannt und diese Gesellschaften erhielten allerlei
Begünstigungen besonders in der Form von Landschenkungen.
Allein mit der Zeit traten die schlimmen Seiten solcher
Monopolgesellschaften klar an den Tag, besonders da solche
entstanden, denen nichts am Wohl der Allgemeinheit lag,
sondern nur an Erzielung möglichst hoher Dividenden.
Der Wettbewerb im Lande der Freiheit wurde in der rück=
sichtslosesten Weise lahm gelegt, der ausländische durch
übermäßige Einfuhrzölle, der inländische durch Verbindung
mit den Eisenbahnen, die den Nebenbuhlern schadenbringende
Frachtsätze berechneten. Und dabei haben diese reichen Gesellschaften die Beamten und Politiker der gesetzgebenden
Körperschaften des Landes in der Hand, so daß sie in
jeder Beziehung gedeckt sind. So entstanden Monopolge=
sellschaften für Schulbücher, Särge, Geldschränke, Schwämme,

Alkohol, Tapeten, Hopfen, Leim, Holz, Blech, Stahl, Glas, Kunstdünger, kurz im Ganzen gegen 487. Während das für Industriezwecke angelegte Kapital 6525 Millionen beträgt, weisen diese Gesellschaften ein Aktienkapital von 7370 Millionen Dollars auf und ziehen dem Volk jährlich eine Milliarde Dollars aus der Tasche. Am schwersten leiden unter diesen Verhältnissen gerade die Stände, denen die Mittel fehlen, ihre Lebensbedürfnisse dann in größeren Vorräten einzukaufen, wann die Preise erträgliche sind. Bei ihnen heißt es einfach: zahlen, oder hungern und frieren.

Daß die Verwaltungen in Staat und Stadt korrumpiert (bestechlich) sind, besonders seit der Präsidentschaft von Ulisses Grant, ist weltbekannt, auch während des spanisch-amerikanischen Kriegs aufs deutlichste zu Tage getreten und wird von keinem Amerikaner bestritten. In New-York darf man nur das Straßenpflaster ansehen, um zu der Erkenntnis zu kommen, daß in der Verwaltung manches faul sein muß; denn ein solch elendes, fußbrecherisches Pflaster wäre in einer so reichen Stadt einfach unmöglich, wenn nicht die öffentlichen Gelder an allen möglichen Händen hängen blieben. Das wurde auch in allen Zeitungen während des Wahlkampfes um die Stelle des Bürgermeisters von New-York zugegeben. Allein man ist dort an solche Verhältnisse gewöhnt und läßt es eben beim Alten. Nur vor dem „allmächtigen Dollar" hat der Amerikaner Respekt.

---

5. Kapitel.

Von New-York nach Port Royal. Im Sturm. Geschichte von Port Royal. Der Impfschein. Das Leben der Neger.

Am Freitag Abend hatten wir uns auf unsern Dampfer begeben, der am Samstag bestimmt abfahren sollte. Allein der Samstag ging vorüber und wir waren noch in New-York. Das Ausladen des mit Baumwolle und Harzfässern schwer beladenen Schiffes und das Neuladen desselben besonders mit Eisenbahnschienen nahm eben mehr Zeit in Anspruch, als vorausgesehen war, obgleich die Nächte durchgearbeitet wurde. Bei dem Lärm, sowohl in den Lagerhäusern, als auf dem Schiff selbst, war von ruhigem Schlaf keine Rede und wir sehnten uns förmlich auf die endliche Abreise.

Daß wir den Seeweg nach dem Süden, anstatt der Eisenbahn, wählten, hatte seine Gründe. Es ist wahr, mit der Eisenbahn wird der Weg von New-York nach Jacksonville in 36 Stunden zurückgelegt, während man zu Schiff vier Tage braucht. Allein wir wollten nicht in so schnellem Wechsel vom Norden in den Süden, aus dem doch schon recht herbstlich gewordenen Klima von New-York in das subtropische von Florida übergehen, ganz abgesehen davon, daß die Fahrt auf der Eisenbahn gerade noch einmal so teuer ist als die auf dem Schiff, auf dem man zudem noch volle Verköstigung erhält. Wir dachten auch, von der Reise über den atlantischen Ozean her ans Wasser gewöhnt, d. h. gegen die schlimme Seekrankheit abgehärtet zu sein, eine Meinung, die sich leider ganz und gar nicht bewahrheiten sollte.

Jedenfalls betraten wir mit frischem Mut unser Schiff, und mit neuen Hoffnungen und guten Erwartungen der Dinge, die noch kommen sollten, fuhren wir am Sonntag Morgen von New-York ab. Wenn auch in rascher Folge völlig Unbekanntes an uns herantreten sollte, unbekannte Verhältnisse, ein ganz neues Leben und Wirken in einem erst aufblühenden Lande und unter Menschen, die auch erst im Begriff waren, ihre Existenz zu begründen, so glaubten wir doch nach der Fahrt über den Ozean das Schwerste überstanden zu haben und der Reiz der Neuheit mußte fortan belebend und ermunternd aufs Gemüt wirken.

Und das Neue fing schon auf dem Dampfer an. Kapitän und Mannschaft waren sehr zurückhaltend. Daß der erstere geistigen Getränken nicht abhold war, konnte man aus geleerten Flaschen ersehen und war deshalb eine Annäherung auch durchaus unerwünscht. Die Mannschaft bestand ihrer Mehrzahl nach aus Negern, die hier wie auch sonst überall für eine Hand voll Tabak zum kauen, oder für eine halbgerauchte Zigarre die dankbarsten Grimassen schneiden. Welche Sprache sie eigentlich redeten, konnte ich nicht herausbekommen; die Befehle für ihre Verrichtungen auf dem Schiff waren natürlich englisch gegeben; unter sich aber verkehrten sie in einem Dialekt, aus dem nichts englisches herauszuhören war. Dabei verrichteten sie ihre Arbeiten unter stetem Singen oder vielmehr Schreien, das sich in dem Maße steigerte, je härter die jedesmalige Arbeit war. Ganz gelungen war dieses Singen, wenn sie mit vereinten Kräften den schweren Schiffsanker heraufholten, was auf dem kleinen Dampfer nicht mit einer Maschine, sondern noch mit Menschenhand geschieht; sie schrieen dem Anker ein aufmunterndes Lied entgegen, das ihn aufforderte, baldigst heraufzusteigen aus der Tiefe des Wassers, und ihnen so wieder ihre Ruhe und Erholung zu geben. Diese genossen sie dann auch während der Fahrt reichlich, und wo ein windsicherer Winkel zu finden war, da saß oder lag so ein schwarzer Kerl rauchend oder kauend oder schlafend im Bewußtsein, die schwere Pflicht gewissenhaft gethan zu haben. Die Angestellten des Schiffs waren natürlich Weiße, die aber alle sich möglichst ferne hielten und kaum bei den Mahlzeiten sichtbar wurden.

Reisende waren nur wenige auf dem Schiff und sie waren in I. und II. Kajüte geteilt. Da wir als bescheidene

Meerfahrer zur II. Kajüte zählten, hatten wir das Vergnügen, von unserer Kabine aus die Passagiere der I. Kajüte
speisen zu sehen und erst wenn der letzte derselben den Tisch
verlassen hatte, rief auch die sieben Passagiere zweiten Grades
der Klang der Glocke zu Tisch. Unter diesen war ein
junger Zigarrenkaufmann mit seiner Mutter, der wegen
eines Lungenleidens den Winter in Florida zubringen
sollte. Ein anderer, ein stattlicher, dunkelgebräunter Mann,
kehrte nach Jacksonville zurück, wo er sein Geschäft hatte.
Dieser fragte mich einmal im Gespräch, was wir Deutsche
davon halten würden, wenn die Vereinigten Staaten den
Krieg an Spanien erklären und es ihnen etwa gelingen
würde, die Insel Kuba in Besitz zu nehmen? Schon damals lag ja der Krieg zwischen beiden Staaten in der
Luft, obgleich noch sieben Monate vergehen sollten, bis er zum
Ausbruch kam. Die Einmischung des amerikanischen Volkes
in die spanischen Verhältnisse auf Kuba und seine Partei-
nahme für die Aufständischen daselbst ließ einen Krieg als
sicher voraussehen. Ich gab zur Antwort, daß es uns
Deutschen ganz gleichgültig sei, wem die Insel Kuba gehöre,
daß ich aber doch glaube, sie wäre in amerikanischen Händen
besser aufgehoben, als unter spanischer Herrschaft, da die
Spanier das Kolonisieren zum Segen der Völker nie verstanden hätten, wie der Verlauf der Geschichte des spanischen
Kolonialreichs das klar beweise. Stolz wandte sich der
Mann ab mit den Worten: „Ich bin Spanier." Sein
Unmut war übrigens bald verflogen und der alte Verkehr
stellte sich wieder her, wie das auf so engem Raume wie
auf dem Schiff, wo man sich auf Schritt und Tritt in den
Weg kommt, nicht anders möglich ist. Er hatte über die
Sache weiter nachgedacht und erklärte mir offen, er glaube,
daß ich Recht habe mit meiner Ansicht über die Koloni-
sationsgabe der Spanier und ihre Fähigkeit, fremde Völker

glücklich zu machen; „aber", meinte er, „es wäre doch schade,
wenn wir das schöne Kuba verlieren sollten und zwar
gerade an die Amerikaner, die wir hassen. Viel lieber noch
würden wir die Insel den Deutschen gönnen."

Der angenehmste Reisegefährte war ein Deutsch-Ameri-
kaner, ein lediger Mann, der nach zehnjährigem Aufenthalt
in Florida wieder einmal einen Besuch bei seinen hoch-
betagten Eltern, die aus Baden stammten und in einem
Städtchen in Pennsylvanien wohnten, gemacht und am
Geburtstag des Vaters seine Geschwister beisammen getroffen hatte. Dann war er noch eine Woche in New-
York gewesen, um wieder das Treiben der Großstadt zu
sehen und nun war er auf der Rückreise in die Einsamkeit
seines Dörfchens im nördlichen Florida, wo sein Kaufladen
verbunden mit dem Einkommen eines Postmeisters den
Mann ordentlich zu nähren schien. Seine Eltern sind
Quäker und von ihnen hatte der Sohn einen merkwürdigen
Dialekt so wie die Eigentümlichkeit geerbt, jedermann zu
buzen. Er nannte das „pennsylvanisches Deutsch." „Wenn
du meinst, du könnest den Preis deiner Waren resen (erhöhen), so kommt dein Nachbar und thut dich untersellen
(unterbieten) und das ganze business (Geschäft) geht hintersche-
fersche naus." Er gab uns eingehende Schilderungen von
den Leiden und Freuden eines hinterwäldlichen Ansiedlers
in diesen weltentlegenen Gegenden, wo er sich aber doch
zehn Jahre lang wohl befunden hatte. Es hätte nicht viel
gefehlt, so hätte er uns überredet, in seine nächste Nähe zu
ziehen, wo ein Haus und eine Farm eines Todesfalls
wegen billig zu kaufen war, ein Anwesen, das er uns mit
gutem Gewissen anpreisen zu können glaubte. Aber unser
Ziel war nun einmal ganz im Süden gesteckt und ein
Abweichen vom alten Kurse nicht möglich.

Als wir am Sonntag von New-York abfuhren, war

das Wetter schön und die Fahrt versprach eine gute und ruhige zu werden. Allein kaum fuhren wir den Hudson hinunter und zum Hafen hinaus, so stiegen schwere Wolken am Himmel auf und ein starker Wind fing an uns entgegen zu wehen, was allerdings bei den ziemlich hohen Ufern und der noch schmalen Wasserstraße noch nicht viel zu bedeuten hatte. Sandy Hook, die befestigte Südspitze der New-Yorker Bai, war vorüber und wir hatten nach rechts umgebogen, den Kurs genau nach Süden nehmend, da brach der Sturm mit voller Gewalt los und der Regen goß in Strömen. Unser Schiff war klein, aber gut. Da es jedoch sehr schwer beladen war, so ging es sehr tief und die Wellen schlugen mit aller Macht über das Verdeck. Der Sturm kam von Osten und packte uns voll in der Seite, darum mußten wir möglichst weit ins Meer hinausfahren, um nicht von der Gewalt der Wogen und des Windes an die Küste geworfen zu werden. Daher war auch das Schwanken des Schiffs von einer Seite zur andern so gewaltig, daß es unmöglich gewesen wäre, auch nur für Augenblicke auf dem Verdeck sich aufzuhalten.

Es waren zwei schreckliche Sturmes- und Leidenstage für die Reisenden. Meine Söhne lagen krank in ihrer Kabine und von allen Passagieren war ich der einzige, der sich zu den verschiedenen Mahlzeiten und zwar ganz regelmäßig einfand, zum großen Ärger des Steward, der die Bedienung der Gäste zu besorgen hatte. Ich setzte mich mit vieler Mühe am schmalen Ende des Tisches zur Mahlzeit und bestellte nach der Speisenkarte etwa Suppe, und als Getränk eine Tasse Kaffee. Die Suppe kam auf einem Teller, das aber kaum auf den Tisch gesetzt war, als es schon zur Linken auf den Teppich am Boden flog und die Tasse zur Rechten, während ich mich mit beiden Händen am Tisch und der Steward an der Wand sich halten mußte, um nicht beide auch zu fliegen. Allein ich konnte dem Mann nicht helfen; essen wollte und mußte ich, und somit war er genötigt, ein Stück ums andere in fürchterlich schwankender Gangart herbeizuschaffen, während ich mich meiner Gesundheit und des guten Appetits von Herzen freute. Meinen Söhnen konnte ich dann etwas leichtes zum Essen bringen, namentlich Früchte. Die Zwischenzeiten während der einzelnen Mahlzeiten brachte ich schlafend auf meinem Lager zu, denn, wie gesagt, aufs Verdeck konnte man nicht gehen, da selbst die Matrosen in die unteren Räume verwiesen wurden.

Noch während des Sturms fuhren wir am Fort Monroe in Virginien vorüber, das im Sezessionskrieg als Deckung der Hauptstadt Richmond eine bedeutende Rolle spielte. Dort fand auch das berühmte „Duell" zwischen den zwei Kriegsschiffen Merrimac und Monitor statt.

Das Vierzig=Kanonenschiff Merrimac war in der Nähe von Neu Orleans in einem Seetreffen in Brand geraten und gesunken. Allein da nur der obere Teil des Schiffs zerstört war, gelang es den Konföderierten, den Rumpf zu heben und das Fahrzeug wieder herzustellen. Sie gaben ihm ein festes Eisendach, sowie einen Eisensporn und panzerten seine Seiten bis zwei Fuß unterhalb der Wasserlinie, so daß es wie eine eiserne Arche aussah. Acht elfzöllige Kanonen und zwei hundertpfündige Armstronggeschütze bildeten seine Ausrüstung. Absichtlich wurde dann die Nachricht verbreitet, das Schiff sei nicht seetüchtig und gehorche dem Steuer nicht. Allein, sobald es völlig gerüstet war, erschien es plötzlich am 8. März 1862 bei der Bundesfeste Monroe in Virginien, wo ein Teil der Bundesflotte lag. Obgleich von verschiedenen Schiffen mit Kugeln überschüttet, drang es zwischendurch und bohrte dem Kriegsschiff Cumberland seinen eisernen Sporn in

die Seite, indem es zugleich aus allen Geschützen feuerte.
Die Cumberland sank nach wenigen Minuten. Sodann
wurde die Fregatte „Kongreß" angegriffen, nach dem Ufer
getrieben und nach einer halben Stunde flog sie mit ihrer
Bemannung in die Luft.

Am Abend erschien das kleine Turmpanzerschiff „Monitor" in den dortigen Gewässern. Unter großen Schwierigkeiten hatte dieses kleine Schiff den Weg von New-York
durch stürmische See nach der Festung Monroe zurückgelegt;
beinahe wäre es untergegangen, da die Wellen fortwährend
über ihm zusammenschlugen, die Feuer auslöschten und die
Mannschaft halb erstickten. Am nächsten Morgen erschien
der Merrimac wieder und griff die Fregatte Minnesota
an. Da tauchte der kleine Monitor auf, der nur zwei
elfzöllige Kanonen führte, und ein denkwürdiges Duell
entspann sich. Der Merrimac versuchte den Monitor mit
dem Sporn anzurennen; umsonst, denn der kleine Gegner
wich regelmäßig geschickt aus und entsandte Schuß auf
Schuß. Die Panzerverkleidung des Merrimac begann sich
zu lockern, während der kleine Monitor schwer zu treffen
war. Endlich versuchte der Merrimac noch einmal, den
Monitor zu rammen und rannte ihn an. Allein der Stoß
blieb ohne Wirkung, da der Sporn sich verbog. Ein
letzter Schuß vom Merrimac drang durch den Turm des
Monitor und verwundete dessen Kapitän. Darauf wich
der Merrimac; das Schiff leckte, der Panzer war arg be-
schädigt. Mancher Leser wird sich noch der Schilderungen
und Abbildungen dieses Kampfes erinnern. Bald darauf
scheiterte dieser Monitor am Kap Hatteras und ging verloren.

Als wir mit unserem Schiff das weiter südlich liegende
Kap Hatteras passiert hatten, legte sich endlich der Sturm;
wir konnten wieder näher bem Land hinfahren und alles
atmete erleichtert auf, zumal auch schöner Sonnenschein

an Stelle des furchtbaren Regens getreten war. Nach langen und bangen Stunden konnte man jetzt wieder ohne Gefahr aufs Verdeck gehen und der angenehmen Brise sich erfreuen, die tagsüber kühlend von Osten her wehte. Langsam fuhr das Schiff seinen Kurs nach Süden weiter, wieder so weit von der Küste abbiegend, daß diese, an sich schon sehr flach, nur wie ein dünner Streifen zu erkennen war, manchmal aber ganz und gar verschwand. So ging es an Virginien, wo der weltbekannte Tabak gebaut wird, dann an Nord=Karolina und Süd=Karolina hinunter, bis wir am dritten Tage in Port Royal, am südlichen Ende des letzteren Staates, zwischen Charleston und Savannah gelegen, zum erstenmal Anker warfen. Die eben genannten Staaten waren im amerikanischen Bürgerkrieg 1861—65 unter den konföderierten oder Südstaaten diejenigen, welche sich am meisten hervorthaten und die tüchtigsten Generale und Soldaten stellten. Besonders der ganzen langen Küste entlang war der Kampf zu Wasser und zu Land für die Nordstaaten ein ungemein schwerer und langwieriger gewesen. Den Nordstaaten mußte alles daran liegen, den Feind vom Meer, also von seiner Verbindung mit Europa abzuschneiden, und zu verhindern, daß seine Schiffe mit Baumwolle beladen nach England fuhren und mit Munition und Waffen zurückkehrten. Es war aber äußerst schwierig, die Küste abzusperren; denn derselben entlang ziehen sich Lagunen mit vorgelagerten Düneninseln, und die Flüsse, die ins Meer münden, bilden alle an ihren Mündungen ausgedehnte Deltas mit zahllosen kleinen Inseln, Halb= inseln und Seitenarmen, ein Sumpfgebiet, das abzu= schließen fast unmöglich schien. Und doch gelang es. Vor allem waren feste Stützpunkte nötig, wo Munition und Lebensmittel gelagert und von wo aus die einzelnen Unter= nehmungen zur See ihren Anfang nehmen konnten und

die zugleich im Fall einer Niederlage als Zufluchtsstätte
dienen würden.

Zu den wichtigsten dieser Stützpunkte gehört Port
Royal. In der Geschichte Amerikas ist dieses Port Royal
dadurch bekannt, daß es der erste Ort auf dem nordamerikanischen Festland ist, wo Europäer die Gründung
einer Kolonie versuchten. Es war im Jahr 1520, daß
der Spanier Vasquez d'Allyon von Haytti her im dortigen
Hafen einfuhr und an der Stelle landeinwärts, wo jetzt
das Städtchen Beaufort liegt, eine Ansiedlung zu bauen
begann. Da aber die Indianer erfahren hatten, welche
Grausamkeit der Mann im Süden durch Raub von Eingebornen für seine Bergwerke auf Haytti begangen hatte,
beschlossen sie, ihn zu vernichten. Mit großer Freundlichkeit luden sie ihn und seine Begleiter zu einem dreitägigen
Schmaus- und Trinkgelage ein und als am Ende desselben die Gäste in tiefem Schlaf lagen, überfielen sie
dieselben und metzelten sie nieder, so daß nur etliche
Spanier auf die Schiffe entkamen, worunter auch d'Allyon
selbst, der aber schwer verwundet war und bald darauf
starb. Die Ansiedlung durch die Spanier unterblieb, ohne
daß sie jedoch ihre Ansprüche an diese Gegend aufgegeben
hätten.

An ihre Stelle traten die Franzosen. Unter der
Führung von Jean Ribault warfen im Jahr 1562 von
Georgia aus, wie wir weiter unten hören werden, französische Hugenotten auf der Höhe der Insel Port Royal
Anker, wo sie als Feinde der Spanier sehr freundlich aufgenommen wurden. Ribault erklärte diese Gegend für die
schönste und vorzüglichste, die er je gesehen habe und schlug
seinen Glaubensgenossen, die um ihres evangelischen Be-
kenntnisses willen von Frankreich hatten ausziehen müssen,
vor, dort eine Ansiedlung zu gründen. Die große Mehr-

zahl war damit einverstanden. Ribault organisierte nun
eine Kolonie von 30 Personen mit Albert de la Pierria
an der Spitze, erbaute ein Fort, nach König Karl IX
von Frankreich: Fort Charles genannt, versah die An=
siedler mit Lebensmitteln und fuhr nach Frankreich zurück,
nachdem er noch folgende Ermahnungen hinterlassen hatte:
Seid freundlich unter einander; haltet die Lebensmittel
wohl zu Rat; laßt keine Eifersüchteleien aufkommen, sondern
pflegt brüderliche Liebe, so werdet ihr Glück und Gedeihen
haben. Er reiste ab, um vom Heimatland neue Ansiedler
und Unterstützung zu holen.

Die Kolonisten von Port Royal erfreuten sich fort=
gesetzt der Freundschaft der Indianer und waren sorglos
heiter und guter Dinge, bis ihre Lebensmittel zur Neige
gingen und sie mit Schrecken gewahr wurden, daß sie nicht
Einen Morgen Land urbar gemacht hatten und sich daher
an die Indianer wegen des täglichen Brotes wenden
mußten. Da diese selbst nur sehr gering versorgt waren,
wandten sie sich an den Indianerkönig Wabah am Savannah=
fluß in Georgia, der ihnen auch bereitwilligst eine Pinasse
voll Mais und Bohnen abtrat. Ohne zu arbeiten warteten
nun die Kolonisten auf die Rückkehr Ribaults mit Lebens=
mitteln. Als aber dieser nicht kam, entstanden Zwistig=
keiten. Der Gouverneur Pierria mit seiner strengen
Manneszucht mißfiel ihnen bald derart, daß sie sich em=
pörten und ihn ermordeten. Als die Not aufs höchste
gestiegen war, beschlossen sie, nach Frankreich zurückzukehren.
Sie bauten mit Hilfe ihrer indianischen Freunde eine
elende Brigantine, auf der sie sich dem atlantischen Ozean
anvertrauten. Mit Lebensmitteln waren sie nur sehr
spärlich versehen und so trat bald solche Hungersnot auf
dem Schiff ein, daß einer nach dem andern dahinstarb.
Zudem warf ein Sturm das Schiff derart auf die Seite,

daß es widerstandslos dahingetrieben wurde. In der
äußersten Bedrängnis trafen sie mit einem englischen Schiff
an der Küste von England zusammen. Sie landeten und
wurden nach London gebracht und dort der Königin Elisa-
beth vorgestellt, welche durch die Schilderungen der Schönheit und des Reichtums jener Gegenden zu dem Entschluß
kam, dort ebenfalls eine Kolonie anzulegen. Im Jahr
1582 ließen sich zehn schottische Familien unter Führung
von Lord Carbroß in Port Royal nieder. Die Kolonie
hatte aber nur eine kurze Dauer. Die Spanier, die Port
Royal als zu Florida gehörig ansahen, rückten von St.
Augustine herauf, überfielen die Kolonisten in Abwesenheit
von Lord Carbroß, verwüsteten die Ländereien und zer-
streuten die Ansiedler, von denen ein Teil wieder nach
Schottland heimkehrte. In der Folge kam es dann zur
Besiedlung von Georgia, dem südlich von Karolina gelegenen Staat, und zwar durch die Engländer.

Mit seinem großen, ausgezeichnet geschützten Hafen,
das reizend gelegene Städtchen Beaufort im Hintergrunde,
und gedeckt im Süden durch das Fort Pulaski und im
Norden durch Fort Beauregard bildet Port Royal heute
noch eine der ersten Flottenstationen der Vereinigten Staaten.
Wir sahen dort ein großes amerikanisches Kriegsschiff vor
Anker liegen, das im Lauf des Nachmittags seinen Weg
nach dem Süden nahm, angeblich um dem Freibeuter-
unwesen nach Kuba hinüber zu steuern; denn in letzter Zeit
hatte die spanische Regierung bei der amerikanischen wieder
wohlbegründete Beschwerden geführt darüber, daß die Aufständischen auf Kuba durch amerikanische Freibeuter in
jeder Weise, namentlich mit Waffen und Munition, Unterstützung gefunden hätten.

Als wir in die Nähe der Einfahrt in den Hafen
kamen, fuhr ein kleines Dampfboot vom nördlichen Fort

her auf uns zu und wir mußten halten. Seitdem im
Sommer in New-Orleans und an den Ufern des Mississippi
das gelbe Fieber ausgebrochen war, hatte der Staat Florida
Quarantäne gegen Einschleppung der Seuche eingeführt
für alle Fahrzeuge, deren Bestimmungsort in Florida gelegen war, und Südkarolina, sowie weiter südlich Georgia
hatten sich dieser Maßregel angeschlossen. Ein Arzt stieg
an Bord, um Untersuchung zu halten. Wir kamen bedeutend in Verlegenheit, als wir sahen, daß alle Reisenden
ein Gesundheitszeugnis von New-York her vorweisen
konnten; die dortige Hafenbehörde hatte es ihnen ausgestellt, aber nur auf eigenes Nachsuchen hin. Wir hatten
davon nichts gewußt und standen vor der Wahl, entweder
mit dem nächsten Schiff nach New-York zurückkehren zu
müssen, oder aber auf dem Quarantäneschiffchen, das neben-
braußen vor dem Hafen verankert lag und eine gelbe
Flagge gehißt hatte, acht traurige Tage zubringen zu müssen.
Da fiel mir zum größten Glück unser Impfschein von
Bremen ein, der ja vom amerikanischen Konsul daselbst
unterschrieben und gestempelt war; vielleicht konnte der
helfen. Und in der That, er half uns durch. Als wir
unsere Impfscheine hinhielten und der Arzt sie auf ihren
Inhalt hin angesehen hatte, wurden sie als gültige Ge-
sundheitszeugnisse dafür angenommen, daß wir frei vom
gelben Fieber seien und wir durften passieren. Ich muß
gestehen, es schauderte uns förmlich in dem Gedanken, in
die Behandlung dieses von Schmutz strotzenden, ungehobelten
Menschen als unseres Arztes auch nur für acht Tage
kommen zu sollen, und darum waren wir doppelt froh,
ganz frei zu werden. Noch dreimal mußten wir uns auf
unserer ferneren Seereise bis zur Ankunft in Jacksonville
einer solchen Untersuchung unterziehen und jedesmal leistete
der früher so verachtete und verdammte Impfschein seine

Schuldigkeit als Retter aus großen Unannehmlichkeiten.
Man weiß nie, zu was ein Ding noch einmal gut sein
kann, das man für den Augenblick verachtet und als wert=
los bei Seite wirft! Ich habe darum auch meinen Impf=
schein aufgehoben, und wenn ich ihn einmal wieder be=
trachte, kommen mir seine guten Dienste ins Gedächtnis,
die er mir zwischen New=York und Jacksonville auf hoher
See geleistet hat.

In Port Royal gingen wir mit unserem Floridaner
ans Land, der uns mit dem Zuckerrohr bekannt machte,
das in der dortigen Gegend in großen Mengen wächst.
Man kauft sich ein mannshohes Rohr um 20 Pfennig,
schneidet es in kürzere Stücke und saugt kauend den süßen
Saft heraus, der in der Hitze überaus angenehm gegen
den Durst ist. Daß es zugleich als Nahrungsmittel dient
und die Körperkräfte ungemein stärkt, ist keine Frage;
dafür sind wohl die kräftigen Neger, alte und junge, die
sonst sehr bescheiden sind in Bezug auf Auswahl und
Menge ihrer Nahrung, ein sprechender Beweis. Wenn
Zucker überhaupt stärkend auf die Muskeln wirkt, so ganz
besonders der aus dem Zuckerrohr selbst gewonnene.

Wir sahen die Neger in Port Royal in irgend einem
schattigen Winkel sitzen und ihr Zuckerrohr kauen. Ihnen
behagt das Leben, es ist ihnen wohl in der Welt und in
der weichen milden Luft dieses Landes; sie brauchen keine
guten Kleider, keine gute Nahrung, brauchen weder Geist
noch Hände anzustrengen und empfinden kein Gefühl der
Leere und Unruhe, das nach Ausfüllen zu streben hätte.
Kindern gleich suchen sie jedem neuen Heute die beste Seite
abzugewinnen, ohne für den morgenden Tag sich irgend=
welche Sorge zu machen, ein Zustand übrigens, an den
sich jeder Bewohner der subtropischen Länder mit Leichtig=
keit und Wohlbehagen gewöhnt. Gearbeitet wird von der

Negerbevölkerung nur, was durchaus notwendig ist, und das ist niemals viel. Die Bedürfnisse des Lebens sind gering und werden von der üppigen Natur reichlich gedeckt, und was die Neger beim Ein= und Ausladen der Schiffe im Hafen an barem Geld verdienen, reicht vollständig zur Kleidung und zum Kau=Tabak. Denn hier fängt die Un= tugend des Tabakkauens an, allgemein zu werden. Geraucht wird auch und zwar aus kurzen Pfeifchen, deren Stumpf manchmal nur noch 3 Zentimeter lang ist; aber noch viel verbreiteter ist das Kauen des Tabaks, auch bei Frauen und Kindern. Man wird dort von allen Seiten um eine Prise Tabak zu diesem Zweck angebettelt und jede Art von Rauchtabak thut ihnen denselben Dienst, wie der eigens zubereitete Kautabak. Dagegen habe ich während meines ganzen Aufenthalts in den Vereinigten Staaten nur Einen Menschen schnupfen sehen, und das war eine Frau in Miami.

Die Gegend um Port Royal ist flach, sandig und sehr einförmig. Nur wenige und recht verkrüppelte Fichten und Weidenbäume wachsen in dem heißen Sand. Es mag wohl die Nähe des Meeres mit seinen Niederschlägen an Salz schuld daran sein, daß die Vegetation so gering ist. Von eigentlichen Gärten ist auch nichts zu sehen. Jeder pflanzt sein Gemüse, wo es ihm gerade paßt. Die Häuser, oder eigentlich Hütten, sind alle von Holz und sehen recht dürftig aus, innen und außen. Der Schönheitssinn oder auch nur der Geschmack am Behaglichen geht diesen Leuten vollständig ab. Zudem verbringen sie die meiste Zeit im Freien und die Wohnung dient ihnen eigentlich nur zum Schutz gegen die häufigen und starken Regengüsse. Menschen, Hühner, Schweine und Ziegen wohnen und leben friedlich miteinander unter Einem Dach, also ganz ähnlich wie es in Irland der Fall ist.

Bis abends zehn Uhr währte die Arbeit des Aus-
und Einladens unter großem Geschrei und Singen der
Schwarzen, und dann konnten wir bei schönem, klarem
Wetter weiterdampfen. Noch lange hielten wir uns auf
dem Verdeck auf und genossen die angenehme Nachtluft
nach dem heißen Tage. Wie wohlthuend ist so ein Abend
in frischer Luft, besonders nach stürmischen Tagen, die in
dumpfer Kajüte zugebracht werden mußten, da ein Öffnen
von Thüre oder Fenster bei dem hohen Gang der Wellen
und den häufigen Sturzseen mit einem halb Ertrinken
gleichbedeutend gewesen wäre. Schön ging der Mond über
dem Ozean auf, und gespenstig beleuchtet erschien das be-
waldete Ufer, an dem wir langsam dahinfuhren. Zuweilen
tauchte im Wald ein Lichtlein auf, das Kunde davon gab,
daß dort ein Ansiedler in weltverlorener Einsamkeit seine
Heimat gefunden. Welcher Unterschied zwischen dieser
stillen Fahrt und dem Getriebe der Weltstadt, das wir
erst kürzlich hinter uns gelassen hatten!

Ruhig ging die Nacht vorüber und neugestärkt durften
wir wieder aufstehen, um schon gegen neun Uhr in Brunswick die Anker zu werfen. Damit war der Bestimmungsort unseres Dampfers erreicht, der seine regelmäßigen
Fahrten zwischen diesem Ort und New-York macht.

---

6. Kapitel.

Von Brunswick nach St. Fernandina.
Geschichte von Georgia. Schandthaten im Bürgerkrieg.
Zwei Mörder an Bord. Landung in Florida.

Mit der Landung in Brunswick waren wir in einem
neuen Staate, in Georgia, angekommen, dessen Hauptstadt
Atlanta im Innern des Landes durch eine Eisenbahn mit

den Küſtenſtädten Brunswick im Süden und Savannah im Norden verbunden iſt. Sehr intereſſant iſt die Geſchichte der Gründung dieſes Staates durch die Engländer, denen er gleichſam als Puffer dienen ſollte zwiſchen ihren eigentlichen Kolonien Virginien und Karolina einerſeits und den ſpaniſchen Beſitzungen in Florida bis zum St. Johnsfluß andrerſeits.

Zu Anfang des 18. Jahrhunderts ſah es in England bei denen, die in Schulden geraten waren, ſchrecklich aus. Sie wurden alle ins Gefängnis geworfen und mußten dort bleiben, bis ſie ihre Schulden bezahlt hatten. Da die Verköſtigung eine ſehr geringe und die Behandlung durch die Gefängniswärter in der Regel eine überaus brutale war, ſo litten ſolche Schuldgefangene mehr in jahrelanger Haft, als die ſchwarzen Sklaven in Virginien. Wohl hatten ſchon verſchiedene Menſchenfreunde Schritte gethan, um das Los ſolcher Armen zu erleichtern, allein es war vergeblich geweſen.

Im Jahr 1728 brachte ein Oberſt James Oglethorpe im engliſchen Parlament einen Antrag ein, es ſollten die Verhältniſſe der Schuldgefangenen gründlich unterſucht werden. Der Antrag ging durch, und er ſelbſt wurde mit der Prüfung beauftragt. Was er da ſah und fand, war über alle Maßen ſchrecklich. Auf faulem Stroh liegend, zu Skeletten abgemagert, zum Teil ſtumpfſinnig und wahnwitzig waren Leute, die früher in den beſten Verhältniſſen gelebt, aber durch irgend welche Veranlaſſung, ſehr oft ohne eigene Schuld, alles das Ihrige verloren hatten und nun ſchon jahrelang der rohen Behandlung des Gefängnisperſonals preisgegeben waren.

Oglethorpe ſchlug vor, es ſollte mit dieſen Unglücklichen eine Kolonie gegründet werden und zwar in dem Landſtrich ſüdlich vom Savannahfluß in Karolina, der

noch gar nicht besiedelt war und die besten Bedingungen
zu einem gedeihlichen Fortkommen für solche Leute bot.
Sein Vorschlag fand Beifall bei König und Parlament,
die nötigen Gelder wurden verwilligt und 1732 gab König
Georg II. die Vollmacht zur Gründung einer Kolonie, die
ihm zu Ehren den Namen Georgia erhielt. Oglethorpe
bot sich an, die ersten Ansiedler selbst an Ort und Stelle
zu begleiten.

Am 6. November 1732 stach das Schiff Anna in See
mit 35 Auswandererfamilien, 120 Köpfe stark an Männern,
Weibern und Kindern; der Oberst Oglethorpe stand an
der Spitze; ihm zur Seite war ein Prediger der englischen
Landeskirche; etliche Seidenzüchter von Piemont gingen
mit, da man hauptsächlich die Seidenzucht in Georgia ein-
führen wollte. Nach achtwöchiger Fahrt, im Januar 1733,
wurde die Bucht von Charleston in Karolina erreicht, wo
die neuen Ankömmlinge mit großer Freude empfangen
wurden. Mit Lebensmitteln und Vieh von den Karolinern
reichlich versehen, wurden die Ansiedler über Port Royal
an die Mündung des Savannahflusses gebracht, wo Oglethorpe drei Stunden vom Meer landeinwärts den Platz
für die zu bauende Stadt „Savannah" aussteckte. Am
1. Februar waren sämtliche Einwanderer an Ort und
Stelle angelangt. Die umwohnenden Indianer zeigten sich
freundlich gesinnt und halfen mit beim Bau von Häusern
und Befestigungen, so daß die Ansiedler sich bald im Besitz von behaglichen Blockhäusern und einem mit Kanonen
besetzten Erdwerk sahen, froh, den früheren schrecklichen
Verhältnissen entronnen zu sein.

Von besonderer Wichtigkeit für die neue Kolonie war
der Umstand, daß es Oglethorpe durch sein einnehmendes
Betragen gelang, die Freundschaft des über 90 jährigen
Häuptlings Tomochichi zu gewinnen. Durch dessen Ein-

fluß konnte Oglethorpe mit fünfzig Häuptlingen aus acht
Stämmen der Creek-Indianer einen Freundschaftsbund
schließen, wonach den Engländern das gewünschte Land
zur Ansiedlung überlassen und ein Schutz- und Trutzvertrag
abgemacht wurde.

Im Jahr 1734 kehrte Oglethorpe nach England zurück, um Bericht zu erstatten und neue Ansiedler zu gewinnen, und nahm dahin etliche Indianer, Tomochichi an
der Spitze, mit. Da man in England noch keine Indianer
gesehen hatte, so erregten diese Ankömmlinge großes Auf-
sehen. Sie wurden am königlichen Hof mit allen Ehren
empfangen und ausgezeichnet. Nach vier Monaten reiste
Tomochichi, begleitet von einer ziemlichen Anzahl neuer
Ansiedler, nach Georgia zurück; Oglethorpe folgte erst 1736
und zwar mit 150 waffengeübten Hochländern aus Schottland und einigen Kanonen, die erste Kriegsmacht in
Georgia.

Im ganzen umfaßte die Ansiedlung in Savannah und
Umgebung 500 Seelen, sie war mit einer militärischen Schutz-
macht und Hilfsmitteln zur religiösen Ausbildung wohl
versehen, so daß die Kolonie sich schön hätte entwickeln
können. Allein die Bevollmächtigten der Regierung hemmten
diese Entwicklung durch unweise, lähmende Verordnungen,
so daß es einmal schien, als sollte alles wieder auseinander
gehen.

Mit Oglethorpe waren nicht bloß eine Anzahl deutscher
Einwanderer herübergekommen, die sich den Herrnhutern
anschließen wollten, welche schon in Georgia ansäßig waren,
sondern auch die zwei bekannten Männer John und Charles
Wesley, die Söhne eines englischen Dichters und Geistlichen, die Gründer des Methodismus. Die Kanzeln der
englischen Hochkirche waren ihnen verschlossen und so suchten
sie in Georgia ein neues Arbeitsfeld, Charles hauptsäch-

lich als Sekretär Oglethorpes, John als Missionar des
Evangeliums unter Ansiedlern und Indianern. Es konnte
nicht ausbleiben, daß in einer derart zusammengewürfelten
Gesellschaft das ungeschickte und starre Auftreten von
John Wesley bald zu Reibereien führte, welche dem Ge-
meinbewesen zum Schaden gereichten. Darum verließ nach
zwei Jahren der erst 35 jährige John Wesley Georgia
wieder und kehrte nach England zurück.

An Wesleys Stelle trat der dritte Gründer des
Methodismus, George Whitefield, ein 24 jähriger Jüng-
ling, der mit glühendem Eifer sein Amt antrat und der, weil
viel praktischer als Wesley, für Georgia von großem Segen
wurde, wie auch für die nördlich gelegenen Staaten. In
Savannah gründete er ein Waisenhaus und wirkte mit den
Herrnhutern aufs freundlichste und gedeihlichste zusammen.

Bald nachdem Oglethorpe wieder in Georgia angekommen war, erfuhr er, daß die Spanier in St. Augustine
in Florida die Gründung der Kolonie Georgia als einen
Eingriff in ihr Recht und Gebiet ansahen. Er schickte
daher einige Gesandte nach St. Augustine, um den dortigen
Kommandanten zu einer freundschaftlichen Besprechung der
Sache einzuladen, da er sich noch nicht stark genug fühlte,
mit Waffengewalt gegen die Spanier aufzutreten. Inzwischen befuhr Oglethorpe die ganze Küste bis zum St.
Marysfluß, der späteren Südgrenze von Georgia. Dort
legte er das Fort St. Andreas an; auf einer kleinen Insel
an der Mündung des St. Johnsflusses erbaute er das
Fort St. George, und am Savannahfluß ganz oben im
Land legte er die Stadt Augusta an zum Schutz gegen
spanisch-indianische Angriffe von Westen her.

Da nun der spanische Kommandant in St. Augustine
alle diese feindlichen Unternehmungen erfuhr, behielt er
Oglethorpes Gesandte als Gefangene zurück und drohte.

mit Krieg. Kaum erhielten die Indianerstämme Georgias hievon Nachricht, als sie, Tomochichi an der Spitze, den Engländern ihre Hilfe anboten und zwar in solch wohlgerüsteten Scharen, daß die Spanier es für besser fanden, Frieden zu schließen, indem die Gefangenen freigegeben wurden, die Engländer aber das Fort St. George am Johnsfluß räumten.

Allein die Regierung in Madrid verweigerte die Genehmigung dieses Friedens unter dem Hinweis, daß ganz Georgia unter die Herrschaft Spaniens gehöre; die Engländer sollen Georgia und sogar Süd=Karolina bis Port Royal räumen. Oglethorpe eilte nach England, um Unterstützung zu suchen. Er wurde zum Oberbefehlshaber über die Streitkräfte in beiden Kolonien ernannt, warb eine Anzahl Truppen an und kehrte 1738 nach Georgia zurück. Hier aber fand er allgemeine Unzufriedenheit. Diese rührte davon her, daß den Ansiedlern von der Regierung das Halten von Sklaven verboten war, so daß sie mit den andern Kolonien nicht konkurrieren konnten. Das Gedeihen der ganzen Ansiedlung stand in Gefahr, obgleich die Zahl der Angesiedelten auf 2500 gestiegen war, unter denen sich sehr rührige Kräfte namentlich aus Schottland, der Schweiz und Deutschland befanden. Erst im Lauf der Jahre 1740 bis 1750 zeigte sich ein Aufschwung in der Entwicklung Savannahs, indem die Kolonisten anfingen, die Sklavengesetze zu umgehen und unter dem Vorwand des Mietens von Sklaven auf hundert Jahre solche von Virginien einzuführen wußten, bis dann von 1750 an Sklavenschiffe direkt von Afrika kamen und ihre lebendige Ware absetzten. Georgia gehörte von da an zu den mit Sklavenarbeit bebauten Staaten Amerikas.

Da die Spanier in ihren Ansprüchen nichts nachgeben wollten und die englische Regierung die englischen Schleich=

händler an den Grenzen von Florida unterstützte in dem
Bestreben, mit allen Mitteln die Kolonialmacht der Spanier
zu schädigen und am Ende zu vernichten, so kam es im
Jahr 1739 zum Krieg zwischen England und Spanien.

Oglethorpe war von der Absicht seiner Regierung unter-
richtet und beschloß einen Angriff auf St. Augustine, ehe
die Spanier daselbst Verstärkungen aus der Heimat erhalten konnten. Auch schien ihm die Sache deshalb Eile
zu haben, weil er damals eben eine von spanischen Send-
lingen in Georgia angezettelte Verschwörung gegen sein
Leben entdeckt hatte. Im Mai 1740 marschierte er mit
600 Mann regulärer Truppen gegen St. Augustine, wo
er, unterstützt von 400 Karolinern und einem großen Haufen
befreundeter Indianer, im Juni erschien, nachdem er auf
dem Weg zwei kleine spanische Befestigungen eingenommen
hatte. Seine Aufforderung an die Besatzung von St.
Augustine, sich sofort zu ergeben, wurde stolz zurückge-
wiesen, und Oglethorpe schickte sich an, die Stadt auszu-
hungern, da ihm Kanonen zur Beschießung fehlten. Es
gelang aber den Spaniern, reiche Vorräte vom Meer her
in die Stadt zu bringen, und da das Klima den Belagerern
ungemein zusetzte, so gab Oglethorpe seinen ganzen Plan
auf und zog nach Savannah ab.

Nach zwei Jahren der Ruhe begannen die Spanier den
Krieg aufs Neue und liefen mit 36 Fahrzeugen und 3000
Landtruppen, die von Kuba herübergekommen waren, (1742)
in den Hafen von St. Simon ein, eine Insel an der Küste
von Georgia, auf der Oglethorpe den Ort Friberica gegründet und befestigt hatte. Da der Gouverneur von Südkarolina keine Verstärkungen gesandt hatte, konnte Oglethorpe
dem Feind nur 1000 Mann, die Indianer eingerechnet,
entgegenstellen. Er zog sich daher in die Festung Friberica
zurück, während die Spanier die Ansiedlung von St. Simon

besetzten und von da aus die Engländer erfolglos neckten. Oglethorpe beschloß endlich, die Spanier anzugreifen und marschierte auf einer schmalen, von ihm selbst angelegten Straße zwischen Sumpf und Wald vorsichtig vor, wurde aber von einem Franzosen aus seinem Lager verraten, der vorauslief, sein Gewehr abfeuerte und zum aufge= schreckten Feind überging. So war der Überfall mißlungen.

Oglethorpe wußte den Verräter auf feine Weise zu strafen. Durch einen gefangenen Spanier, den er frei ließ, übersandte er dem Franzosen einen Brief, in welchem er ihm, gleichsam als einem Spion der Engländer, auftrug, die Georgier als schwach an Zahl und Bewaffnung zu schildern und den Spaniern zu einem schnellen Angriff zu raten, oder aber sie zu überreden, noch drei Tage an Ort und Stelle zu bleiben, da eine britische Flotte mit 2000 Landtruppen unterwegs nach St. Augustine sei. Der Brief wurde dem Kommandanten der Spanier übergeben, der den Franzosen sofort in Eisen legen und als Spion hin= richten ließ.

Die Spanier beschlossen, noch schnell einen Angriff auf die schwachen Georgier zu unternehmen, ehe die eng= lische Flotte ankommen konnte, und so wurde eine Ab= teilung auf der schmalen Straße gegen Fridericia geschickt, aber von Oglethorpe überfallen und bis auf den letzten Mann niedergehauen. Ebenso ging es einer zweiten Ab= teilung. Mit Hinterlassung vieler Toten zogen sich die Spanier auf ihre Schiffe zurück und fuhren schleunigst nach St. Augustine hinab, um dort zu finden, daß sie von Ogle= thorpe überlistet worden waren; denn von einer englischen Flotte war weit und breit nichts zu erblicken. So wurde Georgia gerettet.

Im Jahr 1743 segelte Oglethorpe nach England heim, wo er auf seinem Gute in Zurückgezogenheit lebte und als

90jähriger Greis noch den ersten Gesandten des nord=
amerikanischen Freistaates begrüßen durfte. Die Saat,
die Oglethorpe bei Gründung und Verteidigung von Georgia
gesäet hatte, brachte schöne Früchte, indem der Staat mehr
und mehr blühte und auch die Regierung durch Aufhebung
der drückenden Gesetze für weitere Entwicklung desselben
Fürsorge trug. So blieb Georgia eine königliche Provinz,
bis es im Unabhängigkeitskrieg 1776 den Vereinigten Staaten
einverleibt wurde.

Fährt man von Brunswick mit der Eisenbahn eine
Strecke ins Innere des Landes hinein, so kommt man
an einen Ort, der im Bürgerkrieg der Vereinigten Staaten
(1861 ff.) zu einer traurigen Berühmtheit gekommen ist.
Der Ort heißt Andersonville, ein kleiner, wenig rühriger
Flecken. Dort war es, wo die Südstaaten die Mehrzahl
der von ihnen im Krieg gemachten Gefangenen zusammen=
brachten und verwahrten in einer Weise, daß selbst der
Generalinspektor der Südstaaten bei einer Revision der
Orte, wo Kriegsgefangene untergebracht waren, erklärte:
Der Zustand der Gefangenen ist für uns als Nation ein
schlimmer Vorwurf!

In Andersonville zeigt die Sommertemperatur im
Durchschnitt 25° R und steigt bis 35° R, während es im
Winter regelmäßig gefriert und oft zwei Zoll starkes Eis
giebt. In der Nähe nun hatte man einen Platz 1540 Fuß
lang und 750 Fuß breit mit einem starken Palisadenzaun
eingefaßt; durch den Platz lief ein schmutziges Bächlein;
an den vier Ecken der Umzäunung waren Kanonen auf=
gestellt und auf kleinen Aussichtstürmen Schildwachen auf=
gestellt, denen befohlen war, jeden, der den Raum ver=
lassen oder über die Palisaden herübersehen würde, nieder=
zuschießen. In diesen Raum wurden die Kriegsgefangenen,
welche die Südstaaten gemacht hatten, eingesperrt. Flücht=

linge wurden mit Bluthunden verfolgt. Von Gebäuden
oder auch nur von Bäumen oder Gebüsch war in diesem
Gehege keine Rede. Im Freien bei jedem Wetter, in der
glühenden Sommerhitze, wie im strengsten Winterfrost
mußten die Männer, die in ehrlichem Kampf gefangen genommen worden, kampieren. Und in welcher Anzahl! Im
Mai 1864 waren daselbst 12000 Gefangene, im August
sogar 31690 eingeschlossen! Jeder Gefangene erhielt als
Tagesration vier Lot Speck oder gekochtes Rindfleisch, eine
Batate und ein Stück Brot. Sämtliche Gefangene waren
in Züge eingeteilt; sobald von einem Zug ein Mann fehlte,
mußten die Übrigen einen Tag fasten. Um sich vor Sonnenbrand und Regengüssen zu schützen, gruben manche mit
den Händen Höhlen in die Erde oder klebten aus dem
Lehm eine Art Hütten zusammen, oder machten aus ihren
Kleidungsstücken ein Zelt, während andere verzweifelnd im
Freien unter den sengenden Strahlen der Sonne saßen
und bald zusammenbrachen und starben.

Die Ausdünstung aus dem kleinen Bache, in welchem
aller Unrat des Lagers zusammenfloß, war fürchterlich und
das ganze Lager war schon von weitem durch die pesti-
lenzialische Luft bemerkbar. Bei Regenwetter verwandelte
sich der ganze Platz in einen großen Sumpf. Die Kleider
der Gefangenen faulten ab, und neue erhielten sie nicht.

Im September 1864 lagen dort 3000 Kranke auf dem
bloßen Erdboden, die an Ruhr, Geschwüren und an gräß-
lichem Ungeziefer litten. Jede Stunde im Tag starben in
den Monaten August und September durchschnittlich acht
Personen, deren Leichname ohne Sarg verscharrt wurden.
Trug ein Toter Ringe am Finger, so wurden diese mit
einem Beil abgehauen, um das Kleinod zu retten. Alle
Gefangenen litten mehr oder weniger an Hunger; denn die
Nahrungsmittel, die sie erhielten, waren nicht genügend

und zudem oft ganz verdorben. Daher hatte jedes Scham-
gefühl unter ihnen aufgehört und um einen geringen Bissen
Brot balgten sie sich, wobei der Stärkere Recht bekam.
Viele stiegen auf die Palissaden, nur um erschossen und so
aus dem Elend erlöst zu werden; andere verfielen in
geistige Umnachtung. In 13 Monaten waren 44882 Gefangene nach Andersonville verbracht worden, von denen
in besagtem Zeitraum nicht weniger als 12462 starben!
Der Gefängnisaufseher, Wiry mit Namen, wurde nach
dem Krieg für seine Unmenschlichkeit hingerichtet.

Ergreifend sind einige Notizen aus dem Tagebuch
eines frommen Mannes aus New-York, der dort auch gefangen war und in seiner Taschenbibel mit Bleistift diese
Aufzeichnungen machte: „26. März: keine Rationen; 27.
März: Rationen erst mittags 3 Uhr ausgeteilt. — 1. April:
keine Rationen; 2. April: Rationen erst 5 Uhr abends
ausgeteilt; Mauleselfleisch. — 10. April: keine Rationen;
27. April: ein Mann erschossen. — 2. Mai: ein mir be-
kannter Kavallerist erschossen; 15. Mai: ein verkrüppelter
Gefangener erschossen. — 3. Juli: keine Rationen; 4. Juli:
Rationen voll Maden, nicht zu essen; 13. Juli: ein Mann
erschossen. — 6. August: ein Mann im Bach erschossen,
das Wasser rot von seinem Blut. — 10. September: Mein
Gott, mein Gott, warum hast du mich verlassen?" — Der
Gefangene erlangte seine Freiheit wieder, lebte aber nach
den überstandenen Qualen nur noch kurze Zeit.

Eine unauslöschliche Schmach haben sich die Südstaaten
durch diese unmenschliche Behandlung der in ihre Hände
geratenen Kriegsgefangenen dort in Andersonville auf-
geladen!

Wir hatten in Brunswick nur zwei Stunden Aufenthalt.
Der Hafen war voll von Schiffen, die aus- und eingeladen
wurden, wobei die ganze Arbeit wieder von Negern unter

weißen Aufsehern besorgt wird. Ein Schiff hatte malayische Bemannung und es war interessant zu sehen, wie diese Malayen an Stricken zwischen Himmel und Wasser schwebend und nur mit den Zehen (den großen und zweiten) sich haltend die Arbeit der Säuberung des Schiffsäußern vollbrachten. Jeder hatte in seiner rechten Hosentasche den bekannten malayischen Dolch stecken.

Die Passagiere, die von Brunswick aus nicht die Bahn zur Weiterreise benützten, wurden auf einen kleinen Raddampfer verbracht, der täglich den Weg nach St. Fernandina hin- und hermacht. Nur etliche der Fahrgäste fanden sich mit uns auf diesem Dampfer wieder zusammen. Dagegen stiegen etwa 15 Neger und Negerinnen ein, die aber nur einen bestimmten Raum unten im Schiff zur Verfügung bekamen; auf dem Verdeck durften sie sich nicht zeigen.

Es befanden sich aber unter diesen Schwarzen zwei unheimliche Fahrgäste, nämlich zwei Mörder, welche am Handgelenk aneinander gefesselt von einem schwarzen Polizeidiener aufs Schiff abgeliefert wurden, wo man sie in dem unteren Schiffsteil frei gehen ließ, weil sie doch nicht entweichen konnten. Die beiden hatten miteinander einen dritten Neger erbolcht und dann den Leichnam in Stücke zerschnitten, um die That besser verbergen zu können, und das alles wegen eines Rockes, den der Ermordete besessen hatte und den sie an sich bringen wollten. Beim Diebstahl wurden sie vom Besitzer überrumpelt, und darum ermordeten sie ihn. Es waren noch zwei junge, kräftige Bursche, die ihrem ganzen Betragen nach kaum wußten, welch' schweres Übel sie gethan und was sie zu erwarten hatten. Nach dreistündiger Fahrt nahte sich uns ein ganz kleiner Dampfer, der außer einigen der schwarzen Mitreisenden auch die zwei Mörder aufnahm, um sie nach der Stadt St. Marys zur Aburteilung zu bringen.

Von Brunswick an ist die Küste ganz eben bis weit
hinein ins Land. Wir fuhren im langsamsten Tempo durch
eine ganze Menge Lagunen, wo die Fahrstraße zum Teil
so schmal und gewunden war, daß selbst unser kleines
Dampfschiff kaum durchkommen konnte. Die Ufer waren
meist Prärie mit sechs Fuß hohem Gras; später erschienen
schöne Inselchen, die reichen New=Yorkern gehören, welche
hier ihre Winterresidenz haben und die Zeit von Dezember
bis April da zuzubringen pflegen. Es sind manche zierliche
Häuser darunter, welche wunderhübsch aus dem herrlichen
Grün der Wiesen und Wälder herausschauen, die hier
schon den halbtropischen Charakter tragen. Manche dieser
Gebäude verunzieren freilich die ganze Landschaft durch
ihre protzenhafte Unförmlichkeit, je nach dem Geschmack
des Besitzers. Schönes Vieh geht an der Weide und stolze
Fischreiher stehen in den seichten Gewässern, ihrer Beute
harrend. Kleine Boote schießen aus den Lagunen zwischen
den Inselchen an unser Schiff heran, um die Tagespost
abzuholen. Der Verkehr der einzelnen Villenbesitzer kann
nur mit Booten ausgeführt werden, wie auch die Jäger
ihr Jagdrevier nur auf Booten absuchen können, weil die
Prärien bloß beim tiefsten Stand der Ebbe ohne Lebens=
gefahr betreten werden können.

Nach vierstündiger Fahrt näherten wir uns der Insel
Amelia. Noch einmal erschien ein Quarantänearzt auf
unserem Schiff und nahm die Musterung der Reisenden
vor. Als auch das vollends vorüber war, fuhren wir
langsam in den Hafen von St. Fernandina hinein, die
Anker wurden geworfen und Mittags 2 Uhr konnten wir
landen.

Und damit standen wir endlich gesund und wohlbe=
halten auf dem Boden von Florida.

7. Kapitel.

Geschichte von Floriba. Ponce de Leon. Narvaëz. de Soto. 1512—1542.

Der Spanier Juan Ponce de Leon, von adeliger kastilischer Abkunft, der schon in den Kriegen mit den Mauren mitgefochten hatte und ein Begleiter des Kolumbus auf seiner zweiten Reise nach Amerika war, sollte trotz seines hohen Alters der Entdecker von Floriba werden. Er war nicht bloß von großem Thatendurst und kühnem Unternehmungsgeiste beseelt, sondern die Liebe zum Leben, das er stets in vollen Zügen genossen hatte und das eben schon stark dem Ende zuging, ließ ihn fest an die Legenden vom Zauberquell glauben, die von den Eingebornen der spanischen Inseln erzählt wurden. Nach diesen sollten die Quellen über Gold und edle Steine dahingehen und aus diesen einen solch stärkenden Stoff in sich ziehen, daß wer in ihnen badete, sofort jugendliche Kraft und Schönheit erlange. Also nicht, wie bei den andern Abenteurern, der Durst nach Gold, sondern das Verlangen, den Jungbrunnen oder den Quell ewiger Jugend zu finden und darin zu baden, war es, was den alten Ponce de Leon trieb, seinen Posten als Gouverneur von Porto Rico aufzugeben und auf neue abenteuerliche Fahrten sich ins Meer hinauszuwagen.

Im Frühjahr 1512 segelte er von Porto Rico auf Schiffen, die er aus eigenen Mitteln ausgerüstet hatte, nach den Bahama-Inseln ab, besuchte eine nach der anderen, kostete jede Quelle und badete in jedem Fluß, See und Bach, auf den er stieß, aber den Gesundbrunnen fand er dort nicht. Nicht entmutigt durch diesen Mißerfolg ging er in nordwestlicher Richtung unter Segel und als ihm nach etlichen Tagen der Westwind köstlichen Blütenduft

entgegenwehte, schlug das Herz des alten Kriegers in
freudiger Hoffnung. Westwärts fahrend kam er bald in
die Nähe von Land, das mit hohen Magnolienbäumen
besetzt war, deren prächtige Blüten die ganze Luft mit
Wohlgerüchen erfüllten. Ponce de Leon glaubte an der
Schwelle des Paradieses zu sein und landete am Oster-
morgen 1512 an der Stelle, wo heute die Stadt St.
Augustine liegt. Nach einem Lobgesang auf den aufer-
standenen Gottessohn ergriff Ponce de Leon von dem
neuen Lande Besitz im Namen des Königs von Spanien
und nannte es „Florida" (das „blühende") wegen seines
reichen Blütenflores. Unermüdlich suchte der Entdecker
landauf und ab nach dem wunderbaren Quell der Jugend
und Schönheit, den er eben in den Grasfluren und Waldungen des Landes auch nicht fand; er erregte dagegen
durch sein fortwährendes Hin- und Herziehen das Miß-
trauen der Eingebornen.

Als er um Kap Canaveral herum nach Süden steuerte,
wurde er vom Sturm unter eine Menge kleiner Inseln
hineingetrieben, die von Schildkröten wimmelten. Sie erhielten den Namen Tortugas (Schildkröten). Heute noch
sind sie von Millionen dieser Tiere bewohnt, die auch an
die Küste unserer Niederlassung in großen Mengen herauf-
geschwommen kamen, um da ihre Eier im Sand abzulegen.

Vom Sturm verschlagen, gab er seinen Plan zunächst
auf und fuhr zurück nach Porto Rico. So hatte er zwar
nicht unsterbliche Jugend, aber den unsterblichen Namen
als Entdecker von Florida gefunden.

Allein es war dem alten Mann nicht gegeben, stille
zu sitzen. Er reiste nach Spanien, berichtete dem König
über seine Entdeckung und das herrliche Land und kehrte,
zum Gouverneur von Florida ernannt, nach Porto Rico
zurück. Als er hier erfuhr, daß Florida nicht eine Insel,

sondern Festland sei, segelte er im Jahr 1521 dorthin ab,
vom Ehrgeiz beseelt, daselbst ein großes Reich zu gründen.
Er landete eben da, wo er 1512 gelandet hatte und begann, eine Ansiedlung zu gründen und ein Fort zu bauen.
Allein die mißtrauisch gewordenen Eingebornen rückten
von allen Seiten in Scharen auf ihn und die Seinen
ein, vertrieben sie vom Ort und verwundeten Ponce de
Leon selbst schwer am Schenkel, so daß er nur mit Mühe
nach seinem Schiffe getragen werden konnte; kaum war
er in Kuba angekommen, als er starb. Auf seinem Grabe
steht die Inschrift: „Hier ruht ein Mann, der seinem
Namen nach, und mehr noch seinem Geiste nach ein Löwe
(Leon) war."

Wenige Jahre später (1528) zog eine weitere Expedition
von Kuba aus, 400 Mann mit 42 Pferden, die unter
Pamfilio de Narvaëz im April in der Tampabucht, an der
Westküste von Floriba landeten mit dem Befehl des Königs
von Spanien, dieses Land für ihn zu erobern. Narvaëz
hatte sich als Begleiter des Cortes in Mexiko den Ruhm
eines stolzen, herrschsüchtigen Mannes erworben. Bei
seiner Landung in Tampa flohen die Einwohner in die
Sümpfe und Wälder, während er in gewohnter Weise mit
Gebet und Gesang das ganze Land für seinen König in
Besitz nahm. Statt nun mit den Indianern freundlich
zu verkehren und ihr Zutrauen zu gewinnen, ließ er Gewalt und Grausamkeit herrschen, in der Hoffnung, dadurch
die Wilden einzuschüchtern und dienstbereit zu machen.
Das wurde für ihn und die, welche später denselben Weg
nach ihm einschlugen, verderblich. Als er nach dem ersten
Treffen mit den Indianern einem gefangenen Häuptling
die Nase abschneiden und die Mutter des Kaziken vor den
Augen ihrer Kinder von kubanischen Bluthunden zerreißen
ließ, da heftete sich die Rache der Indianer an seine

Fersen mit der diesen gewohnten Zähigkeit und Aus=
dauer.

Seine Schiffe hatte Narvaëz den mexikanischen Golf
hinaufgeschickt, während er auf dem Lande vorwärts zog,
um die Stadt Apalachi zu erobern, von der er gehört
hatte, sie strotze von Gold und Edelsteinen. Er machte
etliche Indianer zu Gefangenen und zwang sie, Wegweiser=
dienste zu thun. Diese aber führten die Eindringlinge
nur irre in dichte Wälder, Sümpfe und heiße Sandebenen,
wie sie in den Everglades sich finden. Entsetzliche Qualen
litten bald Menschen und Pferde. Die letzteren brachen
aus Hunger und Entkräftung zusammen und dienten dann
den Reisenden zur Nahrung, wollten sie nicht selbst Hungers
sterben. Von allen Seiten waren sie von den verräterischen
Eingebornen umgeben, die aus dem Dunkel der Wälder
mit Pfeilen auf die Marschkolonne schossen und die sie
unmöglich verfolgen konnten. Als sie endlich in Apalachi,
dem Hauptort des Indianerstammes der Apalachi, ankamen,
fanden sie nicht eine prächtige, mit Lebensmitteln reich
versehene Stadt, sondern ein ärmliches Dorf von etwa
vierzig Strohhütten. Alles trug den Stempel größter
Armut, und von den erträumten, heißerwünschten Schätzen
war keine Spur zu finden. Die Männer flohen vor den
Eindringlingen, kamen aber um ihrer gefangenen Weiber
und Kinder willen wieder zurück und ließen sich in freund=
schaftliche Verhandlungen ein. Hätte nur Narvaëz nicht
das Beispiel des Cortes in Mexiko nachgeahmt und den
vornehmsten Kaziken der Apalachi zum Gefangenen und
zur Geißel gemacht, so wäre am Ende alles noch erträg=
lich abgelaufen. Die Einwohner aber waren zu kriegerisch
veranlagt, um sich durch diese That einschüchtern zu lassen.
Sie griffen zu den Waffen, überfielen die Spanier, zündeten,
um diesen kein Obdach zu lassen, ihre eigenen Hütten an

und verschwanden dann mit ihren Familien in den dichten
Waldungen.

Von dem gefangenen Kaziken erfuhr Narvaëz, daß
die Gegend, in der sie waren, die reichste des ganzen
Landes sei, daß noch nirgends Gold gefunden worden
wäre und daß sie in neun Tagereisen in südlicher Richtung
die Meeresküste erreichen würden. So lenkten die Spanier
ihre Schritte dem Meere zu und hatten auf dem Marsche
ununterbrochen die größten Drangsale zu erleiden in dem
von Seen, Sümpfen und Morästen bedeckten Landstrich.
Durch dichte Wälder mit ihren Schlingpflanzen mußten
sie sich den Weg mit dem Schwert hauen und oft bis
unter die Arme im Sumpfwasser waten, stets den Pfeilen
der lauernden Feinde ausgesetzt. Endlich erreichten sie
den mexikanischen Meerbusen bei der Mündung des Apa-
lachicola, zum Tod erschöpft, die meisten, darunter Narvaëz
selbst, schwer erkrankt. Von den Pferden war noch ein einziges
am Leben. Alle Gedanken an Gold und Schätze waren dahin.

Wollten sie dem Tod entgehen, so blieb nur der Weg
übers Meer nach dem Mississippi. Unter den größten Beschwerden bauten sie etliche gebrechliche Fahrzeuge, auf
denen sie sich dem Meer anvertrauten. Ein Mann nach
dem andern starb auf dem Wasser und endlich ereilte ein
heftiger Sturm die Fahrzeuge, von denen nur eines mit
dem Spanier de Vaca ans Ufer geworfen wurde. Narvaëz
und der Rest seiner Leute blieben verschollen. Nach acht-
jähriger Gefangenschaft gelang es dem de Vaca, den Indianern zu entkommen; von Stamm zu Stamm wandernd
gelangte er endlich an den kalifornischen Meerbusen, von
wo er nach Spanien heimsegelte, um dort Bericht zu erstatten über die Expedition, an der er als Schatzmeister
teilgenommen hatte. So scheiterte diese wohlausgerüstete
Unternehmung des Pamfilo de Narvaëz, wie so manche

andere, am Goldburst und an der Grausamkeit der
Spanier.

Denselben Weg, wie Narvaëz sollte ein andrer Spanier
gehen, der zur Eroberung von Florida ausgesandt wurde:
Fernando de Soto.

Als Eroberer von Peru unter Pizarro war de Soto
nach Spanien gekommen mit Ruhm und großen Reich-
tümern beladen, und vor keiner Gefahr zurückscheuend
machte er sich sogleich an den Plan, nach Florida zu ziehen
und dieses vielgepriesene Land seinem König zu unterwerfen. Zum voraus wurde er von Karl V. zum General-
kapitän aller Provinzen eingesetzt, die er auf dem Festland
von Amerika etwa erobern sollte, und eine Menge reicher
und vornehmer, nach Beute gieriger Spanier bot ihm
ihren Dienst an. De Soto, erst 37 Jahre alt, galt als
ein tollkühner Soldat und unerschrockener Führer, den
aber die Gier nach Gold ebenso beherrschte, wie die Sucht
nach Ruhm. Seine Überzeugung war, daß trotz aller
gegenteiligen Behauptungen in Florida mehr Gold zu
holen sei als in Mexiko und Peru zusammen.

Im Mai 1539 segelte er von Kuba weg mit neun
Schiffen und nahezu tausend Mann Soldaten. Er hatte
ein Schiff vorausgeschickt, das einen sicheren Hafen suchen
und womöglich etliche Indianer gefangen nehmen sollte,
die dann als Wegweiser dienen würden. Somit machte
er gleich von Anfang an denselben Fehler, wie sein Vor-
gänger Narvaëz, was sich denn auch bald rächen sollte,
als er, wie dieser, sein Unternehmen von Tampa aus begann, also auch von der Westküste von Florida, wo er am
30. Mai 1539 anlangte zu einer Zeit, da Floridas Vegetation in der üppigsten Blüte stand. Statt nun bei seiner
Landung freundschaftliche Verbindungen mit den Eingebornen anzuknüpfen und sie dadurch zu Hilfeleistungen zu

gewinnen, nahm er sofort eine Anzahl berselben gefangen, bie er als Dolmetscher und Wegweiser mitschleppen ließ. Da aber bie Inbianer sich seines Vorgängers wohl noch erinnerten, so gelang es ihm nicht, viele berselben zu ergreifen. Dagegen kam ihnen ein Spanier in bie Hände, ber zwölf Jahre lang in der Gefangenschaft ber Eingebornen gewesen war und nun als Dolmetscher und Führer bie besten Dienste leistete.

Die Eroberung konnte nun beginnen. Die Truppen waren mit Panzern und Helmen, bie Pfeile abzuhalten, bekleibet, und mit Schilben, Schwertern, Lanzen und Schießwaffen, auch mit einer Kanone versehen. Die Reiterei bestand aus 113 wohlbewaffneten Rittern. Eine Anzahl wilber Bluthunbe sollte zur Verfolgung ber Inbianer bienen, während Ketten, Halsbänder und Handschellen bie Gefangenen vor bem Entweichen sichern sollten. Als Gegenstück bazu bienten eine Menge von Weltgeistlichen und Mönchen, benen bas Seelenheil ber Eingebornen anvertraut war. Rechnet man bazu noch eine Menge von Rinbern, Maultieren und Schweinen, sowie ganze Pferbelasten von heiligen Reliquien, Mabonnenbilbern, Heiligenbilbern, Fahnen und bergleichen, so war es alles in allem genommen eine wohlvorbereitete, gut ausgerüstete Expebition zur Eroberung bes vielgepriesenen Florida.

Kaum hatte be Soto ben Vormarsch begonnen, so stieß er auf Schwierigkeiten aller Art. Die Inbianer waren fest entschlossen, bie Einbringlinge zu vernichten; so wie sie einen Spanier gefangen nahmen, wurbe er ermorbet. Die Spanier bagegen legten alle Gefangene in schwere Ketten und schleppten sie mit sich.

Im Gebiete ber Creek-Inbianer ließ be Soto an ben mächtigen Häuptling Acuera bie Forberung ergehen, er solle bem König von Spanien Treue und Gehorsam ge-

loben. Seine Erwiberung aber lautete: er sei König in
seinem Lande und werde niemals einem andern Sterblichen
unterthan werden. Er und sein Volk ziehen den Tod der
Knechtschaft vor und sie haben den Feinden den Untergang
geschworen, nicht in offener Schlacht, sondern mit List und
heimlichem Überfall.

Somit hatte be Soto mit seinen Leuten während des
zwanzigtägigen Aufenthalts in diesem Gebiete von der
Feindschaft Acueras viel zu bulden. Die Spanier burften
sich kaum aus dem Lager hinauswagen, ohne erschossen zu
werden. Von vierzehn erlegten Spaniern wurden die ab=
gehauenen Köpfe im Triumph herumgetragen. Im offenen
Kampf blieben die Spanier stets Sieger; aber durch ihre
Gewandtheit im Anschleichen und Überfallen wurden die
Indianer furchtbar und gefährlich.

Allmählich, unter fortgesetzten Kämpfen und Verlusten,
schlug sich be Soto in die Gegend von Talahassee, der
jetzigen Hauptstadt von Florida, durch. Dort, wo es sehr
fruchtbar war, wurde überwintert. Von da aus sandte er
seine Schiffe nach Kuba, um von dort Proviant und
Munition für ihn zu holen und ihn in der guten Bucht
von Pensacola zu erwarten. Im März 1540 brach er
selbst wieder auf und schlug seinen Weg nach dem Savannah=
fluß, dem Grenzfluß zwischen Georgia und Südkarolina,
ein, wo, wie er hörte, viel Gold zu haben sei.

Daselbst nahm er eine junge Indianerkönigin, die ihm
mit großer Freundlichkeit entgegen gekommen war, ihm
auch eine zwei Ellen lange Schnur von großen Perlen
zum Geschenk gemacht hatte, einfach gefangen und als
Geißel auf seinem weiteren Zug mit sich. Es gelang ihr
aber zu entfliehen, und fortan war sie, samt dem ganzen
Stamm, eine geschworene Feindin der Spanier.

Als be Soto an den Oberlauf des Savannah ge=

langt war, bog er um nach Süden, um ans Meer zu
kommen. Unterwegs in Coosa machte er den Kaziken,
der ihm mit seinen Kriegern entgegengegangen war und
ihn zu sich einlud, zum Gefangenen und er mußte mit den
Spaniern ziehen. Als das die Indianer sahen, entflohen
sie, um sich zum Krieg zu rüsten; sie wurden aber verfolgt,
viele von ihnen eingeholt und besonders Weiber und Kinder
in Ketten mit auf den Marsch genommen.

Auf dem ferneren Zuge aber gelang es dem gefangenen
Kaziken von Coosa mit anderen Kaziken, insbesondere mit
dem „Schwarzen Krieger", dem Haupt der Mobilischen
Indianer, den Plan zum Krieg gegen die Spanier zu fassen
und auszuführen. Als de Soto von dem letzteren Häuptling in seiner Hauptstadt Tuscaloosa freundlich empfangen
worden war, diesen aber gleich als Gefangenen behandelte,
brachen nach Verabredung die Indianer von allen Seiten,
aus Wäldern und Sümpfen auf die Spanier ein, vertrieben sie aus der Stadt und schlossen die Thore zur
Verteidigung. Es entspann sich ein neunstündiger Kampf,
in welchem die spanische Infanterie die Thore erbrach und
in die Stadt stürmte, während die Reiterei rings um die
Stadt aufgestellt war, damit kein Feind entfliehen könne.
Mit dem Schlachtruf: „die heilige Jungfrau und Santtago"
hieben sich die Spanier, de Soto voran, durch die Indianer
eine Gasse in die Stadt hinein, besetzten die Hauptgebäude
und zündeten sie an. Entsetzlich war das Blutbad jenes
Tages. Man schätzte die Zahl der toten Indianer auf
elftausend. Die Spanier verloren 82 Mann durch den
Tod, während de Soto nebst dem größten Rest der Über-
lebenden verwundet war. Nur ein einziger Wundarzt war
noch vorhanden, der 1700 schwere Wunden versorgen sollte,
während ihm alle Instrumente und Verbandstoffe verbrannt
waren. Überhaupt waren nicht bloß Lagergerät, Waffen,

Werkzeuge der Spanier durch die Feuersbrunst verloren, sondern auch Kleider, Arzneien, Reliquien, Kirchengewänder der Priester und der Abendmahlswein, so daß von da an „trockene" Messen gehalten werden mußten. Noch mehr aber grämte die Spanier der Verlust ihrer Spielkarten. Denn unter ihnen herrschte eine förmliche Spielwut und es wurde hohes Spiel getrieben. Als Ersatz machten sie sich Karten aus Tierfellen.

Noch bis 1542 währten die Irrfahrten des de Soto, der dabei die Entdeckung des Mississippi machte, durch die sein Name in der Geschichte Amerikas erhalten bleibt. Dort wollte er eine Ansiedlung gründen. Da er aber nicht im stande war, sich mit seiner zusammengeschmolzenen Truppe gegen die Indianer zu halten, erbaute er zwei Brigantinen, um durch den Golf von Mexiko nach Kuba zurückzukehren. Allein ein heftiges Fieber befiel ihn und er starb in der Mitte seiner Begleiter, die nur noch ein Schatten von dem waren, was sie bei ihrer Ausfahrt von Spanien gewesen. Der eine trug einen halben Küraß, der andere einen zerbrochenen Helm, ein dritter eine zersplitterte Lanze, ein vierter ein zerbrochenes Schwert, während manche in Tierhäute gekleidet waren oder halbnackt gingen.

Um die Leiche vor Entweihung zu schützen, versenkten sie de Soto in einer ausgehöhlten Lebenseiche um Mitternacht in den Wellen des Mississippi. Das war das Ende de Sotos im Jahr 1542 in einem Alter von erst 42 Jahren. Seine Frau, die er auf Kuba zurückgelassen hatte, starb bald aus Gram über den Tod ihres Mannes.

8. Kapitel.

Die Hugenotten in Florida. Ihre Schicksale. Florida wird Bundesstaat. 1562—1845.

Die Grausamkeit, Hinterlist und Habgier der Spanier hatte nunmehr im Osten, Norden und Westen von Florida nicht nur die Gründung von Kolonien unmöglich gemacht, sondern auch unter allen Stämmen der Eingebornen vom atlantischen Ozean bis zum Golf von Mexiko einen solchen Haß gegen alle Eindringlinge aus Europa erzeugt, daß es auch für die französischen Hugenotten schwer hielt, im Norden von Florida am St. Johns-Fluß Fuß zu fassen und die Freundschaft der Indianer zu gewinnen. Und doch gelang es den Hugenotten, die unter Ribaults Führung von Admiral Coligny aus Frankreich abgesandt worden waren und im Jahr 1562 von Süden her an den St. Johns-Fluß kamen, in den sie eine Strecke weit hinauffuhren. Es sind das dieselben Hugenotten, die dann die Kolonie Port Royal gründeten, deren Geschick oben berichtet ist. Anfangs nahmen die Indianer eine drohende Haltung ein; als sie aber erfuhren, daß die neuen Ankömmlinge Feinde der Spanier seien, auch ihr ganzes Benehmen von dem der Spanier grundverschieden sich zeigte, schlossen sie bald mit den Franzosen Freundschaft.

Doch nur kurze Zeit hielten sich die Franzosen am St. Johns-Fluß auf, wo sie eine steinerne Säule mit dem Wappen des Königs von Frankreich errichteten und für diesen das Land in Besitz nahmen. Darauf segelten sie nordwärts nach Port Royal.

Da Admiral Coligny mit dem Bericht Ribaults über Land und Leute in Florida am St. Johns-Fluß sehr zufrieden war, half er eine zweite Expedition ausrüsten, die unter Laudonnière im Jahr 1564 abfuhr und zwei Monate

später die Küste von Florida erreichte. Laudonnière wurde
von dem Häuptling, der Ribault gekannt, freundlich em=
pfangen und an die Steinsäule geführt, die schön bekränzt
war zu Ehren der Ankömmlinge. Von dem Kaziken er=
hielt er die Erlaubnis, auf dem Südufer des Flusses ein
Fort zu erbauen, das dem König Karl IX. zum Andenken
den Namen Fort Karolina erhielt.

Bald vernahmen die Ansiedler, daß im Innern des
Landes Gold in Fülle zu haben sei, und eine Goldgier
packte die Herzen, so daß alle Bande der Ordnung sich zu
lösen drohten. Als aber die Gerüchte sich als falsch heraus=
stellten, legte sich zwar das Goldfieber, dagegen wurden
die Ansiedler träge und mißmutig. Es kam zu Meutereien
und eines Tages fuhren etliche Soldaten und Matrosen
mit zwei Schiffen davon in die Gewässer von Kuba, wo
sie Seeräuberei trieben. Als sie nach drei Monaten zurück=
kehrten, wurden die Anführer standrechtlich erschossen.

Die Unzufriedenheit wurde immer größer, und da bei
der allgemeinen Arbeitsscheu Hungersnot drohte, so be=
schloß Laudonnière mit der Gesellschaft nach Frankreich
zurückzukehren, zu welchem Zweck er ein eben anwesendes
englisches Schiff ankaufte. Da erschien Ribault, der im
Mai 1565 von Dieppe abgesegelt war und eine große
Anzahl neuer Ansiedler, auch Frauen und Kinder brachte,
mit sieben Fahrzeugen im St. Johns=Fluß.

Etliche Tage nach Ribaults Ankunft fuhren fünf
Schiffe den St. John herauf, die sich als ein spanisches
Geschwader zu erkennen gaben. Vom Flaggenschiff erscholl
die Frage: „Seid ihr Katholiken oder Lutheraner?" Die
Antwort lautete: „Wir sind Lutheraner von der neuen
Glaubenslehre." Darauf folgte die Erklärung: „Ihr habt
nichts auf den Besitzungen des Königs Philipp II. zu
suchen. Ich bin Pedro Menendez und im Auftrag meines

Königs gekommen, alle Lutheraner zu hängen und auszu=
rotten. Ist ein Katholik auf euren Schiffen, so soll er
verschont werden; die Ketzer aber müssen sterben."

Auf diese Drohung hin stach Ribault mit seinen
Schiffen in die See, von den Spaniern eine Strecke weit
verfolgt. Als die Spanier umgekehrt waren, versuchte
Ribault einen Angriff auf deren Schiffe; allein ein heftiger
Sturm trieb ihn ins Meer hinaus und an der Ostküste
von Floriba nach Süden hinab, wo seine Schiffe beim
Kap Kanaveral zerschellten, während die gesamte Mann=
schaft sich dort, südlich von St. Augustine, ans Land retten
konnte.

Inzwischen war Menendez unter großen Feierlichkeiten
gelandet. Das schwache Fort Karolina stand unter dem
Befehl von Laudonnière, der nur wenige Soldaten, da=
gegen sämtliche Frauen und Kinder bei sich hatte. Wer
in die Hände der Spanier fiel, wurde ohne Erbarmen
niedergemacht. Einige wenige, darunter Laudonnière, konnten
sich auf ein kleines Fahrzeug retten, auf dem sie nach Frank=
reich fuhren. Nach den Angaben von Mendoza, dem Kaplan
des Menendez, wurden 142 Hugenotten erschlagen, während
die Spanier nicht Einen Mann verloren. Die Weiber und
Kinder wurden hingeschlachtet. Etliche Männer ließ Menen=
dez an Bäumen aufknüpfen und darüber die Inschrift
hängen: „nicht als Franzosen, sondern als Lutheraner."

Menendez kehrte nach der Ostküste von Floriba zurück und
legte dort die Ansiedlung St. Augustine (1564) an nebst
einem festen Fort in der Nähe der Stadt. Sein Kaplan
sagt von ihm: „er wurde bei seinen Unternehmungen auf=
recht erhalten durch den glühenden Wunsch, dem Herrn
zu dienen und die lutherische Sekte, diese Feindin unserer
heiligen Kirche, auszurotten."

Inzwischen versuchten die aus dem Schiffbruch ge=

retteten Leute des Ribault am Ufer entlang nach Fort
Karolina zu gelangen. Allein einer der Matrosen, der
auch Seeräuberei getrieben hatte, verriet Ribault aus Rache
und dieser ergab sich in St. Augustine dem Menendez, der
ihm freundliche Versprechungen gemacht hatte. Ohne Rücksicht auf sein gegebenes Wort wurden Ribault und seine
150 Begleiter schonungslos ermordet, indem man je zehn
Mann in eine Reihe stellte und niederhieb. So wurde
die Stadt St. Augustine mit dem Blute der Hugenotten
geweiht, und Mendoza schreibt: „Der heilige Geist hat den
Verstand unseres Befehlshabers erleuchtet und ihn in den
Stand gesetzt, einen so herrlichen Sieg zu erringen.“

Obgleich die Kunde von diesem entsetzlichen Mord in
Frankreich die größte Entrüstung erregte, geschah doch von
Seiten der Regierung nichts, die Unterthanen zu rächen;
ja es ist wahrscheinlich, daß der französische Hof selbst den
König Philipp II. aufgefordert hatte, in dieser Weise gegen
die hugenottische Expedition zu verfahren.

Da sollte den armen Gemordeten ein Rächer erstehen
in der Person eines strengen Katholiken, des französischen
Ritters Dominique de Gourges, der von den Spaniern
im Krieg gefangen und als Galeerensklave gehalten worden
war und nun von Haß glühte gegen Spanien. Er verkaufte seine Liegenschaften, borgte Geld von seinen Freunden
und bemannte drei kleine Fahrzeuge mit 180 Soldaten
und Matrosen. Um in die Flußmündungen einfahren zu
können, hatte er an seinen Schiffen den Kiel flach bauen
lassen. Im Frühjahr 1568 erblickten sie die Küste von
Amerika bei einem Flüßchen etwas nördlich von St. John,
wo sie anfangs von den Indianern für Spanier gehalten
und feindselig empfangen wurden. Der Trompeter aber,
den de Gourges bei sich hatte und der schon unter Lau-
bonnière diente, verstand die Sprache und konnte sich bald

mit dem Kaziken auseinandersetzen, der die größte Freude
äußerte, als er hörte, die Franzosen seien gekommen, um
ihre Landsleute an den Spaniern zu rächen. Sämtliche
Indianerhäuptlinge nördlich und südlich am St. John versprachen ihre Hilfe und stellten ihre gesamte Mannschaft
zur Verfügung. Was diese Indianer so bereitwillig machte,
mit den Franzosen zu gehen, war der Umstand, daß Menendez mit seinen Soldaten sie mehrmals hinterlistig überfallen, ihre Besitzungen zerstört und die Weiber und Kinder
ermordet hatte. So sannen auch sie auf Rache an den
verhaßten Spaniern. Auf der Stelle wurde ein Bund
zwischen Franzosen und Indianern geschlossen, wobei jeder
Teil sich verpflichtete, dem andern bei Ausführung seiner
Rache zu helfen.

Die Spanier hatten unterhalb dem Fort Karolina
oder Matteo, wie es nunmehr hieß, zwei Forts an beiden
Ufern des St. John, einander gegenüberliegend, erbaut.
Daselbst wollten die Verbündeten sich treffen. Zunächst
galt der Angriff dem nördlichen Fort. Es wurde überrumpelt, und die ganze Besatzung von 60 Mann, mit Ausnahme einiger weniger, die aufbewahrt wurden, niedergemacht.

Sofort setzte de Gourges auf Kähnen über den St.
John, während die Indianer in Scharen nebenher schwammen.
Als die ebenfalls 60 Mann starke Besatzung den zahlreichen
Feind heranstürzen sah, entfloh sie in der Hoffnung, das
etwa eine Stunde Wegs weiter oben liegende Fort Matteo
erreichen zu können. Allein die Feinde schnitten ihnen den
Weg ab und nahmen sie in den Wäldern gefangen. Auch
sie, bis auf etliche, wurden erschlagen.

Sowie de Gourges erfuhr, daß Fort Matteo eine
Besatzung von nur 250 Mann habe, die zudem durch die
auf mehr als 2000 Mann geschätzte Zahl der verbündeten

Feinde mutlos geworden sei, beschloß er sofort an die Er-
stürmung auch dieses Forts zu gehen. Es wurde nach
kurzem, aber hitzigem Kampf genommen. Abermals fand
eine Niedermetzelung der ganzen Garnison statt, und nur
wenige zusammen mit den vorher Verschonten wurden an
die Stelle geführt, wo die Hugenotten „nicht als Franzosen,
sondern als Lutheraner" gehenkt worden waren. De Gourges
ließ sie sodann an den nämlichen Bäumen aufhängen, mit
einem Brett über ihren Häuptern, auf dem die Inschrift
mit glühendem Eisen eingebrannt war: „nicht als Spanier
und Seeleute, sondern als Verräter, Räuber und Mörder."

An Menendez selber Rache zu nehmen, der noch in
St. Augustine stand, fühlte sich de Gourges zu schwach.
Mit Hilfe der Indianer zerstörte er die drei Forts gänzlich
und fuhr dann nach Frankreich zurück, nachdem das Rache-
werk vollendet war. Am Hof in Paris wurde er kalt empfangen und zog sich daher in die Stille zurück.

Menendez verstärkte das Fort und die Niederlassung
in St. Augustine bedeutend, um gegen etwaige Angriffe
von Seiten der Franzosen gesichert zu sein. Er sandte
zwar eine Flotte an der Küste nach Norden hinauf, Land
zu erobern und Kolonien anzulegen, aber ohne Erfolg, und
sein Tod 1574 machte diesen Unternehmungen ein Ende.
Weitere Versuche, Kolonien zu gründen, wurden von den
Spaniern in der Folgezeit nicht gemacht, und somit blieb
nur Florida in ihrem Besitz bis zum Beginn des 19. Jahrhunderts. — Etwa 15 Jahre nach dem geschilderten
Ereignissen, nachdem 1588 die spanische Armada zerstört
war, unternahm der tollkühne Seeheld Franz Drake, der
die Kartoffel nach Europa brachte, einen vernichtenden Zug
gegen Spanien, das er von Herzensgrund haßte. Er fuhr
mit seiner Flotte nach Südamerika, wo er Kartagena zerstörte, sodann herauf nach Florida, wo er die Forts An-

tonio und St. Augustine verheerte. Im Jahr 1595 erlag
er einem bösen Fieber, und seine Leiche wurde im Ozean
versenkt. —

Auch für Florida kam die Zeit, der nordamerikanischen
Union einverleibt zu werden. Am Anfang unseres Jahrhunderts kamen die Rechte Spaniens in Amerika mehr
und mehr ins Schwanken, und das Verlangen der Amerikaner, in den vollen Besitz der seither Spanien gehörenden
Länderteile zu gelangen, wurde immer größer. Der Zu-
fall sollte den letzteren zu Hilfe kommen. Ein Freibeuter-
korps hatte die Insel Amelia an der Küste von Florida
besetzt und von ihr aus Räuberei und Erpressung auf dem
Festland getrieben, so daß die spanische Regierung sich
veranlaßt sah, bei der amerikanischen Regierung Klage zu
erheben wegen Begünstigung des Treibens dieser Banditen.
Die Antwort lautete, da die Spanier mit diesen Flibustiern
nicht fertig werden können, so werden die Amerikaner dem
Unwesen steuern. Es wurde ein Heer gegen Amelia gesandt, die Freibeuter wurden überwunden, das Land aber
besetzten die Amerikaner bis „ein Verständnis über ganz
Florida erzielt werden könne," d. h. bis die längst geplante
Besitzergreifung von Florida bewerkstelligt werden könne.
Der Sklavenstaat Georgia hatte schon lange einen dahin
gehenden Antrag eingebracht, weil die Seminoleninbianer
von Florida den aus Georgia entfliehenden Sklaven bereitwilligst Unterkunft zu gewähren pflegten, gedeckt durch
die spanische Verwaltung. Die amerikanische Regierung
beschloß, diese Seminolen einmal gründlich zu züchtigen,
und übertrug diese Aufgabe dem General Jackson, der 1816
ein von Seminolen und flüchtigen Sklaven besetztes Fort
samt der Garnison in die Luft sprengte. Gegen einen
solchen Einfall in ihr Gebiet beschwerten sich die Spanier;
da diese aber ihrer Beschwerde nicht mit den Waffen Nach-

druck zu geben vermochten, ließ sich General Jackson in seinem Unternehmen nicht stören. Er schlug die Indianer wiederholt in die Flucht, entsetzte die spanischen Behörden und richtete eine eigene Regierung ein. Auf Grund dieser Erfolge verlangte die amerikanische Regierung die Abtretung von Florida. Am 22. Februar 1819 unterzeichnete denn der spanische Bevollmächtigte einen Vertrag, nach welchem Florida gegen eine Summe von fünf Millionen Dollar in den Besitz der Vereinigten Staaten übergehen sollte. Da nun aber eine große Anzahl von Sklavenhändlern und Besitzern Entschädigung für Verluste, die sie bei diesem Besitzwechsel erlitten hatten, forderte, wurde diese Summe, wie es hieß, für diese verwendet. Nachdem Spanien bei Frankreich und England angefragt hatte, ob diese Länder im Falle eines Krieges zwischen Amerika und Spanien dem letzteren ihre Hilfe gewähren würden, und eine verneinende Antwort erhalten hatte, willigte man im Oktober 1820 in die Übergabe Floridas. Sein Geld hiefür hat Spanien heute noch zu fordern; Florida aber ist amerikanisch geblieben, zunächst als sogenanntes Territorium, seit 1845 aber als eigener Staat.

---

9. Kapitel.

Von St. Fernandina nach Jacksonville. Alles neu! Der alte Schweizer. Eine schwarze Gerichtsverhandlung. Ländliches Stillleben in Julee.

Die Insel Amelia liegt an der Mündung des St. Maryflüßchens, das die Grenze zwischen Georgia und Florida bildet. Sie ist verstärkt durch ein großes, weitgedehntes Fort, das mit seinen riesigen Backsteinmauern und Schießscharten schon aus weiter Ferne einen gewaltigen Eindruck macht, den neuesten Geschützen aber wohl

schwerlich lange standhalten würde. Mit Kanonen war
es, als wir dort waren, nicht versehen; ja die gesamte
Besatzung bestand aus Einem Mann, einem Sergeanten,
der die Aufsicht über das ganze Fort zu führen hatte,
damit nicht etwa die Bewohner der Umgegend sich gelüsten
ließen, von dem Mauerwerk sich Steine zu eigenem Hausbau zu brechen. Frau und Kinder machen dem Wächter
den Aufenthalt in den öden Gebäulichkeiten einigermaßen
erträglich. Nach Ausbruch des spanisch-amerikanischen Kriegs
kam aber Leben in die Gegend, indem ein ganzes amerikanisches Regiment dort gebildet und später nach dem
Süden versandt wurde. Ein neues Regiment rückte nach
und die alten Festungswerke hallten wider vom Kommando
beim Exerzieren der angeworbenen Rekruten. Das Fort
führt den Namen Fort Clinch.

Der Hafen der Insel ist sehr groß und gut geschützt.
Daß der Handelsverkehr dort ein sehr reger sein müsse,
davon gaben die vielen Segelschiffe Zeugnis, die da beisammen lagen und hauptsächlich Baumwolle, Holz und
Phosphate zu Kunstdünger verfrachteten.

Der einzige Ort auf der kleinen Insel ist die Stadt
St. Fernandina. Sie war schon in älteren Zeiten von
den Spaniern angelegt worden, aber eine Zeit lang ganz
verschwunden gewesen, bis 1808 wieder eine Neugründung
stattfand. Die Einwohnerzahl stieg auf sechshundert, der
Handel nahm zu und eine Menge Schiffe aller Nationen
pflegte in dem guten Hafen einzulaufen.

Im Jahr 1812, als schon die Lust, Florida den Vereinigten Staaten einzuverleiben, anfing Gestalt zu gewinnen,
sammelte sich ein Freibeuterzug von Georgiern und Flori-
danern und fuhr mit etlichen bewaffneten Schiffen im
Hafen von Fernandina ein. Der spanische Befehlshaber
des Forts wurde zur Übergabe aufgefordert und kam auch

dieser Aufforderung nach, da er erkannte, daß ein Wider=
stand unmöglich sei. Es wurde eine Urkunde aufgesetzt,
wonach Stadt und Insel zunächst auf ein Jahr in die
Hände der Amerikaner übergeben wurde, wie der Befehls=
haber hinzufügte: durch Übermacht gezwungen. Die
Spanier zogen ab. Aber schon im nächsten Jahr mußte
die amerikanische Regierung ihre Landsleute, die bei dem
Freibeuterzug beteiligt gewesen waren, verleugnen und
Fernandina den Spaniern wieder zurückgeben. Mit ganz
Florida ging dann auch die Insel Amelia und die Stadt
Fernandina im Jahr 1824 dauernd in den Besitz von
Amerika über. Allein die Stadt sank mehr und mehr
herunter, so daß im Anfang der vierziger Jahre kaum
Ein Schiff in dem schönen, geschützten Hafen zu sehen war,
und sich kaum noch zwanzig Einwohner daselbst fanden.
Der Schmuggel, der dort seit vielen Jahren, besonders
auch mit Sklaven, überaus schwunghaft betrieben worden
war, hatte ganz aufgehört, und damit war den Bewohnern
ihre Einnahmequelle versiegt und sie verzogen nach anderen
Orten. Seit vierzig Jahren und besonders seitdem Fer=
nandina mit dem Festland durch eine Eisenbahn verbunden
ist, hat sich die Einwohnerzahl mehr und mehr gehoben
und beträgt jetzt 3500. Durch die Brücke mit dem Fest=
land ist es jetzt möglich, die vom Norden und Nordwesten
von Florida mit der Eisenbahn hierhergebrachten Güter
direkt in die Schiffe zu verfrachten. Die Eisenbahngesell=
schaft hat am Hafen ein ungeheures, achtstockiges Holz=
gebäude errichtet, in welchem die verschiedenen, in Nord=
florida so reichlich gewonnenen Phosphate aufgestapelt
und mittelst riesiger Krahnen auf die Schiffe nach allen
Ländern verfrachtet werden.

Wir gingen mit unserem floridaner Freunde in die
Stadt. Wie ist doch alles so ganz neu, was wir da auf

Schritt und Tritt, in der Natur, wie an Menſchen und
Häuſern ſehen! Es iſt eben ein ganz neues Klima und
ein neuer Erdteil, den wir in ſchnellem Übergang von
New-York her betreten haben. Solche Bäume und Sträucher
haben wir noch nie geſehen, Lebenszeichen mit Moos behangen, jahraus jahrein grünend, wohlriechende gelbblühende
Büſche, Orangen- und Zitronenbäume mit herrlichen Früchten
behangen, Weinreben an den Bäumen emporwachſend oder
an Stöcken über die Fußſteige herübergezogen, ſo daß
einem buchſtäblich die Trauben von oben in den Mund
hängen; die zweiräderigen, federleichten Wägelchen mit
Maultieren oder Zwergponies von jungen Damen gelenkt,
lautlos über den Sand dahinfliegend, alles neu! Aber
Sand und Sand, weiß und grell, bei dem ſtechenden
Sonnenſchein doppelt blendend für das ungewohnte Auge!
Daß in ſolchem Sand überhaupt etwas wachſen kann
und nun vollends ſo üppig, das iſt uns Fremdlingen ganz
überraſchend.

Die Bewohner, in der Mehrzahl wieder Neger, im
leichteſten Anzug oder ſo abgeriſſen, daß die Lumpen bei
uns zu Hauſe kaum mehr für Vogelſcheuchen zu gebrauchen
wären, liegen rauchend und kauend in den ſchattigen Ecken
der Holzhäuſer und berichten einander in lebhafter Unterhaltung die unglaublichſten Dinge, die Zeit in ſüßem
Nichtsthun vergeudend. Man kann eigentlich nicht ſagen:
vergeuden; denn die Leute brauchen zu ihrem recht genüg-
ſamen Leben nicht mehr, als was ſie in einem Drittel
der Zeit zuſammenbringen, die wir zum Durchkommen
nötig haben. Alſo viel und ſchwer wird nicht gearbeitet.
Das Land giebt ſein Gewächs faſt von ſelbſt, und was
noch extra gewünſcht wird, das holt ſich der Neger an
den Schiffen oder an der Eiſenbahn in etlichen Stunden
nicht übertriebener Arbeit. Somit iſt es ein recht ſorgen-

freies Naturleben, das diese Leute da führen, die mit
Ausnahme weniger Kaufleute von Luxus nichts wissen,
auch mit der Lösung der sozialen Frage sich nicht zu be-
schäftigen haben. Die Wohnsitze der großen Kaufherren,
mitten in prächtigen Gärten und Bäumen aufs angenehmste
eingerichtet, bilden einen gewaltigen Gegensatz zu den
Lotterbuden der Straße entlang, die jeden Augenblick über
die Fußsteige sich zu neigen drohen und von Schmutz
starren. Und doch ist der Arme zufrieden, da er höhere Bedürfnisse nicht kennen gelernt hat und befriedigt ist, wenn
sein Magen das Nötige erhalten hat. Diese Bretterbuden
und davor das elektrische Licht auf gewaltigen Pfosten,
man kann sich keinen größeren Gegensatz denken zwischen
Vergangenheit und Gegenwart. Gesund ist das Klima
der Insel, denn sonst würden kaum solche Wohnungs-
verhältnisse geduldet werden. Übrigens gingen wir nicht
in das eigentliche Negerquartier hinein, wo diese Schwarzen
enge zusammengedrückt bei einander wohnen. Wir konnten
einen genügenden Einblick bekommen von den selbst an
der Hauptstraße in echt amerikanischer Freiheit geduldeten
Negerhütten, wo die nackte Jugend seelenvergnügt in dem
heißen weißen Sand sich wälzte. —

Die Hitze war drückend, besonders für uns, die wir
noch in unsern europäischen Reisekleidern staken, an denen
wir bei der stürmischen Meerfahrt natürlich froh gewesen
waren, die uns aber hier bei der tropischen Sonnenglut
zu Gegenständen der Anstaunung machten von Seiten der
leichtest gekleideten Einwohner. Wir bekamen Hunger und
noch mehr Durst. Unser Floridaner suchte sich etwas zum
Essen und lud uns ein, ihm zu folgen. Es war eine von
Schmutz starrende Bretterbude, an der ein ebenso unappetit-
licher Zettel „köstliche Austernsuppe für 40 Pfennig" ver-
hieß. Wir konnten uns nicht überwinden, ihm zu folgen.

Er erklärte uns später: „Die Geschichte war rather schmutzig und die Suppe hast kaum essen können." Wir gingen in ein Kolonialwarengeschäft, in dem aber auch sonst alles zu haben war, was der Mensch für seinen Leib braucht, innerlich und äußerlich, vom Kopf bis zu den Füßen. Geistige Getränke gab es nicht, aber gegen zwölf verschiedene Limonaden. Da zugleich frische Bäckerwaren und Käse da lagen, so konnte Hunger und Durst gestillt werden. Wir ließen uns jeder wieder eine andere Limonade vorsetzen und besprachen die Güte derselben, während der junge Ladenbesitzer uns in auffälliger Weise betrachtete und, wie wir bemerkten, einem Ladenjungen winkte und einen Auftrag gab, worauf sich dieser sofort entfernte. Man wird mißtrauisch, wenn man in so ganz neue ungewohnte Lage und Umgebung hineinversetzt ist.

Nun, nach einiger Zeit, nachdem wir uns gestärkt und mit dem Besitzer uns etwas unterhalten hatten, trat ein alter Herr in den Laden, der auf ein Kopfnicken des ersteren hin auf uns zukam: „Mein Herr, Sie sind Deutsche?" Wir bejahten die Frage. „Mein Sohn hat mir annoncieren lassen, daß Deutsche im Laden seien. Ich habe seit vielen Jahren keine Deutsche mehr gesehen. Ich bin Schweizer und komme von St. Gallen." Und nun erzählte er uns, Thränen in den Augen, in ganz gebrochenem Deutsch seine Lebensgeschichte in kurzen Zügen. Vor 38 Jahren war er mit seiner Frau aus der Schweiz herübergekommen und einmal an diesen Fleck Erde verschlagen, war er da ansässig geworden und hatte seine bleibende Heimat hier gefunden. „Als ich nach hier kam, waren nur sechs Persönlichkeiten am Platz, jetzt sind es 3500." Ich frug ihn, ob er im Lauf der vielen Jahre auch einmal in seiner Heimat drüben gewesen sei. Er erwiderte, es sei ihm nicht geglückt, die Reise zu machen, so sehr er sich immer

wieder nach der Schweiz gesehnt habe. Anfangs habe er
die Mittel nicht gehabt, die Reise auszuführen; dann aber
sei seine Frau gestorben; später habe er zum zweitenmal
geheiratet, eine Amerikanerin, und nun sei seine ganze
Familie amerikanisch geworden, so daß selbst seine Kinder
nicht deutsch reden können. „Und doch," fügte er hinzu,
„bleibt das Heimweh in meinem Herzen und es hat mir
wohl gethan, wieder einmal meine Heimatsprache zu hören."
Tief gerührt verabschiedete sich der biedere alte Mann von
uns. Es ist gut und recht, was das alte Wort sagt: wo
es einem wohl ergeht, da ist die Heimat; aber besser fühlt
und höher steht der, der auch im besten Wohlergehen im
fremden Land sein Vaterland, seine Heimat nicht vergißt.

Wir hatten noch viel Zeit zur Verfügung, da unser
Zug nach Jacksonville erst am Abend abgehen sollte. Die
Hitze schien immer noch zunehmen zu wollen. Das Straßen=
gebummel hatte auch keinen Reiz mehr, zumal wir die
einzige ordentliche Straße bereits auswendig kannten. Da
wir an einem großen Steinbau vorüberkamen, der sich als
Gerichtsgebäude auswies, und wir an der Menge Ab= und
Zugehender ersahen, daß gerade eine Sitzung sei, so be=
schlossen wir, derselben anzuwohnen. Durch einen schönen
Korridor und über eine breite Treppe gelangten wir in
den sehr geräumigen Sitzungssaal. Eigentümliche Ver=
hältnisse! Schon unten, und jetzt auch im Saal waren
große Plakate angebracht mit der Schrift: „Das Ausspucken
auf den Boden ist bei Strafe verboten." Darum also
das fortwährende Auf= und Abrennen der Leute, die durch
die Bank dem Laster des Tabakkauens huldigten! Freilich
für die Herren vom Gericht selbst war in dieser Beziehung
dafür gesorgt, daß sie nicht auch jeden Augenblick das
Lokal zu verlassen brauchten und doch sich ihrer süßen
Gewohnheit getrost hingeben konnten. Süß ist die Ge=

wohnheit im wahren Sinn des Wortes; denn der Kautabak wird mit Syrup zubereitet und in flache Würfel
gepreßt, von denen der Kauer nach Bedarf ein Stück ab-
beißt, um den Würfel dann seinem Nachbar zum gleichen
Zweck zu überreichen, wie Kinder einander von ihrem
Apfel „beißen lassen".

Der Herr Richter lag behaglich in seinem Schaukelstuhl hingegossen auf einer erhöhten Plattform und schaukelte
sich, wohl um etwas mehr Kühlung zu bekommen. Der
Gerichtsdiener saß vor einem Tisch und hatte seine langen
Beine auf diesem ausgestreckt und schlug, wenn das Publikum zu laut wurde, mit der Faust auf den Tisch und
rief: „Stille." Der Verteidiger, dem der Schweiß von
der Stirne rann, entwickelte einen Redeschwall, daß das
Publikum Mund und Augen aufsperrte. Und das Publikum selbst? Lauter Neger, mit Ausnahme von uns drei
Fremdlingen, die bald die Aufmerksamkeit der Schwarzen
fast ebenso stark erregten, wie die sechs Angeklagten. Das
zarte Geschlecht der schwarzen Einwohnerschaft war sehr
zahlreich vertreten und zwar in großer, d. h. ungemein
bunter Toilette und fächelte den feuchtglänzenden Gesichtern
mit riesigen Fächern Kühlung zu, während die kleinen
schwarzen Mädchen, die mit ihren Büchermappen eben aus
der Schule gekommen waren und damit den Beweis lieferten,
daß auch hierorts für die Entwicklung des Geistes selbst
bei Schwarzen das Nötige geschieht, fröhlich mit einander
schäkerten. Die schwarzen Herren der Schöpfung aber
waren, wie auch die Angeklagten, in Hemdärmeln mit
tadellos weißen Hemden; das scheint deren große Toilette
zu sein oder ihr Festgewand, und es ließ sich an den
fröhlichen Gesichtern wohl erkennen, daß die ganze Verhandlung ihnen für ein Fest galt. So viele ihrer Platz
finden konnten, hatten die Fenstersimsen besetzt bei herab-

gelassenen Jalousien, um mehr Luft zu haben und wohl auch deshalb, um des häufigen Hinauslaufens bei ihrem Tabakkauen enthoben zu sein. Es waren gewiß hundert= fünfzig schwarze Männer und Frauen in dem Saal bei= sammen und darum bei der herrschenden Hitze der Geruch unbeschreiblich.

Die sechs Schwarzen waren angeklagt, bei einer Rauferei einen schwarzen Polizeidiener mit Schroten an= geschossen zu haben. Ein lautes Verachtungsgeheul erhob sich, als der Angeschossene als Kläger und Zeuge auftrat, und es erforderte die ganze Kraft des Gerichtsdieners, um Ruhe zu „schlagen". Bequem ist es übrigens auch für die Zeugen eingerichtet; sie setzen sich in den Zeugen= stuhl, einen drehbaren Lehnstuhl, so daß sie bald nach rechts gegen den Richter, bald nach links gegen den Ver= teidiger, bald aber ganzum gegen den Angeklagten sich drehen können. Auch die Zeugen erscheinen in Hemdärmeln. Die Verhandlung schien sich durch die Redefertigkeit des Verteidigers endlos hinziehen zu wollen, und da Hitze und Geruch nachgerade betäubend auf uns wirkten, zogen wir bald vor, auf das Resultat einer solchen hochnot= peinlichen Untersuchung zu verzichten. Richter, Verteidiger und der schweigsame Staatsanwalt machten übrigens in ihrem ganzen Benehmen den Eindruck, als ob sie bloß den Schwarzen zu lieb den Lärm und die Aufregung der Verhandlung so lange sich gefallen ließen. Als wir schon weit von dem Gebäude entfernt waren, stieß ein älteres Männchen zu uns und erklärte uns: „Sie waren bei der Verhandlung? Ich sage ihnen, der Polizeidiener hätte die Schrote nicht in die Beine, sondern ein gut Stück weiter obenhinein verdient. Das ist meine Meinung, und ich weiß, auch die des Richters. Wir kennen den Mann."

Am Abend fanden sich die Reisenden auf dem Bahn=

hof wieder zusammen. Wie in allen kleineren Stationen
war auch in Fernandina der Bahnhof ein einfaches Bretter-
haus. Nur auf den Hauptstationen trifft man Gebäude
aus Stein oder wenigstens aus Fachwerk. Diese einfachen
Bahnhöfe genügen ihrem Zweck vollständig und wenn sie
erneuert werden müssen, sind die Kosten nicht groß.

Die Wartsäle sind auf den Eisenbahnlinien des
Südens nicht für alle Passagiere gemeinsam wie im
Norden, wo es überhaupt nur Einen Warteraum giebt.
Sondern hier sind sie abgeteilt nach der Farbe der Reisenden.
Der eine Raum hat die Überschrift „für Weiße", der
andere „für Farbige". Eine junge Negerin, allerdings
von ziemlich heller Gesichtsfarbe und merkwürdig bunt
gekleidet, um ihren Besitzstand anzudeuten, erklärte ihrem
Begleiter: „ich bin nicht farbig sondern gelb, und darum
gehe ich in den Wartsaal für Weiße," und sie that es auch.

In diesen Südstaaten, den früheren Sklavenstaaten,
hat der Neger noch nicht die Stufe in der menschlichen
Gesellschaft erreicht, wie in den Staaten des Nordens.
In New-York wird sich kein Gast genieren, neben einem
Neger an der Tafel des Hotels zu sitzen, vorausgesetzt,
daß dieser anständiger Herkunft und Aufführung ist. Im
Süden aber dürfte es kein Neger, selbst der reichste nicht,
wagen, sich unter die weißen Gäste in einem Hotel zu
mischen. Dagegen wird man überall, in Gasthäusern,
Barbierläden u. s. w. nur von Negern bedient. Wie auf
den Bahnhöfen, so ist es gerade auch in den Wirtschaften.
Auch sie haben besondere Abteilungen für Weiße und für
Farbige. Trotzdem schon die dritte Generation seit der
Sklavenbefreiung da ist, verachtet der Weiße des Südens
den Neger noch ebenso wie zur Zeit der Sklaverei, und
daran vermag die Gesetzgebung, die dem Neger dieselben
Rechte und Freiheiten einräumt wie dem Weißen, nichts

zu ändern. In den Eisenbahnwagen selbst ist diesen Verhältnissen Rechnung getragen, indem für die Neger wieder ein ganz besonderer Wagen mitgeführt wird; in den Wagen der Weißen darf höchstens ein schwarzes Kindermädchen mit ihrer Herrschaft sitzen. Selbständig reisende Neger gehen ganz von selbst in den „Wagen für Farbige". Selbst ein schwarzer Geistlicher, den ich mehrmals auf der Eisenbahn an der Küste von Florida hin- und herfahrend traf, mußte sich zu seinen Mitfarbigen setzen, so groß sonst das Ansehen und die Achtung ist, die dem Geistlichen von der ganzen Bevölkerung entgegengebracht wird. Die Neger sind eben nicht ebenbürtig. Wann sie das da unten im Süden werden, oder ob sie es überhaupt einmal werden? wer will das sagen. So lange freilich durch die eben genannten Unterscheidungen überall auf die Trennung der Farbigen offiziell gedrungen wird, so lange wird von einer Höherstellung des Negers in der Gesellschaft nicht die Rede sein können.

In einer halben Stunde brachte uns der Zug nach Julee, wo wir umsteigen und den von New-York kommenden Zug abwarten mußten, da der unsrige nach dem Westen von Florida zur Hauptstadt Talahassee weiterging. Es war nicht gerade angenehm, 1½ Stunden auf dem kleinen Bahnhof mitten im Wald warten zu müssen, zumal außer uns nur noch einer der Passagiere von New-York vorhanden war, der Spanier, der nach Jacksonville wollte.

Also Zeit genug hatten wir, die Sehenswürdigkeiten von Julee zu betrachten, die allerdings bald gezählt waren und nur aus dem Stationsmeister und seinen Schweinen bestanden. Der Stationsmeister war ein unförmlich fetter Mensch, der hemdärmelig in seinem Schaukelstuhl auf dem Bahnsteig lag und auch bei der Ankunft des Zuges nicht zum Aufstehen aus seiner bequemen Lage zu veranlassen

war. Er erzählte allerlei kleine Geschichten, über die er
selber am meisten lachte, so daß Mann und Stuhl in
Bewegung kamen, und ließ sich seine nie ausgehende kurze
Pfeife von den Reisenden williglich füllen. Am Tabak
konnte er erkennen, woher der betreffende Reisende kam.
Im Gegensatz zu ihrem Besitzer waren die Schweine
unendlich mager. Es ist überall dasselbe Schwein, pechschwarz und wildlebend, das man über ganz Florida
verbreitet findet. Gefüttert werden diese Schweine nie,
sie suchen sich auf Meilen im Umkreis was sie zu fressen
finden können, und fressen alles, was sie antreffen, ob
Pflanzen oder Tiere, besonders auch Schlangen, von denen
sie die Köpfe säuberlich liegen lassen. Wir fanden später
bei einem Nachbar, der auch solche Schweine hielt, mehrere
Klapperschlangenköpfe, welche die Schweine übrig gelassen
hatten. Abends stellen sich die Tiere in der Nähe der
menschlichen Wohnungen ein. So war es auch auf dem
Bahnhof in Julee und es schien, als ob die Borstentiere
zur Gesellschaft gehörten, wenigstens jagte sie niemand
vom Bahnsteig weg, und der Bahnhofvorstand ließ sich
als selbstverständlich von ihnen in aller Freundschaft be-
schnüffeln. Als der Zug kam, zogen sie sich ruhig in den
Sumpf zurück. Und sumpfig war es um den Bahnhof
her. Es hatte tüchtig geregnet in der Gegend und alle
Vertiefungen in dem Sandboden des niederen Waldes
waren mit Wasser angefüllt, in dem die Frösche ihr Abend-
konzert gaben, das erst verstummte, wenn eines der Schweine
sich in den Wassertümpel stürzte.

Schon in Julee konnten wir uns davon überzeugen,
daß es an den Bahnlinien im wenig bevölkerten Süden
Stationen giebt ohne Ortschaften, die dazu gehören würden.
Weit und breit war kein Wohngebäude zu erblicken, aber
auch kein Weg, der zu irgendwelchen menschlichen Woh-

zungen hätte führen können. Der Stationsmeister und
ein Gehilfe wohnen einsam im Bahnhof, besorgen die
amtlichen Geschäfte und kochen und waschen für sich selbst.
Der weiblichen Hilfeleistung muß man entraten. Es hält
es übrigens kein Mensch dort für eine Schande, solche
Verrichtungen zu besorgen, die sonst ausschließlich als ins
Gebiet der weiblichen Berufsthätigkeit gehörend angesehen
werden.

Der Schnellzug von New-York hielt und wir stiegen
ein. Aber wie sah es aus in dem Wagen! Alles dick
mit Sand und Staub bedeckt! Die Reisenden schienen
alle gleichmäßig grau uniformiert; auf den schmalen Fenstersimsen und auf den Sitzpolstern lag der Staub zolldick.
Nun, wir säuberten so gut es ging und setzten uns ans
Fenster; in einer Viertelstunde waren wir ebenfalls mit
Staub überzogen! Da der Zug rasend schnell dahinfährt,
die Linie aber ganz auf Sand gebaut ist, so wirbelt es
den Sand zu dichten Wolken um den Zug her auf, und
derselbe bringt durch alle Öffnungen ein in einer Weise,
daß z. B. die Haare auf dem Kopf ganz dick damit bedeckt werden. Am meisten Mitleid hatte ich mit zwei ganz
kleinen Kindern, die auf den Sitzbänken schliefen, allerdings
mit einem Schleier zugedeckt, aber doch im Gesicht voll
Sand.

Es war gut, daß die nächtliche Fahrt nicht mehr zu
lange währte. In einer Stunde war das Endziel unsrer
heutigen Fahrt und zugleich der Ausgangspunkt für unser
ferneres Unternehmen, Jacksonville, erreicht. Wir waren
nunmehr etwa 350 Stunden von New-York nach Süden
gefahren, vom 41° zum 31,5° nördlicher Breite und befanden uns also in der subtropischen Zone.

———

10. Kapitel.

**Jacksonville. Nordflorida und seine Merkwürdigkeiten.
Der Millionär Flagler. An der Pforte nach Florida.**

Der elektrisch beleuchtete Bahnhof gewährte einen präch=
tigen Anblick. Erst vor etlichen Monaten war derselbe dem
Verkehr übergeben worden. Acht verschiedene Eisenbahn=
linien gehen von Jacksonville nach allen Richtungen aus
und es war daher wünschenswert, für alle diese Linien
einen Zentralbahnhof zu bekommen, der denn auch in großen
Verhältnissen gebaut ist und allen Anforderungen entspricht.
Aber selbst in einem solchen Zentralbahnhof würde man
vergeblich nach irgendwelchen Restaurationsräumen suchen.
Alles was zur Bequemlichkeit des Reisenden in dieser Be=
ziehung vorhanden ist, besteht in einem Trinkbrunnen,
dessen Wasser beinahe dieselbe Temperatur aufweist, wie
die Luft, also mehr als lau ist.

Es war 10 Uhr abends, als wir in Jacksonville an=
kamen. Vor dem Bahnhof bestiegen wir die elektrische
Straßenbahn und fuhren an einem Hotel vor, das uns
der Spanier auf unserem Schiff empfohlen hatte. Die
Frage der Hotelvorsteherin, ob wir teuer oder wohlfeil
untergebracht sein wollten, beantworteten wir im letzteren
Sinn und bekamen ein großes Zimmer mit zwei riesigen
Betten nebst den allernotwendigsten Möbelstücken. Neu
für uns waren die Moskitogitter an den Fenstern und die
Moskitonetze, die über jedes Bett bis auf den Boden herab=
hingen, um diesen lästigen Stechfliegen das Eindringen zu
verwehren. Auf diese Weise hört man wohl ihr aufregen=
des Singen im Dunkel der Nacht, man ist aber auch ge=
wiß, daß sie ihre Quälereien nicht ausüben können. Nur
darf das Netz auch nicht die geringste Öffnung haben,

denn dieſe Tierchen haben einen ganz merkwürdig feinen
Inſtinkt, ſelbſt das kleinſte Löchlein ausfindig zu machen,
und dann iſt es mit Ruhe und Schlaf vorbei.

Wir hatten im Lauf des Mittags und Abends ordent=
lich Hunger bekommen und gedachten nun, denſelben im
Hotel in aller Ruhe zu ſtillen. Allein wir konnten nichts
erhalten. Außer den regelmäßigen Mahlzeiten, hieß es,
nämlich Frühſtück, Mittageſſen und Abendeſſen zu den be=
ſtimmten Stunden, ſei nichts zu haben. Eigentümliche Ver=
hältniſſe, und ſehr peinlich für Ankömmlinge aus Europa,
wo man etwas ganz anderes in einem Hotel gewöhnt iſt!
Wenn wir noch etwas eſſen wollten, wurde uns geraten,
dann ſollten wir eine Strecke weiter die Straße hinunter=
gehen, wo wir auf eine Reſtauration ſtoßen werden. Man
macht auf den Reiſen in Amerika immer wieder die Er=
fahrung, daß das leibliche Wohlbehagen Nebenſache iſt
und man lieber hungert und dürſtet gegenüber dem Vor=
teil, in größtmöglicher Schnelligkeit von einem Ort zum
andern und ſomit auch an ſeinen Beſtimmungsort zu ge=
langen, wo dann dem Schaden wieder in aller Gehörigkeit
abgeholfen werden kann. Wem ſeine Mittel es erlauben,
der benützt die Züge mit Reſtaurationswagen. Und eine
andere Erfahrung amerikaniſchen Lebens iſt die, und zwar
eine ſehr vernünftige und geſunde, daß man an drei Mahl=
zeiten im Tag vollſtändig genug hat. Wir konnten im
Laufe der Zeit dieſer Lebensweiſe unſren vollen Beifall
zollen.

Wir folgten der Weiſung und gingen in die Reſtau=
ration, und ſiehe da, ſie gehörte einem Deutſchen! Ja,
dem blonden, kugelrunden Männchen konnte man den
Deutſchen auf den erſten Blick anſehen. In ſeiner hellen
Freude, einmal richtige Deutſche und Landsleute bei ſich
zu haben, wußte der gute Mann nichts beſſeres zu thun,

Jacksonville mit der Eisenbahnbrücke.

als sein Orchestrion in Gang zu setzen, so daß bei dem
gewaltigen Lärm, den das Ding in dem kleinen Raum
machte, die Unterhaltung eine recht unbequeme wurde. Wie
wir von ihm hörten, gefiel es ihm nicht im Süden und
er strebte wieder nach einem Platz im Norden. In der
That, als ich nach zehn Monaten auf der Heimreise
noch einmal dort einsprach, war das Geschäft in andern
Händen. Bei einem Schinkenbrot und Glas Bier konnten
wir uns wieder erquicken, und es war das letzte Glas
Bier, das wir für die nächsten neun Monate erhalten sollten.

Wir schliefen gut und hatten am Morgen noch Zeit,
uns die Stadt ein wenig anzusehen, soweit es der öfters
einsetzende Regen zuließ. Eine höchst löbliche Gewohnheit
in Stadt und Land ist es übrigens, mit Sonnenaufgang
aufzustehen und um neun Uhr Abends sich niederlegen.
Deren sind überall wenige, die die Nacht zum Tag machen.

Jacksonville ist das Thor, durch das man Florida
betritt. Was die Eisenbahn in Bezug auf Entwicklung
eines Ortes mit sich bringen kann, dafür giebt Jacksonville
ein sprechendes Zeugnis. Während früher in der kaum
80 Jahre alten Stadt nur etliche Hundert Einwohner zu
zählen waren, hat sich die Zahl derselben, seitdem die ver=
schiedenen Bahnlinien dort zusammentreffen, auf 35000
gehoben und Jacksonville ist die bevölkertste Stadt Floridas
geworden. Es war in früheren Jahren so, daß die Heilungs=
bedürftigen aus dem Norden bis Jacksonville kamen und
daß nur wenige sich der beschwerlichen Weiterreise zu Wasser
oder Land bis hinab nach St. Augustine unterzogen. Jetzt
haben alle, die die verschiedenen Eisenbahnlinien im Norden,
Westen und Süden von Florida benützen wollen, in Jack=
sonville Halt zu machen, können aber auch aufs bequemste
an den Ort ihrer Bestimmung gelangen.

Die Stadt liegt am nördlichen Ufer des breiten

St. Johns-Flusses, etwa acht Stunden vom Meer entfernt.
Doch kommen die größten Schiffe den Fluß herauf in den
guten, durch ein Fort gedeckten Hafen der Stadt. Hier
ist alles nach der neuesten Mode und nach den neuesten
Errungenschaften gebaut und eingerichtet. Man sieht es
aber den Häusern schon von außen an, daß sie auf Spekulation in der größten Eile und mit möglichst geringen
Kosten erbaut worden sind. Den Eindruck des Soliden
machen nur einige große öffentliche Gebäude und zwei
Hotels. Die Häuser sind meist einstockig. Zwischen den
neuen Gebäuden trifft man noch allenthalben die elendesten
Negerhütten, die noch auf gute Käufer warten. Mehr als
zwei Drittel der Einwohner sind Neger, deren Zahl im
Verhältnis mehr und mehr abnimmt, je weiter man nach
dem Süden kommt.

Wundervoll machen sich die Alleen von großen, immergrünen Eichen, die oben über dem Weg zusammenragen
gleich einem riesigen Dom, und die mit dem langen, grauen
Moos (Tillandsien) wie mit ungeheuren Guirlanden behangen sind; wenn ein Lüftchen geht, so wogen sie sanft
und leise hin und her, und obgleich sie nur mit Einem
Würzelchen am Baumast sich festhalten, trotzen sie doch dem
stärksten Sturm, ohne abzufallen. Schön sind auch die
öffentlichen Anlagen mit ihren subtropischen Bäumen,
Sträuchern und Blumen, von denen immer eine Anzahl
in Blüte steht und einen herrlichen Wohlgeruch verbreitet.
Aber abscheulich sind die Straßen! Nach jedem Regen-
schauer muß man bis an die Knöchel im Wasser waten
und stampft manchmal noch tiefer hinein, wenn der Fuß
gerade in ein unsichtbar gewesenes Loch gerät. Die Einwohner scheinen sich nicht viel daraus zu machen und so
viel ist sicher, man ist bald wieder trocken und da überall
weißer Sand liegt, wird man nicht weiter schmutzig. Mit

ungeheurem Wohlbehagen rollt sich die schwarze Jugend
von den oft recht hohen Fußsteigen herunter in Sand und
Wasser der Straßenkandel, während die Alten mit ihren
kurzen Pfeifen im Mund stolz die Leistungen ihrer Nach=
kommenschaft bewundern. Gerade der Teil der Stadt, der
um den neuen Bahnhof liegt, ist der älteste und schmutzigste,
und man hat ein gut Stück auf der einzigen Hauptstraße
zu gehen, bis das Stadtbild sich ändert und der Eindruck
ein besserer wird.

Mehrere große Kirchen schmücken die Stadt, stillos
erbaut, den Katholiken, Methodisten und Episkopalen ge=
hörend. Dagegen soll es keine Juden in Jacksonville geben.
An ihre Stelle sind die Neger getreten, die in ihren Buden
alles Mögliche und Unmögliche zusammenhäufen und auch
die Geschäfte von Pfandverleihern besorgen. Sehr wohl=
thuend war es, daß wir bei unsern Gängen am späten
Abend nirgends auf einen Betrunkenen stießen, obgleich
die Straßen in der angenehmen Kühle noch recht belebt
waren von Besuchern des Theaters und der Konzerte. Das
Gesetz über den Verkauf der Getränke wirkt eben doch
segensreich. Ein eigentlicher Temperenzstaat ist ja Florida
nicht; allein die Regierung hat auf die Konzession zum
Ausschank von Bier und Spirituosen eine jährliche Abgabe
von 4000 Mark gesetzt. Das hat zur Folge, daß nur
wenige Wirtschaften und auch diese nur in größeren Plätzen
überhaupt bestehen können.

Ganz neu und ungewohnt, aber auch recht unangenehm
war uns der Anblick der männlichen und weiblichen Stutzer
der schwarzen Bevölkerung, wie sie eben aus dem Theater
nach Hause gingen. Man muß sich wahrlich erst gewöhnen
an solch grellen Aufputz des menschlichen Körpers mit
schwarzem Gesicht. Besonders die Männer in schwarzen
Fräcken und Cylindern mit weißen Handschuhen und Kra=

vatten gewähren einen geradezu lächerlichen Anblick. Ich
hatte auch immer den Eindruck, namentlich wenn nur ein
einzelner uns begegnete, als fühle er selbst sich nicht ganz
wohl in dem Gewand, das er trug; die ganze Haltung
und Bewegung, wie auch die Augen und Mienen schienen
diese Unsicherheit zu verraten. Besser weiß sich der weibliche
Teil in seine Rolle zu finden, wenn das nötige Geld vorhanden ist. Allerdings nimmt sich das amerikanische Geld-
prozentum in seiner ekelhaften Aufdringlichkeit noch viel
ekelhafter aus bei dieser schwarzen Rasse, zumal wenn
diese schwarzen Schönen ihre weißen Mitschwestern auch
darin nachahmen, daß sie an jedem Finger einen oder
zwei Ringe zur Schau tragen. Es ist übrigens erstaunlich,
wie viele wohlhabende, ja reiche Neger es in Jacksonville
giebt. Jedenfalls ist es auch ein Beweis von Fleiß und
Sparsamkeit.

In Jacksonville öffnet sich das Land und der reise-
luftige Frembling kann mit Leichtigkeit die verschiedensten
Gegenden der Halbinsel aufsuchen, je nachdem der Zweck
seiner Reise Erholung oder Arbeit, vorübergehender Aufenthalt oder dauernde Ansiedlung ist.

Was Florida besonders interessant macht, ist der Umstand, daß das Land seiner Bildung und Entstehung nach
das neueste ist von allen Gebieten des nordamerikanischen
Kontinents, ja daß die Landbildung im Süden und Süd-
osten noch nicht vollendet, sondern in steter, bemerkens-
werter Entwicklung begriffen ist. Wir selbst konnten z. B.
an der Ostküste des Landes unsrem Wohnsitz gegenüber
im Lauf von neun Monaten den Fortschritt ganz deutlich
beobachten, den das Land dem Meer entlang machte. Nicht
bloß hatten sich die Dünen und Sandbänke nach jeder
größeren Flut verändert, sondern die Erhöhungen des Land-
streifens an der Küste und seine Breite nahmen mehr und

mehr zu, wenn es zunächst auch nur Sand war, der diese Landvergrößerung herbeiführte. Aber eben auf diese Weise ist ja die ganze Halbinsel Floriba erst entstanden.

Vom Alleghany Gebirge in den Karolinastaaten zieht sich dessen neueste Formation, die Kreide und Tertiärschicht, hinab nach der Ostküste jener Staaten, an denen wir mit dem Schiff vorbeigefahren waren; aber ebenso auch nach dem Süden zu, um da bis zum 28° nördl. Breite, also bis zur Hälfte von Floriba, gleichsam den Rückgrat dieser Halbinsel zu bilden. So weit läßt sich bis zu einer höchsten Erhöhung von 60 Metern über dem Meer der durchlässige Kalkstein und der lockere Sandstein als Grundlage für den darüber liegenden Humus nachweisen. Von dieser Erhebung in der Mitte des Landes findet nach beiden Küsten im Osten und Westen eine Neigung bis zum Meer statt; im Westen ist diese Neigung steiler und schneller, nach Osten aber bildet sie einen manchmal mehr als 60 Kilometer breiten Strich Land, das aus bis 1½ Meter tiefem Quarzsand mit einer dünnen darüber gelagerten Humusschichte besteht. Unter diesem Sandboden, also unter dem Meeresniveau stößt man überall auf die sogenannte Coquina, d. h. einen Muschelkalk nachtertiären Alters, der in den Städten zum Bau der Häuser Verwendung findet.

Dieser Bodengestaltung verdankt der Norden von Floriba seine Merkwürdigkeiten, die jedes Jahr eine große Menge von Reisenden in jene Gegenden herbeilocken.

Es ist dort häufig der Fall, daß klare Süßwasserflüsse mit Einem Mal in einer unterirdischen Höhle verschwinden, wie umgekehrt, daß schiffbare Flüsse mit allen ihren Bewohnern, Fischen, Schildkröten und Alligatoren aus irgend einem Loch der Erde hervorstürzen. Solche Quellen im Großen sind höchst sehenswert.

Zu diesen Flüssen gehört der Wakully, dessen Quelle

einen Durchmesser von 30 Metern hat und dessen Tiefe
beim Ursprung noch nicht gemessen werden konnte. Sein
Wasser ist vollkommen klar und von tiefblauer Farbe; un=
zählige Fische tummeln sich in seiner Quelle.

Ein anderer Fluß, der Chipola, zeigt eine andre
Szenerie. Auch er schießt und zwar aus der Seite eines
kleinen Hügels, mit ungeheurer Gewalt zwischen zwei Felsen
hervor. Die Mündung ist 10 Meter breit und 3 Meter
hoch und sogleich bildet sich der Fluß mit 3 Meter Tiefe,
und 30 Meter Breite, ein Beweis für die gewaltige Stärke
seiner Quelle. Das Wasser beim Austritt aus der Erde
wirkt wie ein Prisma, indem bei Sonnenschein alle Gegen=
stände in demselben gesehen, sämtliche Farben des Regen=
bogens wiederspiegeln.

Solcher Quellen giebt es eine Menge, besonders dem
Lauf des St. John entlang. Sie können erinnern an die
Donauquelle in Donaueschingen oder an das Verschwinden
des Donauwassers bei Tuttlingen und dessen Erscheinen
als Aach bei Singen. Manche der Quellen sind mineral=
haltig, teils kalt, teils warm, mit Eisen, Schwefel, Vitriol.

Eine ganz besonders merkwürdige Quelle befindet sich
mitten im Meer zwei Kilometer von der Insel Anastasia
in der Nähe von St. Augustine an der Ostküste. Auf
einem Raum von etwa 30 Meter Durchmesser fängt das
im Unterschied vom Meerwasser dort vollständig gelbe
Wasser an zu wallen und zu brausen, als würde es kochen.
Es ist warm und süß. Die Tiefe beträgt 40 Meter, mehr
als der umliegende Meeresgrund.

Auch an schönen Höhlen fehlt es im Norden von
Floriba nicht. Nur Eine soll hier erwähnt sein, die Arch=
Höhle in der Grafschaft Jackson. Unter einem Kalkfelsen
öffnet sich ein Gang etwa 2 Meter hoch und 10 Meter
weit, der langsam 25 Meter hinabführt zu einer 30 Meter

weiten und 15 Meter hohen Höhle. Ein tiefer Kanal mit
klarem kaltem Wasser fließt durch und verschwindet unter-
irdisch am andern Ende, wo die Höhle abbiegt und sehr
enge wird. Nach etwa 60 Metern kommt man über einen
zweiten, ziemlich großen Fluß, der mit Fischen wimmelt.
Wieder macht der Gang eine Wendung und man steht in
einer 30 Meter langen Halle, von der die schönsten Stalak-
titen herabhängen, während mehrere Säulen die Halle
stützen. Myriaden von Fledermäusen haben sich an der
Decke niedergelassen und wenn man mit den Lichtern erscheint, entfliehen sie mit einem Geräusch, das einem starken
Wind vergleichbar ist. Noch weiter führt ein Gang, schmal
und gewunden, in eine zweite Halle, in der aber ein See
das weitere Vordringen unmöglich macht.

Daß auch im Süden der Boden voll von unterirdischen
Löchern und kleinen Höhlen ist, erfuhren wir beim Bohren
eines artesischen Brunnens, indem der 15 Fuß lange Bohrer,
nachdem er einen Fuß durch Felsen gedrungen war, auf
einmal so schnell versank, daß man ihn kaum noch ergreifen
und retten konnte.

Landschaftlich bietet der Norden schon wegen des Hügel-
und Flußlandes größere Reize als der Süden. Zu den
schönsten Gegenden gehört das Land rings um die Hauptstadt Tallahassee, die im Jahr 1824 gegründet, heute erst
etwas über 3000 Einwohner zählt. Schon die Indianer
gaben dem Land dort den Namen Tallahassee d. h. Schönes
Land. In der Nähe befindet sich die Murat-Farm, ein sehr
schönes Landgut, das von dem Sohn des Lieblingsgenerals
Napoleons I., Murat, dem nachmaligen König von Neapel,
angelegt wurde, wo der Prinz seine letzten Lebensjahre
zubrachte und wo auch seine Wittwe lange nach ihm starb.
Beide sind neben einander auf den Kirchhof der Episkopalen
in Tallahassee beerdigt.

Der ganze Norden von Floriba ist sehr ergiebig an Bobenprodukten aller Art, besonders an Korn, Reis, Zucker= rohr und Tabak. Was diesem Teil der Halbinsel ganz eigenen Wert verleiht, das sind die ungeheuren Lager von phosphorsauren Salzen, die in verschiedenen Formen, teils weich oder hart, teils als phosphorsaurer Kalkstein oder als Knochen untergegangener Tiergeschlechter gefunden werden. Die Industrie hat sich der Sache bemächtigt und besonders in Jacksonville sind eine Menge Fabriken errichtet worden, in denen die Stoffe zu Dungmitteln verarbeitet und überall= hin, namentlich auch nach Europa verfrachtet werden. Diese Dungmittel oder „Fertilizer" spielen bei allen Pflanzen in ganz Floriba eine große Rolle. Welche Art von Ferti= lizer für das betreffende Land die geeignetste ist, kann ber einzelne Farmer oft schwer bestimmen; da geht die Regierung mit unentgeltlichem Rat und jeder Auskunft bereitwilligst an die Hand. Wenn nicht so viele Fälschungen in den Fabriken vorgenommen würden, dann wäre alles gut und recht; aber wie es leider ist, erhält man nur zu oft wertloses Zeug für gutes Geld. Denn teuer sind die Dungmittel alle, besonders nachdem sich auch eine Mono= polgesellschaft zum Zweck der Herstellung derselben ge= bildet hat.

In Jacksonville wollten wir uns nicht länger als nötig war aufhalten, sondern den Zug nach dem Süden sogleich benützen. Es geht nämlich auf dieser Linie überhaupt nur Ein Zug im Tag hin und einer zurück, so daß wir hätten noch eine Nacht in Jacksonville bleiben müssen.

Die Eisenbahnlinie, die wir benützen mußten, heißt die East=Coast (Ostküste) Linie; sie führt von Jacksonville nach Miami 125 Stunden lang meist am Ozean hin. Es ist das so ziemlich die ganze Länge von Floriba, das mit seinen 147000 Quadratkilometer., etwa ¼ der Größe von

Deutschland, doch nur etwas über 300000 Bewohner hat, darunter sich 130000 Farbige, Neger und Indianer, befinden. Die letzteren lassen sich nur schätzen, nicht zählen, da sie nirgends bauernd ansässig sind und in ihre eigentlichen Niederlassungen niemand einzubringen wagt. Es mögen ihrer etwa 2000 sein.

Der Besitzer der Eisenbahn ist H. M. Flagler, der Petroleummillionär, der vor Jahren mit etlichen anderen, darunter der jetzige Milliardär Rockfeller, nach Petroleum grabend in den Besitz solch ergiebiger Quellen gelangte, daß sein Reichtum von selbst in stetem Wachstum begriffen ist. Er kam auf den Gedanken, auch den Osten von Florida dem Verkehr zu erschließen, nachdem der Norden und Westen bereits seit Jahren dem Eisenbahnverband des Nordens angegliedert war. Vor vier Jahren ist die Bahn fertig geworden. Damit hat denn auch die Zahl der Bewohner in manchen Graffschaften rasch zugenommen. Z. B. in der Graffschaft Dade, wo wir hinreisten, betrug die Einwohnerzahl auf 7000 Quadratkilometern vor ganz kurzer Zeit 127, während heute allein der Hauptort der Graffschaft, Miami, schon über 3000 Seelen zählt.

Da jede Eisenbahngesellschaft beim Bau einer Bahnlinie vom Staat teils bares Geld, teils Ländereien links und rechts von der Bahnstrecke zugewiesen bekommt, so ist es nicht so schwierig und kostspielig eine Bahn herzustellen, zumal wenn sie, wie die an der Ostküste von Florida, nirgends einen Tunnel nötig hat und ganz in Sand gebettet werden konnte ohne irgendwelche nennenswerte Steigung. Das einzige, was größere Kosten verursachte, waren die zahlreichen Brücken zum Teil über sehr breite Flüsse; allein sie wurden höchst einfach und darum entsprechend wohlfeil hergestellt.

Drei Kilometer links und rechts von der Bahnlinie

bis nach Miami hinunter gehört das Land der Eisenbahn=
gesellschaft unter Flaglers Vorsitz. Ein Teil dieser bildete
sodann eine besondere Gesellschaft, die dieses Land zu ver=
werten, zu annehmbaren Preisen zu verkaufen und so An=
siedler in die Gegend zu bringen sucht. Dieser Gesellschaft
gehörte auch der Grund und Boden, auf dem wir uns an=
siedeln wollten. Die Hauptagentur dieser über Millionen
von Morgen verfügenden Gesellschaft ist in St. Augustine;
es war aber natürlich, daß sie auch in Jacksonville, dem
Haupteingangsthor, eine Agentur besaß. Wir gingen hin
und erfuhren dort, daß der Hauptagent, dem unser Kommen
gemeldet war, von St. Augustine heraufgefahren sei, uns
zu empfangen; da er sich aber verspätete, konnte ich ihn
leider nicht mehr sehen. Wir hatten nur noch Zeit, die
Fahrkarte für die Bahn uns geben zu lassen und freie
Lieferung unsrer großen Gepäckstücke bis nach Fort Lauder=
dale, unsrem Endziel, herauszuschlagen, und dann eilten
wir zum Bahnhof.

Gewitzigt durch das Hungerleidenmüssen unterwegs
versahen wir uns in verschiedenen Läden mit Brot und
Fleischwaren und verließen Jacksonville um $\frac{1}{2}$10 Uhr
Morgens, um nun vollends den letzten Teil der Reise zu=
rückzulegen und den Ort zu erreichen, in dessen Nähe unsre
Niederlassung sein sollte. Übrigens von einer Stadt Dresden
wußte man weder auf dem Bahnhof noch im Bureau der
Landgesellschaft etwas; wir dachten aber, wir würden es
schließlich doch auffinden.

Der Zug besteht jahraus jahrein aus sechs Wagen,
nämlich zwei Gepäckwagen, einem Pullmanschlafwagen, einem
Wagen für Neger, einem Rauch= und einem gewöhnlichen
Wagen für Weiße und man kann, wie in Württemberg,
durch den ganzen Zug gehen. Die Wagen, besonders aber
die Lokomotive stehen sehr hoch über den Schienen. Unter=

wegs erst sollte uns der Zweck davon klar werden. Man fährt nämlich bei den häufigen und gewaltigen Regenschauern, ganz besonders aber während der Regenzeit (Juli bis September) an manchen Strecken 1—2 Fuß im Wasser; die Höhe der Räder verhütet die Gefahr, daß das Feuer unter dem Dampfkessel erlischt und in die Wagen einbringt. Daß eine solche Fahrt durchs Wasser, und das oft mehrere Kilometer weit, angenehm wäre, läßt sich nicht behaupten.

Ich muß sagen, das Herz schlug uns allen schneller, als wir den Eisenbahnwagen betraten. Die letzte Strecke sollte vollends gemacht werden, nachdem wir bereits seit Wochen unterwegs gewesen waren. Immer weiter weg war es gegangen von der deutschen Heimat; allein man hatte dabei weder Zeit noch Lust, sich in die neuen Verhältnisse genauer hineinzudenken. Nun aber, da wir in 12 Stunden am Ziel sein und dem Neuen geradezu ins Auge sehen sollten, da konnte man eine gewisse Bangigkeit nicht unterdrücken. Was so oft und genau überlegt, besprochen und geplant worden war, sollten wir in Kürze sehen und mitten hinein versetzt sein. Wie würde es ausfallen? Es wird nicht zu leugnen sein, daß das Ganze ein großes und am Ende auch gewagtes Unternehmen war, das sich ja erst jetzt abzuwickeln beginnen sollte. Aber ich glaube ehrlich sagen zu können, daß noch kein Ansiedler in Floriba mit so bescheidenen Ansprüchen und nüchternen Erwartungen denselben Weg hinabgefahren ist, wie wir drei Neuankömmlinge, die nur mit dem Allernotwendigsten ausgerüstet an die Gründung eines neuen Heims in wildfremdem und unkultiviertem Land gehen wollten. Daß es gut sei, dem Kolonialfieber einen Dämpfer aufzudrücken und die überschwenglichen Schilderungen von Pastor Pohle über den paradiesischen Zustand des Landes recht erheblich zu vermindern, darüber waren wir uns schon in Deutsch-

land klar, und der Fortgang dieser Aufzeichnungen wird
es zeigen, wie recht wir hatten, die ganze Sache von einem
möglichst nüchternen und prosaischen Standpunkt aus zu
erfassen. Daher fuhren wir denn auch getrosten Mutes
dem Süden zu und konnten uns trotz manches bänglichen
Gedankens doch freuen auf das, was alles kommen sollte.
Meine Söhne hatten den festen Willen, ihren Mann da
zu stellen, wo wir den Platz für sie und ihren Wirkungs-
kreis gesucht hatten. Dessen waren wir uns allerdings
von Anfang an vollkommen klar, daß wir von Kultur und
Zivilisation Abschied zu nehmen hatten; das war schon
auf der seitherigen Reise Stück für Stück geschehen und
der bevorstehende völlige Abbruch hatte nichts Schreckliches
für uns. Allein so war denn doch die Sache nicht, daß
es über dem Eingangsthor nach Floriba hinein geheißen
hätte, wie bei Dante über der Thüre zur Hölle:

„Die ihr hier eingehet, lasset alle Hoffnung hinter euch!"

Nein, gerade Hoffnung konnten wir mitnehmen, Hoffnung, mit Gottes Hilfe iu treuer Arbeit und gewissenhafter
Anwendung auch der geistigen Kräfte, die ja im Vaterland ihre Ausbildung hatten finden dürfen, voran zu
kommen und eine Heimat zu finden, in der es einem wohl
wäre. Würde aber diese Hoffnung versagen, so sollte die
Schuld nicht auf unsrer Seite liegen und es würde jedenfalls sich ein Ausweg finden und ein Übergang in andere
Verhältnisse, in einem Lande, wo ein Wechsel in beruf-
licher Stellung nicht ungewöhnlich ist und nicht schwer
genommen wird.

11. Kapitel.

In 12 Stunden durch Florida. Amerikanische Eisenbahnen. Wasser und Land. St. Augustine einst und jetzt. Tropische Landschaft. Palm Beach. Der Agent.

Der Tag ließ sich schön an und das übt stets eine gute Wirkung aufs Gemüt, besonders auf der Reise. Die Sonne schien prächtig und ein angenehmer Wind vom Meer herüber brachte erwünschte Kühlung während der ganzen, langen Fahrt. Daß man im Wagen recht bequem sitzen konnte, trug auch dazu bei, die Stimmung in behaglicher Höhe zu erhalten.

Das muß man den Amerikanern lassen, ihre Eisenbahnwagen sind äußerst angenehm gebaut und eingerichtet. Es giebt nur e i n e Klasse für alle Reisenden. Diese entspricht der besten zweiten Klasse in Deutschland, nur sind die Wagen bedeutend höher, also heller und luftiger gebaut. Die Sitze sind breit und gut gepolstert; die Doppelfenster erlauben jedem Reisenden freien Ausblick. In jedem Wagen befindet sich ein Toilettenzimmer, das bei dem greulichen Staub und Sand sehr notwendig ist. Herrlich ist bei der großen Hitze der Eiswasserbehälter, der sich stets großen Zuspruchs erfreut; auf den größeren Stationen wird immer wieder frisches Eis nachgefüllt. Die Wagen sind durchgehend und sehr lang. Die Fahrkarten berechtigen für alle Züge und kosten per Kilometer 8—16 Pfennig. Da die Bahn von Jacksonville nach Miami ohne Konkurrenz ist, so hat sie die höchste Taxe für das Billet. Wer noch nobler reisen will, der kann die Pullmanschen Speise= und Schlafwagen benützen, die alles bieten, was man an Bequemlichkeit wünschen kann. Man ißt in ihnen vortrefflich und schläft ausgezeichnet. Der Preis in diesen Wagen erhöht sich per Kilometer um 3—5 Pfennig. Die

gewöhnlichen Züge, wie der unsrige einer war, legen in
der Stunde 50—70 Kilometer zurück, Schnellzüge aber
zwischen 80 und 90 Kilometer. Der Zug wird von zwei
Mann bedient, von denen einer die Passagiere, der andere
das Gepäck besorgt. Die Hauptarbeit liegt auf dem Loko-
motivführer, der darum fortwährend seine große Glocke
über der Lokomotive in Bewegung setzt, wenn er in eine
Station einfährt, oder wenn der Zug wieder weiterfahren
soll. Gepfiffen wird nur weit draußen vor einer Station
als Frage, ob Reisende einsteigen wollen oder nicht. Auf
den meisten Bahnhöfen unsrer Linie giebt es nämlich keine
Stationsmeister, weil der geringe Verkehr die Kosten nicht
decken würde. Man stellt sich bei Tag auf die Schienen,
wenn man den Zug pfeifen hört und winkt mit dem
Taschentuch, bis noch ein Pfiff ertönt, der anzeigt, daß
man gesehen worden sei und daß angehalten werde. Bei
Nacht benützt man eine Laterne, falls eine zur Verfügung
steht, oder aber eine brennende Zeitung, um den Zug zum
Halten zu bringen. Das Fahrgeld bezahlt man dann
dem Schaffner im Zug. Läßt man sich von diesem keine
Karte für das Geld geben, so unterschlägt er es in der
Regel in seine Tasche, da eine Kontrole nicht vorhanden
ist. Bahnwärter giebt es auf der 125 Stunden langen
Bahnlinie keine. Dagegen ist die Bahn an solchen Strecken,
wo viel Vieh in der Nähe weidet, auf beiden Seiten mit
einem Draht eingesäumt, um dem Vieh, und weiter im
Süden auch dem Wild den Zugang auf das Geleise zu
wehren. Wenn sich aber dennoch häufig genug allerlei
Tiere auf die Bahn verirren, so werden sie von dem
riesigen Fänger vorne an der Lokomotive aufgenommen
und auf die Seite geworfen. Eine gewaltige Laterne oben
am Kamin der Lokomotive läßt den Führer die Linie
auf große Entfernung hin klar übersehen.

Die Schwellen des Bahnkörpers sind einfach in den
Sand gebettet. Vor Fäulnis werden sie dadurch bewahrt,
daß sie zuvor mit einer Flüssigkeit, die hauptsächlich Terpen-
tin enthält, durchtränkt werden. Übrigens ist ein solcher
Unterbau sehr solid. Der kompakte Sand läßt ein Weichen
oder Sinken der Schwellen nicht zu. Da in Florida keine
Steinkohle, wohl aber Holz in Menge vorhanden ist, so
wird die Lokomotive mit dem Holz der Pechtanne geheizt.
Rauch und Qualm ist dementsprechend entsetzlich. Ein
Tender voll Holz reicht bei den ungeheuren Maschinen
natürlich nicht weit. Darum befinden sich unterwegs mitten
im Wald Holzlagerplätze, an denen gehalten wird, um die
meterlangen Scheite einzunehmen. Eine Menge Neger
findet auf der langen Linie ununterbrochenen Verdienst
durch Fällen der nötigen Bäume und Zubereitung des
Holzes für den Gebrauch.

Je nachdem Reisende aus- oder einsteigen wollen,
hält der Zug mehr oder weniger oft an den vielen kleinen
Stationen an, bei denen man oft vergeblich nach Wohn-
häusern sich umsieht. Diese sind manchmal mehrere Kilometer vom Bahngebäude entfernt und dazu noch nach allen
Richtungen zerstreut. Ein jeder Ansiedler sucht sich eben
sein Land aus, wo es ihm am besten paßt und baut sich
da an. Für den Weg nach der Station, wo er seine
Produkte verladen kann, muß er dann selbst sorgen. Wer
die Mittel dazu hat, der hält sich ein Maultiergespann,
gewöhnlich einen zweirädrigen Karren, mit dem er dann
durch dick und dünn, Sumpf und Gestrüpp fährt, wie es
eben geht. Warum diese Maultiere eine Art Schuhe aus
breitem Blech über den Hufen tragen, wurde uns erst
klar, als wir mit der sumpfigen Beschaffenheit mancher
Landstrecken bekannt wurden. Diese Tiere müssen sich die
meiste Nahrung selbst suchen und grasen oft in sehr weitem

Umkreis um die Ansiedlung. Am Abend stellen sie sich dann von selbst ein; häufig aber geschieht es, daß eines von einer giftigen Schlange gebissen wird und elendiglich verendet.

Kaum hat man den Bahnhof in Jacksonville verlassen, so fährt der Zug über den hier zwei Kilometer breiten St. Johnsfluß und zwar auf einer gewaltigen eisernen Brücke, die in ihrem mittelsten Stück zum Drehen eingerichtet ist, um den vielen Schiffen den Durchlaß zu gewähren. Auf der ganzen langen Eisenbahnstrecke ist übrigens diese die einzige eiserne Brücke.

Wie die Bodengestaltung der eigentlichen Halbinsel Florida eine ganz eigentümliche ist, so sind auch die Bewässerungsverhältnisse in diesem Teil des Landes ganz eigen geartet. Davon giebt der St. Johnsfluß, der größte auf der Ostseite, das beste Exempel. Das etwa sechzig Kilometer breite Flachland östlich von dem durch die Mitte Floridas sich durchziehenden Höhenkamm, das überall nur höchstens etliche Meter über dem Meeresspiegel liegt, ist voll von ungezählten größeren und kleineren Seen, die unter sich durch Wasserstraßen verbunden sind. Das sind teils Binnenflüsse zwischen einem oder mehreren Seen, teils aber finden sie einen Ausfluß ins Meer, in den atlantischen Ozean, nachdem sie durch mehrere Seen geflossen sind. Der bedeutendste aller dieser Seenausflüsse ist der St. John, der von Süden nach Norden gerade die Hälfte der eigentlichen Halbinsel durchfließt, zum Teil nur etliche Kilometer vom Ozean entfernt und in so schwachem Fall, daß er 400 Kilometer oberhalb seiner Mündung östlich von Jacksonville nur etwas mehr als einen Meter über dem Meeresspiegel fließt. Seine ganze Länge beträgt 720 Kilometer, seine Breite in der unteren Hälfte seines Laufes mit Ausnahme von etlichen Vereng-

ungen mindeſtens vier Kilometer, ſeine Tiefe bei der
Mündung 28 Meter, ſonſt aber durchweg kaum mehr als
drei Meter, ſo daß er bis zu ſeinem Urſprung für kleinere
Fahrzeuge ſchiffbar iſt. Alles das zuſammengenommen
kann man dieſen Fluß eigentlich nur als einen mehr oder
weniger breiten See oder eine Lagune anſehen. Und ſo
iſt es mit allen Flüſſen an der Oſtküſte. Sind ſie kurz,
ſo erſcheinen ſie wie ein Meeresarm, der ſich ins Land
erſtreckt, oft nur 15—20 Kilometer; ſind ſie länger, ſo
bilden ſie eine Waſſerſtraße zwiſchen etlichen Seen, die
durch ſie von der Küſte aus erreichbar ſind. Ein ſolches
Ineinandergehen von Sumpfprärie, See, Lagune und
Fluß, wie in dieſem Teil von Florida, findet man nirgends
ſonſt in einem Teil der Erde, und es läßt ſich wohl behaupten,
daß der ganze mittlere und ſüdliche Teil der Halbinſel
Florida großenteils noch gar kein feſtes Land iſt, ſondern
ein Mittelding zwiſchen Land und Waſſer.

Die Landſchaft, durch die wir fahren, iſt überaus
einförmig: Wald und Sand, Sand und Wald, ſoweit das
Auge reicht und dabei alles eben, kein Berg, ja nicht einmal ein Hügel iſt zu erblicken, der dem ſuchenden Auge
Raſt gönnte. In den niederen Fichtenwaldungen wechſeln
wieder kahle Stellen, meiſt Sümpfe, mit dichter beſtandenen
Partien, wo Eichen und Wallnüſſe vorherrſchen. Da zeigt
das Erdreich dann ſchwarzen Humus und das Unterholz
wird ſo ſtark und dicht, daß es undurchdringlich erſcheint.
Von Zeit zu Zeit fährt man an einer kleinen Herde von
mageren Kühen vorüber, die im Wald und Sumpf ihre
Nahrung ſuchen müſſen und höchſtens zwei bis drei Liter
Milch im Tag geben können.

Nach ſtark einſtündiger Fahrt, nachdem 65 Kilometer
in dieſer einförmigen, langweiligen Landſchaft zurückgelegt
ſind, hält der Zug in St. Auguſtine, wo mit dem 30. Breite-

grab Mittelfloriba beginnt, das bis zum 28. Grab sich
hinabzieht.

In St. Augustine haben wir die älteste Stadt in den
Vereinigten Staaten.

Es wurde bereits erzählt, daß die Spanier im Anfang des 16. Jahrhunderts verschiedene Male an dieser
Stelle Amerikas gelandet waren und von da aus Unternehmungen ins Innere, wie auch nach dem Norden gemacht hatten. Aber zu einer wirklichen Ansiedlung und
zur Gründung einer Stadt kam es erst durch Menenbez
im Jahr 1564. Der Ort für eine Stadt war gut gewählt.
Denn einmal ist die Gegend dort sehr schön und abwechs-
lungsreich, sodann aber besitzt die Stadt einen geschützten
und beträchtlichen Hafen. Die vorgelagerte Insel Anastasia verhindert den Anprall des Meeres und ist dabei
doch nicht so hoch, um die frische Meeresbrise abzuhalten,
die zur Gesundheit der Bewohner so durchaus notwendig
ist. Zwischen der Insel und dem Festland liegt ein Meeresarm, der Mantazasfluß genannt ist und den Hafen für
St. Augustine abgiebt, das durch eine Eisenbahnbrücke mit
der Insel verbunden ist.

So gewaltig auch die Vereinigten Staaten sich entwickelt haben, ist ihre Geschichte und Vergangenheit doch
eine sehr kurze, und ihre älteste Stadt noch nicht 350 Jahre
alt. Kaum irgendwo in allen Staaten der Union wird
man auf so engem Raum und in einer so kleinen Stadt
Altertum und Neuzeit neben einander vereinigt finden,
wie in St. Augustine.

Im Norden der Stadt finden wir die Überreste des
einst gewaltigen Forts Marion, das 1756 vollendet wurde.
Es konnte tausend Mann Besatzung aufnehmen und seine
21 Fuß hohen, an den Ecken mit Bastionen versehenen
Wälle waren seinerzeit mit 70 schweren Geschützen besetzt.

Das Fort war mit Kasematten versehen und bombensicher. Der Graben ringsum hatte eine Breite von 40 Fuß. Zu verschiedenen Malen war Fort Marion Gegenstand erbitterten Kampfes, so lange Spanier und Engländer darum stritten, und zuletzt im amerikanischen Bürgerkrieg, als die Konföderierten daraus vertrieben wurden. Gegen die Indianer, besonders während des letzten Seminolenkriegs Ende der dreißiger Jahre, leistete das Fort den Bewohnern von St. Augustine ausgezeichnete Dienste. Obgleich immer wieder daran gebaut und geflickt wurde, ist es doch mehr und mehr dem Zerfall anheimgegeben.

Ebenso steht es mit der sogenannten Kaserne im Süden der Stadt. Früher hatten da die spanischen Franziskaner ihr Kloster; als diese abgezogen waren, wurde es zu einer Kaserne umgebaut, später aber durch Feuer zerstört. Einen Teil davon ließ die Regierung wieder aufbauen und als Kaserne bis in die neueste Zeit benützen.

Zwischen beiden Bauwerken zieht sich die Stadt in der Länge von zwei Kilometern hin. Der alte Teil ist enge und winkelig; die zweistockigen Gebäude berühren sich beinahe an den Dächern. Sie sind aus einer Art Zement, bestehend aus zermahlenen Meermuscheln und Kalk hergestellt und haben dem dortigen Klima aufs Beste widerstanden. Doch sind nicht mehr viele dieser alten Häuser vorhanden, denn sie müssen mehr und mehr den neuen Straßen zum Opfer fallen, die in schnurgeraden Linien sich überall im rechten Winkel kreuzend hergestellt werden. Das Alte war in manchen Stücken weniger schön, aber jedenfalls interessanter als das Neue.

Was der Stadt den Charakter der Neuzeit ganz besonders aufdrückt, das sind die drei neuen, aufs prächtigste und bequemste eingerichteten Hotels, die der Millionär Flagler zu gleicher Zeit mit seiner Eisenbahn bauen ließ:

Hotel Ponce de Leon, Cordova und Alcazar, alle drei bis
in die kleinsten Teile hinein feuerfest aus blendend weißer
Zementmasse errichtet, jedes vom andern nach seinem Bau-
stil verschieden, aber alle inmitten reizender Anlagen voll
von tropischen Sträuchern und Bäumen. Das größte dieser
Hotels enthält 700 Zimmer. Die Hallen, Treppen und
Säle sind geschmückt mit echtem italienischem Marmor,
Terra-Cotta und mexikanischem Onyx. Während im Hotel
Cordova ein prächtig angelegtes Sonnenzimmer den Gästen
zum Gebrauch von Sonnenbädern dient, enthält das Alcazar Hotel ein großartiges Schwimmbad für beide Ge-
schlechter, durch das fortwährend ein Strom gleichmäßig
warmes, klares Wasser fließt. Vom 1. Januar bis 31. März
sind diese Hotels dem Fremdenverkehr geöffnet und auch
während dieser ganzen Zeit voll besetzt. Allerdings muß
man schon mit einer vollen Börse versehen sein, um in
diesen Hotels bleibende Wohnung zu nehmen; nun daran
fehlt es ja vielen im Norden nicht. Am prächtigsten
nehmen sich diese drei Häuser am Abend aus, wenn nach
Sonnenuntergang alle drei von oben bis unten im Glanz
elektrischer Beleuchtung erstrahlen, die in Tausenden von
Glühlämpchen außen und innen angebracht ist. Wandelt
man dann in der angenehmen Abendkühle unter den Palmen
der Hotelanlagen und hört das Zirpen der Grillen oder
den Lockruf des Sandhuhns, so glaubt man sich wirklich
in die Schilderungen von 1001 Nacht hineinversetzt. Am
31. März hört aber alle Herrlichkeit auf, da an diesem
Tage die Hotels unfehlbar zugeschlossen werden.

Die Einwohnerschaft von St. Augustine setzt sich aus
allen möglichen Nationen zusammen. Amerikaner, Spanier,
Deutsche, Engländer, Franzosen, Italiener und Griechen
wachsen hier allmählich zu Einem Volk zusammen. Die
Bewohner sind sehr zuvorkommend gegen Fremde, sehr

fleißig, sparsam und mäßig. Dagegen erfreuen sie sich noch immer an den alten Spielen und Gebräuchen, die in die Neuzeit herübergerettet wurden. Von diesen sei nur der sogenannte Posey-Tanz erwähnt. Die jungen Damen aus den Familien aller Kreise errichten in einem Zimmer einen kleinen Altar, den sie mit Blumen und Blattpflanzen und Wachskerzen schmücken. Die jungen Herren kommen nun und bewundern den guten Geschmack der Schönen während einer Reihe von Abenden. Darauf überreicht jede Dame dem Herrn ihrer Wahl vor dem beleuchteten Altar einen hübschen Blumenstrauß. Lehnt dieser die Gabe ab, so hat er die Kosten für die Altarbeleuchtung zu bezahlen, nimmt er sie an, so ist er Ballkönig mit seiner Dame als Königin bei dem großen Ball, der die ganze Festlichkeit abschließt und an dem alle Stände in Ehren teilnehmen. Fastnacht wird ebenfalls noch sehr gefeiert als Erbstück aus der alten spanischen Zeit. Aber auch bei sonstigen Gelegenheiten werden Fastnachtsscherze in oft grober Weise ausgeführt, z. B. wenn ein Witwer eine Witwe heiratet. Zwei bis drei Tage lang finden dann Umzüge in der Straße statt, in der die Neuvermählten wohnen, und jedesmal wird vor ihrem Hause eine Katzenmusik veranstaltet. Unter den Tänzen steht der gemessene spanische Walzer obenan.

Daß an einem Orte, wo so viele Fremde zusammenströmen, auch schwindelhafte Elemente sich einfinden, ist leidige Thatsache. Ein Beweis dafür ist der folgende Fall, der sich gerade während unseres dortigen Aufenthalts zutrug. Ein Baron und eine Baronin von B. mieteten sich in einem der schönsten und teuersten Landhäuser ein und lebten herrlich und in Freuden, umringt von den vornehmsten Vertretern der Geldaristokratie. Die Pferde und Equipagen des Paares erregten die Bewunderung der ganzen Stadt.

Der Mann hatte in Chicago zwei Gesellschaften zur Ver=
wertung von Automaten ins Leben gerufen und war auch
in New=Yorker leitenden Kreisen wohl bekannt und ange=
sehen. Um so größer war das Erstaunen Aller in St.
Augustine, als das Paar eines Tages in seiner Villa
plötzlich verhaftet und nach Chicago transportiert wurde.
Der dortige britische Konsul hatte diese Verhaftung ver=
anlaßt, weil von England herüber eine große Menge Klagen
wegen Betrugs erhoben worden waren. Der Baron ent=
puppte sich als ein deutscher Kommis H., der seit Jahren
davon lebte, daß er in allen möglichen Zeitungen in Eng=
land Agenten suchte, denen er gegen eine hohe Kaution
Automaten zu liefern versprach. So soll er in Einem
Monat allein gegen 200000 Mark eingenommen haben,
ohne einen einzigen Auftrag auszurichten. Das Geld wurde
verjubelt, bis endlich die Gerechtigkeit den Schwindler er=
eilte und seinem Treiben ein jähes Ende bereitete.

Als Menendez 1564 die Stadt St. Augustine gründete,
ließen sich zu gleicher Zeit auch die Franziskanermönche
daselbst nieder, denen von Philipp II. von Spanien die
Aufgabe gestellt war, die Indianer von Florida zum katho=
lischen Glauben zu bekehren. Die Franziskaner gingen
mit großem Eifer ans Werk, das sich vom Kloster St.
Helena bald bis hinauf an den Mississippi ausbreitete.
Innerhalb 25 Jahren wurden etliche hundert Missions=
stationen unter den Indianern gegründet, in welchen auch
spanische Familien sich niederlassen durften und die Mönche
den Unterricht der Kinder in Religion, Realien und der
spanischen Sprache leiteten. Auch wurde es von der spa=
nischen Regierung gerne gesehen, wenn die jungen Leute
beider Nationen einander heirateten und so Ein Volk
wurden. Durch das ganze Land waren katholische Klöster
zerstreut und das Werk blühte, bis im Krieg zwischen den

Spaniern und Engländern nach 1700 sämtliche Niederlassungen der spanischen Mönche von den durch die Engländer gewonnenen Indianern zerstört wurden. Seitdem
wurde die Arbeit aufgegeben. Aber immer wieder stößt
man im Innern des Landes ferne von allen zivilisierten
Niederlassungen auf Ruinen, die von dem Wirken der
alten spanischen Mönche noch Zeugnis geben.

Von St. Augustine führt eine kurze Zweigbahn nach
Tokoi im Westen und verbindet so den St. Johns=Fluß
dort mit der Küste.

Unsre Linie aber fährt zunächst südwestlich nach Palatka, einer Stadt von 6000 Seelen, ebenfalls am St.
John gelegen. Hier kommen fünf Eisenbahnlinien zusammen und dieser Umstand, sowie der selbst für größere
Schiffe fahrbare Fluß und das umliegende, sehr fruchtbare
Land machten die Stadt in wenigen Jahren zu einer der
geschäftsreichsten des Landes.

Von Palatka wendet sich die Bahn südöstlich nach der
Küste, wo das ganz neue, reizend zu beiden Seiten des
Halifarflusses gelegene Städtchen Ormond einen sehr be-
liebten Winteraufenthalt bietet für alle mögliche Erholungs-
bedürftige aus dem Norden. Viele reiche New=Yorker haben
sich hier Landhäuser gebaut und genießen den milden Winter
in süßem Nichtsthun. Hier erst eröffnet sich die schöne
Landschaft des Südens mit ihren unvergleichlichen Reizen.
Das Land ist wellenförmig, mit geringen Erhebungen;
aber alles ist prächtig angebaut und zeigt sich in üppiger
Fülle. Sehr interessant ist der Meeresstrand, der in einer
Breite von 400 Fuß und in einer Länge von 30 Kilometern
mit seinem harten Sand eine ausgezeichnete, fleißig benützte Fahrbahn für elegante Fuhrwerke und namentlich
für das Zweirad bildet.

Nach einer ganzen Reihe kleiner, erst durch die Bahn

entstandener Niederlassungen erreicht man wieder eine sehr alte spanische Ansiedlung Neu Smyrna, wo die Ruine einer alten Kapelle, der Kolumbus-Kapelle, zu sehen ist, von der aber nur etliche Mauern mit Bogenfenstern vorhanden sind. Die dortigen Orangengärten und wohlgepflegten Eichenwälder sind in der That sehenswert.

Eine ganz eigentümliche Ansiedlung, etwas südlicher, ist Lake Helen. Dort haben sich lauter Anhänger des Spiritismus niedergelassen. Große spiritistische Jahresversammlungen werden hier abgehalten, zu denen die Gläubigen aus allen Enden zahlreich zusammenströmen, um sich durch Vorträge, Musik und spiritistische Vorstellungen zu erbauen, wozu auch eine gutbesetzte Sammlung einschlägiger Litteratur dient.

Hundertundneunzig Kilometer südlich von Jacksonville, bei Shiloh, beginnt der Indian River (der Indianer Fluß) der sich 200 Kilometer nach Süden erstreckt und zwischen der Korallenriffkette im Ozean und dem Festland bei 2 bis 10 Kilometer Breite ein ausgezeichnetes Fahrwasser, auch für recht große Schiffe, bildet (S. 132). Die Bahn fährt am westlichen Ufer dahin und muß oft schmälere und breitere Arme des Flusses oder eigentlich der Lagune überschreiten. Die Brücken bestehen einfach aus eingerammten Baumstämmen, über welche der Länge nach wieder Bäume gelegt sind, auf denen die Schwellen ruhen. Da die Regenzeit noch nicht vorüber war, so hatte der Fluß seinen höchsten Wasserstand, und manche dieser Brücken war absolut nicht sichtbar, weil unter Wasser stehend. Wenn nun der Zug unter gewaltigem Rauschen über eine solche unsichtbare Brücke, allerdings sehr langsam, hinüberfährt, ist es doch stets ein unheimliches Gefühl, das den Reisenden beschleicht, und der Anblick eines eigentlich durch das Wasser hingleitenden Zuges ist ganz eigentümlich. Jedes-

Szene am Indian River.

mal atmet man wieder freier auf, wenn die Fahrt rascher
wird, denn das ist das Zeichen, daß man wieder auf
festem Land sich befindet.

Überall aber erblickt das Auge Sand und wieder Sand.
Man würde sich jedoch täuschen, wollte man glauben,
das Land dort sei unfruchtbar und eine Wüste. Im Gegen-
teil, die Prärie westlich vom Indian River gehört zu den
besten und fruchtbarsten Landstrecken in ganz Florida und
ist darum in großartigem Maße angebaut und mit un-
zähligen kleinen Niederlassungen übersäet. Meilenweit
fährt man durch Ananasfelder, die zur Zeit der Ernte
einen köstlichen Wohlgeruch verbreiten, der sogar den Qualm
der Lokomotive überwindet. Bei Melbourne, wo mit dem
28° nördl. Breite Südflorida beginnt, und von da bis hinab
nach Key West an der Südspitze tritt der Baum in den
Vordergrund, der diesem Teil von Florida seinen beinahe
tropischen Charakter verleiht, die Kokosnußpalme. Sie
wird allerdings gepflanzt, da sie ja nicht von jeher ein-
heimisch war. Aber sie gedeiht ausgezeichnet. Nach zehn
Jahren trägt der Baum Frucht und es ist sicher anzunehmen, daß die Kokosnußpalme in nächster Zukunft der
Hauptbaum für diesen Teil von Florida sein wird.

Der Fluß hat seinen Namen von den Indianern und
zwar deshalb, weil westlich von demselben im Innern des
Landes eine der Hauptniederlassungen der Seminolen-
Indianer liegt, wo sie ungestört ihr Leben führen. Das
Flachland am Fluß war früher ihr Jagdgrund, den sie
an die Weißen haben abgeben müssen. Sie finden aber
im Innern noch Beute genug, wo auch der Bär noch zu
Hause ist, der an der Küste von Florida nur selten erscheint. Wir fanden wenigstens nur einmal die Spur
eines Bären an der Meeresküste bei unserer Ansiedlung;
den Bären selbst aber bekamen wir nicht zu Gesicht. Die

Indianer kommen dort von Zeit zu Zeit an die Bahn, um ihre Jagdbeute zu verkaufen und sich wieder auf eine Zeit mit dem Nötigsten zu versehen. Ihr Hauptsitz aber ist noch weiter südlich in den Everglades.

Nachdem der Indian River im Süden bei St. Lucie seinen Ausfluß ins Meer gefunden, fängt sogleich wieder eine ähnliche, wenn auch kürzere Lagune an, der sogenannte Lake Worth (S. 135). Dieser See oder Fluß gehört zum Schönsten, was man in Florida sehen kann, und ist von einer Lieblichkeit in Bezug auf Vegetation, Flora und Fauna an seinen Ufern, daß eine Beschreibung unmöglich ist. Hart am Fluß fährt die Bahn dahin und immer wieder neue landschaftliche Reize zeigen sich dem bewundernden Auge. Prachtvolle Kokospalmen neigen ihr fruchtbeladenes Haupt üppig über das Ufer, Mandelbäume, Guavabäume, Bananen, 20 Fuß hoch, Feigenbäume, alle mit Früchten und Blüten zugleich beladen, bilden ganze Wälder im Kleinen. Im Wasser schaukeln die Ruderboote der Anwohner des Sees, die dem Fischfang obliegen, oder schnelle Motorboote fliegen herüber und hinüber, während Pelikane, Fischreiher, Flamingos und andere Wasservögel ungestört durch den Lärm der Eisenbahn ehrwürdig im Wasser stehen und auf Beute warten. Zwischendurch schießt ein Fischadler senkrecht durch die Luft herab, verschwindet für einen Augenblick unter dem Wasser und schwingt sich dann mit einem zappelnden Fisch in den Krallen aufwärts seinem Neste zu. Große und kleine Menschenkinder erfreuen sich des köstlichen Bades in den salzigen Wellen des klaren Wassers, und über allem ruht ein Friede, der dem müdegewanderten Fremdling unbeschreiblich wohlthut und ihn für Augenblicke vergessen läßt, daß er nicht daheim, sondern noch auf der Wanderschaft ist.

Als wir Palm Beach, die neue Stadt am untern Ende

Lake Worth bei Palm Beach.

des Lake Worth, gerade 100 Stunden von Jacksonville,
erreichten, senkte sich schon der Abend über die Landschaft.
Vor vier Jahren war an diesem Ort nur eine Orangenplantage; heute zählt die Stadt 1800 Einwohner und ist
ein ebenso beliebter Winteraufenthalt geworden wie
St. Augustine, und zwar dank wieder der Eisenbahn und
der zwei prächtigen Hotels, die derselbe Flagler hier hat
bauen lassen. Das eine davon enthält allein 575 Schlafzimmer. Daß alles aufs Feinste eingerichtet ist, läßt sich
denken. Aber auch diese Hotels reichen noch nicht aus,
alle die Fremden aufzunehmen, die teils Heilung für Krankheit der Atmungsorgane oder für Rheumatismus suchen,
teils eben dem kalten Winter des Nordens entfliehen wollen,
und so hat Flagler in Miami, der Endstation seiner Eisenbahn, abermals ein Hotel bauen lassen, das eben fertig
wurde, als wir ankamen. Und nicht genug damit, hat der
Mann auch in Nassau auf den gegen Osten gelegenen Bahama-Inseln ein riesiges Hotel errichtet, wohin man von
Miami aus wöchentlich einmal in 10 Stunden auf Flagler'schen Dampfern gelangt. In Palm Beach geben eine
Menge wunderschöne Wohn- und Landhäuser, welche Privat-
leute des Nordens sich gebaut haben, Zeugnis dafür, wie
gesucht und begehrenswert gerade dieser Fleck Erde ist für
die, welche Geld genug haben, um sich ihren Wohnsitz aus-
zuwählen, wo es ihnen behagt.

　　Weiter und weiter dampft unser Zug. Gut war es
gewesen, daß wir uns schon in Jacksonville mit Proviant
versehen hatten. Denn der Zug hält auf den kleinen
Stationen kaum eine Minute, auf den größeren nie mehr
als 5 Minuten. Mit etlichen anderen Reisenden hatten
wir uns zum Abendessen in Fort Pierce angemeldet; in
sieben Minuten mußte das Mahl verschlungen sein, bestehend aus einem Stückchen Schinken mit kalt gewordenen

weißen Bohnen, einer Tasse Thee und einem Brötchen; Preis 3 Mark pro Person!

Im Zug selbst kann man allerlei kaufen. Ein junger Mensch hat die Bedienung der Reisenden von seiten einer Jacksonviller Zeitung zu besorgen. Unermüdlich durchwandelt er den Wagen und bietet bald Zeitungen an, bald Romane, bald Trauben, Pfirsiche, Orangen, oder Cigarren, oder Zahnpulver, Zündhölzchen, Chokolade u. s. w. In Palm Beach verläßt er den Zug, um am nächsten Morgen die Rückreise nach Jacksonville anzutreten.

Von Palm Beach bis nach Miami herunter ist das Land noch vollständig neu, d. h. noch ganz spärlich angesiedelt, und diese 100 Kilometer sehen erst noch ihrer kulturellen Entwicklung entgegen. Da der Zug jetzt fast nur durch Föhrenwälder und Prärie über viele kleine Flüsse fährt, so ist der Eindruck, den die Landschaft macht, kein sehr günstiger, zumal die Eisenbahn sich ziemlich ferne vom Meere hinzieht und auch nur ein halbes Dutzend Stationen oder Ansiedlungen im Lauf der nächsten 50 Kilometer auftauchen.

Als der Zug auf der Station Linton anhielt, stürzte ein Mann in Hemdärmeln, barhäuptig, in den Wagen herein, auf mich zu:

„Ah, Mr. Ihman, wie geht es Ihnen? Steigen Sie nur schnell aus!" Wer kannte meinen Namen in dieser wildfremden Gegend und wer mochte der Mann sein, dessen Aufzug sehr wenig Vertrauenerweckendes an sich hatte?

„Fällt mir nicht ein," erwiderte ich; „wer sind Sie denn eigentlich, daß Sie mich kennen?"

„Ich bin der Agent Blackmer. Aber nur schnell, ich habe hier für alles gesorgt; Sie bleiben hier etliche Tage und ich gehe mit Ihnen an Ihren Bestimmungsort."

„Nein," sagte ich, „wir fahren nach Fort Lauderdale

und das Gepäck desgleichen. Von Aussteigen hier ist keine
Rede. Aber morgen will ich heraufkommen, um mit Ihnen
alles zu besprechen."

Mittlerweile hatte sich der Zug wieder in Bewegung
gesetzt, und wollte der gute Mann nicht ganz mitfahren,
so war es jetzt höchste Zeit für ihn, den Wagen zu ver=
lassen. Mit einem „also auf Morgen" sprang er von
dem schon in raschem Lauf hinfahrenden Zug ab und rollte
in den weichen Sand.

Das alles kam recht überraschend. Also das war der
Agent, dem die Fürsorge für Pastor Pohles neue Grün=
dung, Dresden, übertragen war und mit dem ich auch
in brieflichen Verkehr getreten war! Wirklich, man
muss immer weiter herunter in seinen Ansprüchen an Bil=
dung und Gesittung, wenn man so hineinfährt in die
Wildnis, in ein Land, das man nicht kennt, wenn man
selbst Pionier werden will und wenn man der Welt den
Abschied giebt. Noch eine Stunde, und wir waren am
Ziel. Endlich, endlich hat die Reise ihr Ende erreicht.
Augen und Herzen waren gespannt auf das, was wir jetzt
sehen und erfahren sollten.

---

12. Kapitel.

Ankunft in Fort Lauderdale. Der Briefträger. Erste Nacht in der Wildnis. In Linton. Der Schwindel wird aufgedeckt. Schwäbische Landsleute.

Am 7. Oktober um halb 10 Uhr nachts nach zwölf=
stündiger Fahrt hielt der Zug in Fort Lauderdale.

Trotz der Ermüdung der langen und heissen Fahrt
wirkte die Erwartung der kommenden Dinge und das
ganz neue und seltsame unserer Lage aufregend. Wir
stiegen aus. Auf dem sogenannten Bahnsteig, einem etwa

zwölf Fuß breiten Bretterweg über einer ziemlich hohen Böschung, stand ein einzelner Mann in Hemdärmeln, der Stationsvorstand. Links unten befand sich der Bahnhof, ein Bretterhäuschen, zwanzig Fuß lang, zehn Fuß breit, zu dem eine steile, glatte Bretterbahn hinabführte. Sonst weit und breit keine menschliche Wohnung und kein menschliches Wesen zu sehen. Melancholisch beleuchtete der scharfe Mond die Landschaft, die ringsum nichts als Sand, weiß schimmernd, und kurzen Waldbestand aufwies, ein niederdrückender Anblick. Als der Zug abgefahren war, kamen wir mit dem wortkargen Stationsbeamten überein, unser Handgepäck im Bahnhof und unsere großen Kisten auf dem Bahnsteig stehen zu lassen, wo die letzteren denn auch vier volle Tage bei zum Teil strömenden Regengüssen stehen sollten.

Aber was sollte aus uns werden? Der Stationsmeister machte Miene, einfach zu verschwinden und uns unserem Schicksal zu überlassen, und nur auf wiederholtes Fragen konnten wir endlich aus ihm herausbringen, daß zwei Kilometer weiter unten am Fluß, dem New River, der Postmeister wohne, der zugleich Kaufmann und Zimmervermieter an Kurgäste sei, bei dem wir für die Nacht Unterkunft finden könnten. Er pfiff, und aus einem Graben rechts von der Bahnlinie erschien ein alter Mann, den er uns als Briefträger und Wegweiser zum Posthaus vorstellte, worauf er verschwand.

Welche Erscheinung aber hatten wir nunmehr vor uns! Sie war wohl geeignet Furcht zu erwecken in dieser menschenleeren Gegend und in solch nächtlicher Stunde. Es war ein alter Neger von kräftigem Körperbau mit grauem struppigem Bart; er ging barfuß in Hosen und Hemd, deren Farbe vor Alter nicht mehr zu erkennen war; auf dem Kopf hatte er einen enormen Strohhut, der wohl

auch einmal neu gewesen sein mag; auf der linken Schulter
trug er einen ledernen Postbeutel, in der linken Hand ein
knorriges Fichtenstämmchen als Stock, in der rechten Hand
eine tote Ratte am Schwanz, die sein spätes Nachtmahl
abgeben sollte.

Ich gestehe, daß ich mich nur einmal noch in meinem
Leben so einsam und verlassen, und in solch bänglicher
Stimmung gefühlt habe, wie in diesen Augenblicken, obgleich ja meine Söhne bei mir waren. Und das war zwei
Tage vor der Schlacht bei Sedan, als ich mit einigen
Kameraden von unseren Truppen versprengt mitten in den
Ardennen mich zufällig von denselben getrennt hatte und
plötzlich ihren ängstlichen Ruf nach mir aus weiter Ferne
vernahm. In fliegender Eile traf ich bei ihnen ein am
Eingang eines Dörfchens, dessen Bewohner noch keine
deutschen Soldaten gesehen hatten und zu unserem Glück
uns für Franzosen hielten und uns unter Thränen be-
schworen da zu bleiben, um nicht den Preußen in die
Hände zu fallen. Damals war es auch ein Postbeamter,
ein Württemberger, der den Führer bei uns machte und
durch seine Gewandtheit in der französischen Sprache uns
aus der Klemme und Angst befreite.

An dieses Erlebnis und an den ganzen Ernst unserer
gegenwärtigen Lage wurde ich mit einemmale erinnert, als
dieser Neger sich an die Spitze unseres Zuges stellte und
wir einer hinter dem andern auf schmaler, mondbeschienener
Indianerfährte ihm folgten.

Es war aus dem unheimlichen Mann nichts herauszubringen. Auf alle Fragen gab er dieselbe Antwort:
„Ich bin der Briefträger.“ Das wußten wir nun allerdings zur Genüge, aber die wiederholt gegebene Versicher-
ung dieser einfachen Thatsache wirkte eigentümlich be-
ruhigend auf die durch Reise und Erlebnisse erregten

Nerven und wir marſchierten ergeben dem Fluß entlang,
durch ſchönen Wald, dann und wann bis übers Knie im
Waſſer watend, da es hier den Tag über gewaltig geregnet
hatte. Nach zwanzig Minuten erreichten wir eine lichte
Stelle am Fluß, auf der wir etliche weiße, niedrige Häuſer
erblickten. Der Briefträger klopfte an einem derſelben, und
es erſchien ein noch junger Mann in Hemdärmeln, der
Poſtmeiſter. Wir fragten, ob wir übernachten könnten?
„Ja;" ob wir etwas zu eſſen haben könnten? „Nein."
Mehr war auch aus ihm nicht herauszubringen. Allzu
große Redſeligkeit war noch nie mein Fehler geweſen, aber
ſolche Wortkargheit ging denn doch über alle Gemütlich=
keit; die Weltabgeſchiedenheit in der Wildnis macht wort=
karg. Wir hätten gerne noch über etliche für uns wichtige
Punkte Auskunft gehabt, aber da war kein Hören noch
Reden. Der Mann holte eine Laterne, führte uns auf
ſchmalen Planken über eine unter Waſſer ſtehende Wieſe
nach einem der etwa fünfzig Fuß entfernten Häuschen,
wies jedem ein ſchmales Kämmerchen mit Bett und Tiſch
an, und verſchwand mit den Worten: „Um 6 Uhr iſt Früh=
ſtück." Unſern Gutenachtgruß ließ er unerwidert.

Da waren wir denn! Müde, hungrig, verlaſſen. Ob=
gleich wir drei nach ſolchem Empfang und Eintritt ins
neue Leben von denſelben ſchweren Gedanken der Ent=
täuſchung beſeelt waren, ſuchte doch jeder dem andern die=
ſelben zu verbergen, und ich mußte nur ſtaunen über den
Mut meiner beiden Söhne. Jeder andere in ihrem Alter
und in ihrer Lage würde angehoben haben zu jammern.
Sie aber klagten nicht über die mißlichen, unverhofften
Verhältniſſe, ſondern über Hunger. Und das war be=
greiflich. In meiner Handtaſche fand ſich aber nichts eß=
bares als ein Stück ſchwarzer Pumpernickel, den ich noch
in Bremen gekauft hatte; er war hart wie Stein. Sie

mochten ihn nicht essen und so legten wir uns nieder in
die allerdings guten Betten mit Drahtmatratzen und Moskitonetzen, die aus feinem weißem Stoff verfertigt waren.

Wir mochten eine Stunde geschlafen haben, als alle
drei erwachten an einem fürchterlichen Prasseln über unsern
Häuptern. Es war ein tropischer Regenguß niedergegangen,
der in etlichen Minuten vorüber war, aber auf dem mit
Linoleum bedeckten Häuschen einen gewaltigen, donner-
ähnlichen Lärm verursachte. Um 2 Uhr morgens und dann
wieder um 3 Uhr weckten uns in allernächster Nähe etliche
Büchsenschüsse, die auf eine nächtliche Jagd schließen ließen.
In der That erfuhren wir am Morgen, daß der rücksichts-
volle Postmeister ein Opossum und eine Klapperschlange
erlegt hatte, da seine Leberbeschwerden ihn nicht hatten
schlafen lassen. Das war eine recht ungemütliche Nacht,
die wir da zum Einstand in der neuen Heimat erleben
mußten. Und als wir um 6 Uhr zum Frühstück gingen,
waren wir noch wie gerädert an allen Gliedern.

Allein auch darüber half das Neue und Ungewohnte
unserer Lage bald hinweg. Zunächst mußten wir über den
Fluß fahren, der etwa sechzig Fuß breit und ebenso tief
ist, um zu dem angesagten Frühstück zu gelangen, zu dem
ein schrilles Pfeifchen gerufen hatte. Der Postmeister giebt
nämlich nur Wohnung, während ein junges Ehepaar über
dem Fluß drüben für Verpflegung sorgt. Diese drei, zusammen mit einem alten Negerpaar, das des Postmeisters
Hauswesen besorgt, und einem ledigen Kaufmann mit
kleinem Laden oben an der Bahnlinie, bilden die Einwohnerschaft der „Stadt" Fort Lauderdale. Der Rest der
Ansiedler, 2—4 Kilometer weiter oben am Fluß, im ganzen
zwölf Personen, kommt nur zum Vorschein, wenn die
Früchte zur Bahn gebracht werden. Ungemein friedlich
und lieblich liegt diese kleine Ansiedlung mit den nied-

lichen kleinen Häuschen an den prächtigen Ufern des Flusses,
der still dahin gleitet und sechs Kilometer weiter unten
ins Meer mündet. Die ganze Länge dieses Flusses beträgt nur zwölf Kilometer und er bildet eigentlich einen
Meeresarm, der sich bis in die Everglades hinaufzieht und
der auch die Erscheinungen von Ebbe und Flut fast gerade
so zeigt, wie das Meer selbst. Bei der Flut staut sich das
Wasser derart, daß es schwer fällt, mit einem Ruderboot
den Fluß hinabzufahren. Daher richtet man sich bei einem
Besuch in Fort Lauderdale stets nach Ebbe und Flut.

Gleich nach dem Frühstück fuhr ich mit der Bahn nach
Linton zurück, um mit dem Agenten der Gesellschaft ins
Reine zu kommen wegen des Landes und der Ansiedlung.

Linton hat seinen Namen von einem seiner Ansiedler,
der eine Plantage in größerem Maßstab angelegt und sich
die Achtung seiner Mitbürger in solcher Weise erworben
hatte, daß er als Vertrauensmann in den Kongreß nach
Washington gewählt worden war. Die Kolonie war erst
zwei Jahre alt und bestand aus zweihundert Personen,
die weithin zerstreut ihre Häuschen gebaut und Land urbar
gemacht hatten. Allerdings pflanzten sie nur Tomaten,
Erdbeeren und Gurken. Ein einziger hatte ein Ananasfeld von zehn Morgen angelegt, das aber erst im nächsten
Jahr Frucht bringen sollte. Etliche andere wollten es ihm
dann nachmachen und man hoffte allgemein, daß sich
hier eine größere Ananaskultur entwickeln werde. Darum
hatten sich auch Geschäftsleute hier niedergelassen, die
allerdings nebenher auch dem Landbau nachgingen. Der
Kongreßmann hatte seinen Einfluß in Washington für
Linton geltend gemacht, so daß vom Staat eine Schule
gebaut und ein Lehrer angestellt wurde, auch hatte, durch
ihn veranlaßt, die Eisenbahngesellschaft einen größeren
Bahnhof gebaut, allerdings auch noch ohne Stationsmeister.

Allein so sehr die Leute Linton vertrauten, so sehr miß=
brauchte der Mann ihr Vertrauen. Er hatte von ihnen
bedeutende Gelder auf sein Anwesen geborgt und da er
nicht bezahlen konnte und für sein Anwesen keinen Käufer
fand, so wurden alle um ihr Geld betrogen. Linton selbst
konnte nicht vor Gericht gestellt werden, da er es vorzog,
nicht mehr nach Florida zu kommen; in einem andern
Staat aber konnte er nicht gerichtlich verfolgt werden.
Ein Jahr nach diesen traurigen Erfahrungen beschlossen
die Bewohner von Linton, deren Zahl auf fünfundsiebzig
herabgesunken war, den Namen des Mannes aus dem
Gedächtnis auszulöschen, dadurch, daß sie ihren Ort um=
tauften und ihm den Namen „Delbray" gaben bis auf
den heutigen Tag.

Der Agent der Ansiedlungsgesellschaft, Blackmer, war
der beste Freund von Linton gewesen und hatte bei ihm
in den Tagen seines Ruhmes in Washington die Stelle
eines Sekretärs verwaltet. Es giebt ja in der ganzen
Welt dunkle Existenzen, aber in solcher Menge wie in den
Vereinigten Staaten findet man sie nirgends. Zu diesen
gehörte auch Blackmer. Was er eigentlich seines Zeichens
war, konnten wir nicht herausfinden, da es selbst seinen
Lintoner Mitbürgern verborgen war. Allem Anschein nach
diente er den Winter über irgendwo als Beamter bei der
Eisenbahnfahrpost. So viel war klar, daß er mit seiner
Frau, zwei Töchtern im Alter von 16 und 18 Jahren
und zwei jüngeren Söhnen in einem recht stattlichen Hause
in Linton wohnte. Daß das Haus aber, samt der ganzen
Einrichtung, ihm gar nicht gehörte, ja daß er nicht einen
Pfennig Miete im Lauf der Jahre bezahlt hatte, erfuhren
wir erst später, sowie auch das, daß die ganze Familie
ihren Lebensbedarf in den Kaufläden in Linton einfach
schuldig blieb. Die Frau war sehr fleißig im Haus, die

Töchter aber lebten in süßem Nichtsthun dahin, hie und
da ein wenig auf dem geborgten Pianino spielend oder
sich durch ein Bad im Ozean erquickend. Die ältere
Tochter war Braut; ihr gleichalteriger Bräutigam hatte
sich eben erst in Linton niedergelassen und angefangen,
ein Ananasfeld anzulegen. Er wohnte in einer niederen
Bretterhütte und lebte von der Jagd und dem Fischfang.
Merkwürdig, wie sorglos und unverfroren doch Leute in
den Tag hineinleben können, ohne Gedanken an die Zukunft, aber auch ohne Gewissensbisse bei den an ihren
Nebenmenschen verübten Schwindeleien. Auch wir machten
an dem Mann eine bittere Erfahrung, indem sich nachher
herausstellte, daß er bei der Anlage unseres Ananasfeldes
uns um die Summe von 200 Mark betrogen hatte. Der
Schwindel kam erst etliche Zeit später an den Tag, und
seitdem war von einem Verkehr mit ihm keine Rede mehr,
zumal unsere sämtlichen Mitansiedler in Pompano jeder
in seinem Teil von ihm betrogen worden waren.

Zur Beleuchtung der Zustände, wie sie in einem neu
zu erschließenden Lande unter der Gewalt des Faustrechts
und der Selbsthilfe herrschen, möge die Schilderung der
Rache dienen, die einer der Geprellten an diesem Blackmer
nahm. Der Mann ist Geometer, hat sich mit seiner jungen
Frau auch da unten niedergelassen und in Blackmers Auftrag für die Pohlesche Gesellschaft das ganze Land vermessen. Dafür aber hatte er noch keinen Pfennig bezahlt
bekommen, ja Blackmer wollte ihm auch die Zelte weg-
nehmen, in denen er mit seiner Familie lebte und die er
als Teilzahlung für seine Forderung mit Beschlag belegt
hatte. Als der Mann wußte, daß Blackmer mit dem Zug
von Linton auf das Ananasfeld an der Bahnlinie kommen
werde, machte er sich dorthin auf den Weg und nahm
einen älteren Nachbar mit, der ein altes rostiges Tranchier-

messer zu sich steckte. Es muß eine tragische Szene gewesen sein, die sich nun abspielte. Als Blackmer erschien,
trat ihm sein Gegner entgegen und forderte ihn zum
Faustkampf heraus. Da Blackmer nicht kämpfen wollte,
sondern die Arbeiter zu Zeugen des Überfalls anrief,
schlug ihn der Mann nieder und bearbeitete ihn gewaltig
mit den Fäusten. Blackmer schrie um Hilfe. Wie nun
die Arbeiter sich anschickten, ihm zu Hilfe zu kommen, trat
der Freund auf die Szene, zog sein großes Messer aus
dem Busen und bedrohte die Mannschaft mit den Worten:
„Meine Herren, Hand weg!" Somit begnügten sie sich,
Zeugen und Zuschauer dabei zu sein, wie Blackmer seinen
Lohn erhielt, den sie alle ihm von Herzen gönnten. Nachher war alles wieder im reinen zwischen Blackmer und
dem anderen, als ob nichts geschehen wäre; nur rechnete
Blackmer einfach die Streiche, die er erhalten hatte, als
Bezahlung für das Geld, das er dem Geometer noch
schuldig war. Ein echter Yankee!

Nun von allem dem wußte ich nichts, als ich bei ihm
zum Besuch eintraf. Da er als Agent für das Pohlesche
Unternehmen wirkte, hatte ich mit ihm wegen Auswahl
des Landes und der Niederlassung zu verhandeln. Ich
wurde freundlich aufgenommen und blieb über Mittag im
Hause und nachdem ich Umschau in Linton gehalten, ging
ich auf den Bahnhof, um mit dem Güterzug nach Fort
Lauderdale zurückzufahren. Ich mußte etliche Zeit auf den
Zug warten und hörte beim Auf= und Abgehen zwei
Männer und eine Frau sich in deutscher Sprache unterhalten. Als der eine erklärte: „der Schorsch ist eben doch
a schlechter Kerl," mußte ich mich an die Leute machen
und zwar mit der Frage: „Sind Sie von Calw?" „Nein,"
war die Antwort, „aber aus dem Reutlinger Oberamt."
Also spezielle Landsleute 7500 Kilometer von Calw und

Reutlingen auf einsamem Bahnhöfchen in floridanischer
Wildnis zusammengeraten! Ein Wort gab das andere
und ich erfuhr, daß sie in der Nähe von Linton vor zwei
Jahren Land gekauft und eine Pflanzung angelegt hatten.
Mit ihnen war ein anderer Schwabe samt seiner Frau
aus demselben Ort auch dahingezogen, und da die Männer
und Frauen auf derselben Schulbank gesessen hatten und
mit einander konfirmiert worden waren, schien das Leben
in der Fremde sich für alle ganz annehmbar zu gestalten.
Da hatte aber einmal der Freund die Hecke zwischen ihren
Feldern niedergebrannt und war auf die Klage des Be-
schädigten zu acht Mark Strafe verurteilt worden; damit
war unversöhnliche Feindschaft eingetreten. Bei passender
Gelegenheit hatte dann der, den ich auf dem Bahnhof traf,
dem andern etliche Hühner im Garten niedergeschossen und
heute war er vor den Ortsvorsteher in Linton geladen.
Ich stellte den Leuten vor, wie schade es für beide Teile
sei, wenn sie nicht im Frieden mit einander leben könnten
in einem fremden Land, wo man Gott dafür danken sollte,
Bekannte und Freunde in der Nähe zu haben. „Sie haben
vollständig recht," erwiderte der Mann, „aber der Schorsch
ist ein zu schlechter Kerl."

Der Zug kam und ich mußte einsteigen. Dieser Güterzug wird von lauter Negern bedient, die während der
Fahrt auf den Wagen oben sitzen und von einem auf den
anderen rennen, um gleich zur Hand zu sein, wenn auf
einer Station aus einem Wagen etwas zu verladen ist.
Es sind das durchaus stramme Bursche, die die größten
Gepäckstücke mit Leichtigkeit von der Stelle bringen.

Als ich in Lauberdale ankam, wurde ich am Bahnhof
von meinen Knaben empfangen, die sich hier schon zu
Haus fühlten und mir berichteten, sie seien den Fluß zwei
Kilometer hinuntergerudert bis zu einem großen, schönen

See, und hätten sich dann auch wieder den Fluß herauf=
gearbeitet, und schon im Rudern Erfahrung gewonnen.
Je eher sie sich in die Verhältnisse hineinfanden, desto
besser. Denn auf den Wasserweg nach Fort Lauderdale
herunter und nach Linton hinauf, im Kanal, war man
das ganze Jahr über, besonders aber während der Ernte=
zeit, angewiesen. Wir ergötzten uns noch mit Fischfang.
Es giebt dort ungemein viel Fische und hatten wir in
kürzester Zeit ein Abendessen beisammen, bestehend aus
einer sehr schmackhaften Salzwasserart, „Sailors Joy"
genannt, die uns die Frau Wirtin aufs beste zubereitete.

––––––––––

13. Kapitel.

**In Pompano. Das Land steht uns offen.
Unser Ananasfeld. Den Kanal hinauf nach Linton.
Ein Sonntag in Linton.**

Am folgenden Morgen früh um vier Uhr wurden
wir aufgeweckt. Der Agent Blackmer war angekommen
mit einem kleinen Dampfboot, um, wie verabredet worden
war, uns und unsre Gepäckstücke an unsren Bestimmungs=
ort zu holen. Wir waren natürlich ganz im Unklaren
über die Verhältnisse der neuen Kolonie des Pastor Pohle
und gaben uns der zuversichtlichen Hoffnung hin, uns neben
den andern Ansiedlern, deren wir eine erkleckliche Anzahl
anwesend vermuteten, sogleich ein gemütliches Heim gründen
und im Zusammenhang mit einer Reihe erfahrener Männer
die Arbeit aufnehmen zu können. Es sollte aber wieder
einmal ganz anders kommen.

Wir fuhren sogleich mit Blackmer den New River
hinauf zum Bahnhof, wo unsre Kisten noch standen. Das
erkannte die Besatzung des Schiffes sofort, daß sie diese

Laſten in dem kleinen Dampfer nicht mitnehmen könnten.
Es wurde mir erſt im Lauf weiterer Erfahrung klar, daß
die meiſten neuen Anſiedler mit gar keinem Gepäck auf=
ziehen. Da ſind ſie, wie ſie gehen und ſtehen, und laſſen
andere dafür ſorgen, wie ſie anfangen und weitermachen
möchten. Darum war Blackmer in der That überraſcht,
uns ſo wohl ausgerüſtet zu finden, und unſere Ankunft
mit Sack und Pack war in der neuen Kolonie ein förm=
liches Ereignis. Unſere Kiſten aber mußten bis auf weiteres
ſtehen bleiben, wo ſie eben ſtanden.

Nachdem die ganze Geſellſchaft bei dem Gaſtgeber
gefrühſtückt hatte, ging die Fahrt los. Wir fuhren den
New River hinunter und durch verſchiedene Seen hindurch
in den Kanal, der uns an Ort und Stelle bringen ſollte,
eine Fahrt von im ganzen zwanzig Kilometer. Eine Be=
ſchreibung dieſes Weges, der wirklich intereſſant und ſchön
war, wird ein eigenes Kapitel weiter unten bringen.

Nachmittags kamen wir an den Cypreß Creek, einen
kleinen See, den der von den Everglades kommende
Cypreßfluß bildet und den der Kanal durchſchneidet. Dort
landeten wir, empfangen von einigen der Anſiedler, die
unſere Nachbarn ſein ſollten und die auf unſer Kommen
vorbereitet waren, denn ſie hatten eine Mahlzeit, beſtehend
in Kraut und Speck, bereit gemacht, und wir wurden von
Blackmer vorgeſtellt und aufgefordert, jedem der Männer
die Hand zu drücken. Dieſe hießen uns willkommen und
verſprachen uns jede Hilfe, die in ihrer Kraft läge. Viel
verſprechend war dieſer Empfang nicht; denn die Erſchei=
nung der Männer ließ nicht viel Erfolg vom Anbau des
Landes hoffen, ſo verwahrloſt und heruntergekommen ſahen
ſie einer wie der andere aus, obwohl der Mund über=
ging von Verheißungen ſchöner Ernten und gewinnreichen
Abſatzes der Produkte. Der Empfang fand auf dem

Grund und Boden statt, wo sich später die Stadt Dresden
erheben sollte. Auf dem Plan, den die Pohle'sche Gesellschaft ausgegeben, waren bereits sämtliche Straßen mit
Namen verzeichnet, sowie auch der Platz, auf dem die
evangelische Kirche gebaut werden sollte. Von all dem war
natürlich in Wirklichkeit nichts zu sehen, mit Ausnahme
etlicher kleiner Vermessungspfosten. Ja, die Hütte, in die
wir geführt wurden und deren Besitzer der älteste Ansiedler
Smith war, sah wenig hoffnungerweckend aus für die
Dinge, die sich an dieser Stelle entwickeln sollten.

Noch einen Kilometer weiter hinauf im Kanal und wir
landeten abermals, und zwar an einer Stelle, wo die
Ansiedlungsgesellschaft einen Weg vom Kanal zur Eisenbahn, von Osten nach Westen, hatte aushauen lassen. Es
möge hier gleich bemerkt sein, daß alles Land nach den
Himmelsrichtungen vermessen wird. Auf diese Weise ent-
stehen lauter viereckige Parzellen, die nach englischen Meilen
geteilt sind. Das Interessante bei diesem Weg, an den
später unser Haus gebaut wurde, war das, daß bei Tag-
und Nachtgleiche die Sonne ganz genau in der Mitte des
Weges um sechs Uhr unterging, so daß man die Uhr darnach richten konnte. Es werden auch alle Richtungen nicht
nach „rechts" und „links" von einem Punkte, sondern
nach den Bezeichnungen nördlich und südlich, östlich und
westlich gemacht werden. Die fortgeschrittene Kultur kehrt
damit nur zu einer Gewohnheit zurück, die längst bei
manchen Naturvölkern Brauch ist.

Wir landeten also am Kanal. Und als wir das Ufer
bestiegen und das ganze, flache Grasland in meilenweiter
Ausdehnung zur Rechten und zur Linken, oder vielmehr
nach Norden und Süden vor uns lag, frug uns der Agent:
„Wo wollen Sie hier Ihr Land auswählen? Die Wahl
steht Ihnen vollkommen frei."

Nun ist es wohl ein schönes Ding, als erstankommende das Beste und Fruchtbarste auswählen zu dürfen. Und doch, wie verzweifelt schwer war es, hier eine Wahl zu treffen. Was wir vor uns sahen, war nichts als Sumpfland mit über mannshohem Gras bewachsen und etwa einen Fuß unter Wasser stehend! Das war nicht viel verheißend, und unser erster Gedanke war: wie soll denn in solchem Land überhaupt etwas anderes wachsen können, als was seither da in so üppiger Fülle ungestört seit Jahrhunderten vielleicht gewachsen war: Gras! Ließ sich denn überhaupt etwas machen aus solcher Wildnis? Wie ganz anders hatten die Beschreibungen gelautet, die Pastor Pohle in seinem Kirchenblatt von dieser Gegend gemacht hatte! Wahrlich, der Mut drohte uns ganz und gar zu entsinken, als wir dieses Land sahen, das so wenig, so gar nichts von dem gelobten Land Pohles aufzuweisen hatte.

Das einzige, was ich auf obige Frage erwidern konnte, war, daß wir einmal zuwarten wollten, ehe wir eine Entscheidung treffen. Zugleich sprach ich auch den Wunsch aus, unser Ananasfeld, das in der Nähe liegen mußte, zu besichtigen.

So machten wir uns denn auf den Weg, der großartig „Avenue" genannt wurde. Durch Wasser, das uns manchmal fast an die Knie reichte, marschierten wir auf der „Avenue" dahin, die, wie uns der Agent trotz unseres Mißtrauens und der Nässe unsrer unteren Körperteile versicherte, durch die Gräben links und rechts vollständig trocken gelegt sei. Das sollte also die Hauptstraße werden, die von der Stadt Dresden in gerader Linie zum Bahnhof führen würde und auf der die Produkte des vorderhand noch unter Wasser stehenden Landes zur Verfrachtung kommen konnten. Bis man einmal soweit war, konnte es manchen Tropfen

Schweiß und viel Selbstverleugnung in Beziehung auf
Behaglichkeit kosten; das erkannten wir sofort.

Hinter uns rauschte der Ozean, der, vom Kanal etwa
fünf Minuten entfernt, recht gut sichtbar ist. Ein Strich
ebenso nassen Graslandes lag zwischen ihm und dem
Kanal und erst später, als die Gewässer zurückgegangen
waren, sollte es uns möglich werden, einen schmalen Pfad
durch Abbrennen des Grases herzustellen, um den regelmäßigen Genuß eines Bades im Meer zu erreichen.

Nachdem wir fünf Minuten durchs Wasser gewatet
waren, hob sich der Grund etliche Fuß, an Stelle des
Marschlandes trat der Sand, und der Föhrenwald nahm
seinen Anfang.

„Wo wollen Sie Ihr Haus bauen?" war die nächste
überraschende Frage des Agenten. Wollten wir überhaupt
hier in dieser einförmigen Gegend ein Haus bauen? War
es denn auch gesund hier, um sich dauernd niederzulassen?
Daß die Antwort des interessierten Mannes auf diese
Frage gelautet hätte: „nirgends gesünder als hier," war
mir von Anfang an klar; deshalb richtete ich die Frage
gar nicht an ihn, sondern wir drei besprachen die Sache
in unserer Heimatsprache, von der der Agent nichts
verstand.

Wir wollten unter allen Umständen zuerst unser Ananasfeld besichtigt haben, ehe wir uns entschieden, wo es
am ratsamsten wäre, das Haus zu bauen.

Also ging es weiter, durch den Wald, auf dem vom
Gebüsch gesäuberten Weg, bis wir nach einer halben Stunde
ganz in der Nähe der Eisenbahn und damit an unser Be-
sitztum kamen, das schon vor zwei Monaten mit Ananas
bepflanzt worden war. Da sah es nun allerdings besser
aus. Unser Feld lag in nächster Nähe der Bahnlinie,
ziemlich oder verhältnismäßig hoch; der Sandboden schien

gut zu sein, denn die Pflanzen standen schön, und der Bau eines Güterschuppens dicht dabei war versprochen. Daß freilich der Agent etliche tausend Ananaspflanzen weniger hatte setzen lassen, als wir ihm bezahlen mußten, konnten wir bei dieser ersten Beaugenscheinigung nicht entdecken, zumal auf einen Morgen zwölftausend Pflanzen zu rechnen sind.

Befriedigt kehrten wir wieder um und als wir an die Grenze des Waldes und Marschlandes kamen, waren wir, ich und meine Söhne, einig, daß wir eben hier, am Anfang des Waldes, unser Häuschen errichten wollten, mit der schönen Aussicht auf den Ozean. Wir erstanden dann auch hier einen halben Morgen Land um zwanzig Mark, der damit unser bleibendes Eigentum wurde.

Mit ziemlich geteilten Gefühlen und mit ernsten Gedanken für die Zukunft bestiegen wir unser kleines Dampfboot zur Weiterfahrt kanalaufwärts. Unterwegs ließ der Steuermann halten, stieg ans Ufer und gab zwei Schüsse ab auf einen Alligator, der in einer kleinen Bucht sich in träger Ruhe sonnte. Er behauptete, ihn getroffen zu haben, da man überall den diesen Tieren bei Verwundungen eigentümlichen Moschusgeruch wahrnehmen konnte. Allein vom Alligator selber war nichts mehr zu sehen.

Am Hilsborough Inlet vorüber trafen wir auf die Farm eines Kapitän Richards. Merkwürdig, wie viele Kapitäne es doch da unten in Florida in der dünngesäten Bevölkerung giebt! Forscht man etwas nach, so findet man, daß die meisten, die sich diesen Titel beilegen, mit der Schiffahrt nichts zu thun gehabt haben. Zur Belohnung für die bei den Präsidentschaftswahlen geleisteten Dienste wird solchen Leuten ein Ruheposten zugeteilt, meist auf den Rettungsgebäuden der Küste entlang, und sie nehmen dann den Titel „Kapitän" an, ein Beweis, daß auch in einem so freien republikanischen Staat wie Nordamerika die Titelsucht ebenso groß ist, wie in Europa. Auf der andern Seite hat dieser Titel das Gute, daß man jedem eine Freude macht, dem man ihn giebt und daß man dabei der Mühe überhoben ist, sich den Namen des Betreffenden merken zu müssen. Die Neger machen es am einfachsten, sie reden jeden an mit „Cäptn.“

Kapitän Richards war ein vermöglicher Mann, der gesundheitshalber das südliche Klima mit dem nördlichen vertauscht und eine große Farm mit fremden Kräften mitten im Urwald errichtet hatte, auf der er alles nur mögliche pflanzte. Wären die unzählbaren Stechmücken nicht gewesen, der Ort hätte allen Erwartungen und Anforderungen entsprochen. Die Lage des großen Landhauses war eine wirklich ideale; vorne der Kanal, zur Linken das Ufer eines reizenden Sees und hinter den Farmanlagen der echte Urwald mit seinen prächtigen Bäumen, der bis an das sandige Ufer des Ozeans reichte. Wir wurden sehr freundlich aufgenommen und mit Honig, Bananen und Guavas reichlich versorgt.

Nach weiterer zweistündiger Fahrt erreichten wir, schon in der Dunkelheit unser Ziel, Linton. Hier sollten wir bleiben, bis das zum Hausbau notwendige Material beisammen war und nach seinem Bestimmungsort gebracht werden konnte, und somit quartierten wir uns bei Blackmer ein.

Da manche Ansiedler von Linton in der letzten Zeit wieder abgezogen waren, so konnte man allerlei Hausrat billig zusammenkaufen, wie Herd, Bettladen mit Drahtmatratzen, Koch- und Ackergeräte, ein Boot u. a. m., und da in der Nähe von Linton eine Sägmühle stand, war das nötige Bauholz auch bald beschafft. Wir mußten aber etliche Tage uns in Linton gedulden, bis ein zur Fahrt

nach Süden günstiger Wind einsetzte. Denn alles Er-
worbene sollte auf einem großen Segelboot an den Ort
unserer Niederlassung befördert werden.

In der Wartezeit zogen wir Erkundigungen ein über
ben Anbau der verschiedenen Bodenarten und den Absatz
der Probukte, wobei wir erfuhren, daß die Ansiedler von
Linton nach dreijähriger Arbeit noch nicht weit gekommen
waren, indem sie ihr Hauptaugenmerk auf den Bau von
Tomaten gerichtet und dabei wegen des hier ungeeigneten
Bodens geringe und entmutigende Resultate erzielt hatten.
Nur einer hatte eine Ananaspflanzung angelegt; die Be-
sichtigung dieser ganz ebenen, von Walbungen geschützten
Pflanzung bot viel Genuß und Belehrung. Im kommenden
Jahr sollte die erste Ernte sein, und ermutigt durch das
seitherige Gedeihen der Pflanzen hatten etliche andre in
Linton eben erst auch einige kleinere Ananasfelder an-
gelegt.

Die sonstige Zeit vertrieb man sich mit Musizieren,
wobei die zwei Töchter des Hauses ihre Fertigkeiten kund-
gaben, mit Spazierengehen und gemeinsamem Baden im
nahegelegenen Ozean.

In unsern Aufenthalt fiel ein Sonntag, und da im
neuen, schönen Schullokal Gottesdienst gehalten werden
sollte, ging ich mit meinem Ältesten und den zwei Töchtern
Blackmers auch hin; außer uns vier aber fand sich nur
noch die Frau des Schulmeisters ein, daneben drei Kinder
von 5—6 Jahren. Der Schulmeister von Linton leitet
zugleich die Gottesdienste und wirkt als Prediger. Er
wurde mir vor Beginn des Gottesdienstes vorgestellt. Seine
erste Frage war: „Wollen Sie nicht den Gottesdienst ab-
halten?" Ich lehnte ab, auch für den Abend, auf den
er die ganze Gemeinde durch Extraeinladung in den einzelnen Häusern zu einem besondern Gottesdienst zusammen-

zubringen versprach. Einmal war es schon mehrere Jahre
her, seitdem ich in London in englischer Sprache gepredigt
hatte, sodann hätte eine solche Vorbereitung mehr Zeit
und andere Verhältnisse erfordert als die meinigen damals
waren. Nach zweimaligem Gesang von je acht Versen, der
bei der schwachen Versammlung und unserer Unkenntnis
der Melodien eigentlich ganz dem Leiter zufiel, und nach
Verlesung der Geschichte von Abraham und Lot begann
die Predigt: „Unsere Versammlung ist heute klein der Zahl
nach, aber der christlichen Erfahrung und Erkenntnis nach
ungemein stark u. s. w. Die heutige Predigt soll eine
historische sein." Dementsprechend erzählte er die Geschichte
von Lot und Abraham, vom Untergang von Sodom und
Gomorra noch einmal ausführlich und schloß dann mit
den Worten: „was wir heute gelernt haben, ist die Mah=
nung: sehet nicht zurück nach den Genüssen dieser Welt,
sondern denkt an Lots Weib." Während der Predigt be=
schäftigten sich die Kinder damit, ihre kleinen Bilderbücher,
die sie aus dem Bücherkasten genommen hatten, den älteren
Anwesenden zu zeigen und laut zu erklären. Ein merk=
würdiger Gottesdienst!

Nach Schluß des Gottesdienstes ergriff der Leitende
noch die Gelegenheit, sich mir als Tischler zu empfehlen,
falls ich irgendwelches Stück in unser Haus gefertigt haben
wolle. Er war seines Handwerks Tischler, versah dazu
das Lehrer= und Predigeramt, und trieb eine kleine Pflan=
zung um. Seine Frau versieht die Stelle als Lehrerin
in einem 20 Kilometer entfernten Ort und kommt alle
Samstag auf dem Zweirad zu ihrem Mann, um nach der
Haushaltung zu sehen. Auch ein Buschleben! Die Regie=
rung bezahlt einem solchen Lehrer monatlich 40 Dollars
und ist verpflichtet eine Schulstelle zu errichten, sobald
zwölf Kinder zum Unterricht angemeldet sind.

Nach beinahe viertägiger Wartezeit trat enblich ein günſtiger Wind ein unb wir konnten mit unſern Vorräten auf bem Segelboot abfahren, bas uns in langſamer Fahrt benſelben Weg zurückbrachte, ben wir mit bem Dampfboot gemacht hatten. Morgens ½ 7 Uhr lanbeten wir in ber obenbeſchriebenen Avenue unb auf ein Zeichen, bas ber Bootsmann mit einer gewaltigen Seemuſchel gab, ſtrömten bie Anſiebler von allen Seiten zuſammen, um nach Ver= abrebung beim Ausladen unb beim Hausbau ſich zu be= teiligen. Unſere Kiſten in Lauberbale hatte in ber Zwiſchen= zeit Smith mit ſeinem großen Boot heraufgeholt unb in ſeinem Packhaus am Cypreß Creek niebergelegt, unbe= kümmert barum, baß ihm beim Ausladen bie größte ber= ſelben in ben Kanal gefallen war unb nur mit ſchwerer Mühe vom Grund wieder gehoben werben konnte. Zum Glück war ſie feſt gefügt unb ber Inhalt erlitt keinen Schaden.

――――――

14. Kapitel.

Buſchleben in Florida.

1. Der Hausbau.

Das erſte unb wichtigſte für uns war, ein Haus zu bauen; benn je eher wir aus ben elenden Verhältniſſen herauskamen, beſto beſſer für uns.

Mit bem Anſiebler Smith hatte nämlich Blackmer verabrebet, er ſolle uns in ſein Haus aufnehmen, bis unſer Haus fertig wäre, unb ſollte für uns, gegen Entſchäbigung, kochen, wozu wir ben Proviant liefern würben. Das war gut. Allein ba außer uns brei noch zwei andere ſich an unſeren Mahlzeiten zu ſättigen pflegten unb bie Sache

sich fünfzehn Tage lang hinzog, so waren wir alle paar
Tage genötigt, für diesen Teil der Kolonie von Lauder=
dale Proviant zu holen. Sobann waren die Wohnver=
hältnisse gerabezu scheußlich. Das Haus von Smith war
16 Fuß lang und 12 Fuß breit, zwar mit einem Bretter=
dach versehen, aber an den vier Wänden nur mit Segel=
leinwand bekleidet, die nach und nach so abgenützt war,
daß ein Regenguß von der Seite her für uns auf unsren
Lagern zu einem Sprühregen wurde, der alles langsam
aber sicher durchfeuchtete. Und die dumpfe Enge des einzigen
Wohnraums! Fenster war keines vorhanden, sondern vorne
und hinten eine Thüre, durch die das Licht kommen mußte;
außer drei Bettstätten, von denen zwei uns drei zusammen
als Lager dienten und auf denen wir nichts als einen
Reiseteppich und unsre Überzieher liegen hatten, einem
Tisch, zwei großen Koffern, die das bewegliche Eigentum
der Hausbesitzer enthielten, und etliche Kisten, welche die
Stelle von Stühlen versehen mußten, stand noch der eiserne
Kochherd in diesem Raum, der beim täglich dreimaligen
Abkochen eine furchtbare Hitze ausstrahlte, die nur durch
den Durchzug zwischen beiden geöffneten Thüren etwas
gemäßigt werden konnte. Und der Schmutz auf dem Stuben=
boden, welcher wirklich pechschwarz geworden war, und das
Ungeziefer, das ein Hühnerhund jederzeit von draußen mit
nach Hause zu bringen pflegte, und nachts auf etlichen
Brettern über unsren Schlafstellen das Rennen und Rascheln
von Ratten, die ab und zu einen Gegenstand auf uns
herunterwarfen, kurz es waren schreckliche fünfzehn Tage,
die wir da mit einander zubringen mußten, so daß der
Einzug in unser eigenes Häuschen der Entlassung aus
einer Strafanstalt gleich kam und auch mit großer Er=
leichterung und Herzensfreude gefeiert wurde.

    An Leuten, weißen und schwarzen, fehlte es nicht, die

ihre Hilfe gegen den üblichen Taglohn von vier Mark für schwarze und fünf Mark für weiße Arbeit anboten. Denn so lange ein Ansiedler noch bares Geld besitzt, sammelt sich gerne alles um ihn. Auch entpuppten sich sofort zwei derselben als „Zimmerleute", die nach ihrer Aussage schon manches Haus aufgerichtet hatten; für diese Kunst beanspruchten sie denn auch einen Tagelohn von sieben Mark. Bei der nächsten Gelegenheit empfahl sich der eine davon als Schuhmacher, und warum auch nicht? er konnte wirklich für zwei Mark eine Sohle aufnageln, wenn sie auch nicht lange hielt. Derselbe war auch der Haarschneider und Friseur der Kolonie Pompano, ein Geschäft, das er merkwürdigerweise unentgeltlich auszuüben pflegte; wie er selbst meinte: man muß auch generös sein können!

Die Mannschaft auf der Baustelle wurde geteilt. Die einen hatten die Bretter und Balken vom Kanal heraufzutragen, der andere Teil ging sogleich an den Bau. An dem von uns ausgesuchten Platz am Weg vom Kanal zur Eisenbahn, fünf Minuten von ersterem entfernt, an der „Avenue" wurde ein Stück Boden von Bäumen und Gesträpp gereinigt und zum Fundament in drei Parallelreihen je vier Löcher 2½ Fuß tief in den Sand gegraben; etliche mannsdicke Fichten wurden gefällt, aus den Stämmen je fünf Fuß lange runde Hölzer gehauen und diese in die Löcher mit Sand eingekeilt, und das Fundament war fertig.

Die Länge des Hauses betrug 20 Fuß, die Breite 12 Fuß; es stand 2½ Fuß über der Erde, so daß von allen Seiten der Wind unten durchziehen konnte und das Holz vor Feuchtigkeit geschützt war; auch wurde auf diese Weise dem Ungeziefer, namentlich den Schlangen, der Zutritt in den Wohnraum verwehrt. Soll so ein Haus an einen anderen Ort versetzt werden, so darf man es nur auf einen niederen Wagen stellen.

Erst als die Pfosten zum Fundament schon eingerammt waren, machte man die Entdeckung, daß es an
Balken fehle, die als Grundlage fürs Haus über diese
Pfosten gelegt werden mußten; der treffliche Agent in
Linton hatte sie ganz vergessen. Was war zu machen?
Es mußten 2—3 Tage vergehen, bis man nach Linton
fuhr und das Vergessene holte. Da kam einer auf den
guten Einfall, es werden sich wohl am Inlet oben, wo
der Hilsborough=Fluß ins Meer mündet, angeschwemmte
Balken finden, die bei stürmischem Wetter von den Holz=
frachtschiffen über Bord geworfen durch die Wellen gerade
dort sehr häufig ans Ufer geworfen werden. Ein Weißer
und drei Schwarze nahmen das größte Boot und fuhren
hinauf ans Inlet, von wo sie nach fünf Stunden eine
solche Anzahl zum Teil 42 Fuß langer achtzölliger Balken
brachten, daß sie zu unsrem Zweck mehr als genügten.
Am Kanal wurden sie zusammengesägt und auf der Schulter
an die Baustelle getragen.

Inzwischen hatten die Zimmerleute die Rahmenschenkel
für das Hausgerüst zurechtgeschnitten und es konnte sofort
mit dem Aufrichten begonnen werden. Ungemein hinderlich
bei dieser Arbeit waren die fast halbstündlich niedergehenden
Regengüsse, oft aus völlig heiterem Himmel. Der Schutz
unter den Bäumen war vollständig ungenügend und jedes=
mal wurde man bis auf die Haut durchnäßt, aber bei dem
kräftigen Sonnenschein auch sofort wieder trocken. Uns
Anfängern waren natürlich diese häufigen warmen Regen=
bäder etwas ganz ungewohntes, aber irgend welchen Schaden
verursachten sie nicht. Wir hatten gehofft, in vier Tagen
mit dem ganzen Bau fertig zu werden; allein es sollten
volle 14 Tage anstehen, bis wir endlich einziehen konnten.
Wohl waren der Boden und das Dach fertig, aber es
fehlte an dem ölgetränkten Papier, eine Art Linoleum,

das die Wände bilden sollte und mit dem wir auch das Bretterdach noch überdecken wollten. Bei solchen Regengüssen, wie sie in Florida auftreten, kann man des Guten zum Schutz gegen Nässe nicht genug thun. Das Linoleum war von St. Augustine verschrieben, kam aber erst nach zehn Tagen an. Wir hatten eine Nacht versucht, unter dem Dach, wie es war, zuzubringen, aber nur um in unsern Betten vollständig durchweicht zu werden. Unglücklicherweise zog sich in diesem Jahr die Regenzeit ungemein lange hin, es traten etliche vollkommene Regentage ein und sämtliche Ansiedler waren dazu verurteilt, in ihren Behausungen besseres Wetter abwarten zu müssen, da an eine Arbeit auf dem überschwemmten Lande nicht zu denken war. So saßen und lagen wir in dem engen Raum bei Smith thatenlos umher. An Nachmittagen und Abenden sammelten sich 8—9 Personen, die Elite der Kolonie, dort zusammen, die mit Erzählen ihrer Erlebnisse und mit Plänen für die Zukunft sich gegenseitig zu unterhalten und Mut zuzusprechen redlich bemüht waren.

An einem dieser Tage war es, daß meine Söhne mit einem Schlangenkopf nach Hause kamen, den sie den versammelten Ansiedlern vorlegten.

„Wie kommen Sie zu diesem Kopf?" frug der älteste, dem ich sofort das Entsetzen in seinen Mienen ansah, während alle andern ebenfalls erblaßten. „Wir trafen unterwegs eine etwa vier Fuß lange Schlange im Graben, verfolgten sie und schlugen sie mit einem Stock tot, zogen sie ans Ufer und schnitten ihr den Kopf ab."

„Sie können Gott danken, daß es so glücklich für Sie abgegangen ist," erklärte der Mann. „Dies ist die gefährlichste und gefürchtetste Giftschlange, die Moccassin, die es im ganzen Lande giebt. Zum Glück ist sie nicht so häufig. Aber, wenn Ihnen wieder eine solche begegnen sollte, gehen Sie ihr so schnell als möglich aus dem Weg oder greifen Sie dieselbe nur mit einer Schußwaffe an."

Nur einmal noch wurde eine sechsfüßige Moccassin von etlichen der Nachbarn erlegt und auch dann lief ein Schauer allen durch die Glieder. Die viel häufiger vorkommende Klapperschlange wird lange nicht so gefürchtet, wie diese schwarze, deren Biß in wenigen Augenblicken tötet. Der Kopf mußte sofort tief in den Sand vergraben werden, um Unglück zu verhüten.

Einmal hatten wir auch wieder ein aufregendes Zusammentreffen mit einer Klapperschlange. Wir fuhren in größerer Anzahl auf dem kleinen Frachtdampfer, auf dem die Produkte zur Bahn geführt wurden, durch einen der Seen unterwegs, als wir hundert Schritte vor uns eine ungemein große Klapperschlange über den See schwimmen sahen. Es sieht wunderschön aus, wenn eine solche Schlange mit stolz aufgerichtetem Kopf durchs Wasser dahingleitet. Der Steuermann lenkte das Schiff schnell so, daß es über die Schlange weggehen sollte, während einer der Ansiedler bereit stand, ihr mit einem langen Eisenbolzen einen Hieb auf den Kopf zu versetzen. Da das Boot nur einen Fuß über das Wasser hervorragte, war das Unternehmen sehr gefährlich. Wir fuhren richtig über die Schlange weg und der Mann schlug im Vorbeifahren nach ihrem Kopf, traf aber nur den Rücken. Zum Glück konnte das Tier nicht in die Höhe schnellen, weil das Boot über ihm stand, sonst wäre es leicht in einem Augenblick im Boot gewesen. So schwamm es ruhig dem Ufer zu. Es muß mindestens zehn Fuß lang gewesen sein und es war schade, daß uns ein so prächtiges Exemplar entging. Ein andermal fand ich eine sechs Fuß lange Klapperschlange tot im Bahngeleise liegen; der Zug hatte ihr den Schwanz mit den Klappern abgefahren.

2. Die Ansiedler von Pompano.

Die Gegend, in der Paftor Pohle seine Stadt Dresden anlegen wollte, hatte seither den Namen Pompano gehabt und behält ihn auch ferner bei, da die geplante Gründung nicht so bald ins Leben treten wird. Den Namen gab ihr der Landesgeometer, der für die Regierung und die Eisenbahngesellschaft das ganze Land vermessen hatte, und er wählte den Namen von einem ausgezeichneten Fisch, der gerade dort am Meer in großen Mengen vorkommt und bis nach New-York und Chicago versandt wird.

In Pompano, in der Dade Grafschaft, ließen auch wir uns nieder. Wir waren nicht die erften Ansiedler, aber doch machten wir mit einem neuen Teil der Gegend den Anfang mit Hausbau und Landkultur. Unser Auanasfeld war das erste, das daselbft angelegt worden war, und die andern Ansiedler wollten nur den Erfolg der erften Ernte abwarten, um dann unter Umftänden unserm Exempel zu folgen.

Sämtliche Ansiedler von Pompano wohnten zwischen ein und zwei Kilometer im Umkreis von einander. Nur nach Einer Ansiedlung hin konnten wir von unsrem Haus zu Fuß durch den Wald kommen; alle anderen mußten mit dem Boot besucht werden. Am Cypreß Creek, der früher ein kleiner Fluß ohne Mündung gewesen, durch den Kanal aber einen Abfluß in den Ozean erhalten hatte, wohnten die meisten der etwa 24 Ansiedler.

Zuerst war ein Junggeselle Smith, bei dem wir wohnten, von Norden gekommen. Das war zu einer Zeit gewesen, da der Kanal noch nicht gegraben war. Er kam aus gutem Haus; sein Vater, ein Arzt, starb während wir dort waren. Dieser hatte sich von seinem Sohn losgesagt, weil der letztere sich dem Trunk ergeben hatte.

Von Zeit zu Zeit verfiel der Mann ins Trinken. Dann
ließ er sich vom Norden Whisky kommen und trank tage=
lang in Einem Stück, bis nichts mehr vorhanden war.
Darauf konnte er wieder drei Monate lang ohne einen
Tropfen geistiger Getränke sein. Er war ungemein fleißig
und arbeitete für zwei, hatte auch die schönsten Ernte=
ergebnisse aufzuweisen. Gegen jedermann, besonders auch
gegen uns, war er stets liebenswürdig und allezeit bereit,
mit Rat und Hilfe beizuspringen, wie auch jeder Zureisende
in seiner Hütte Unterkunft finden durfte. Oft jammerte
er mir gegenüber über sein Laster, das er verabscheute,
und gegen das er doch so vergeblich ankämpfte. Meist
aber, und das muß zu seinen Gunsten gesagt werden, gab
irgend ein zugereister Fremder, der in seinem Haus Unter=
kunft gefunden hatte, Veranlassung dazu, daß er wieder
in sein Laster verfiel. Wenn der große hagere Mann
durch sein Feld dahinschritt, glich er von der Ferne einem
Storchen, welchen Namen wir ihm auch beilegten.

Mit ihm zusammen wohnte ein älterer Mann, ein
sonderbarer Kauz. Er hatte nach seiner Aussage einen
großen Orangengarten im Norden sein eigen genannt;
als aber im Jahr 1895 sämtliche Orangenanlagen er=
froren, war er zu Grund gerichtet nach dem Süden ge=
kommen und hatte mit dem wenigen Geld, das er noch
besaß, sich auf die Tomatenzucht geworfen. Wenn man
den Mann hörte, so hatte er jederzeit irgend ein Leiden,
bald war es das Herz, bald der Magen, die Lunge u. s. w.,
was nicht in Ordnung war. Als wir nach kurzer Zeit
herausgefunden, daß diese Angaben unwahr seien und
daß er nur als Taglöhner in einer Orangenplantage an=
gestellt gewesen war, sonst aber bei der Landesvermessung
als Handlanger mitgeholfen hatte, konnten wir ihm nicht
mehr trauen und hielten uns ziemlich ferne von ihm.

Ein junges Ehepaar mit zwei netten Knaben von drei und vier Jahren wohnte ganz am Meer. Der Mann war Geometer von Haus aus, hatte auch einiges da unten in seinem Fache verdient und sich nun ganz dort niedergelassen. Er wohnte mit seiner Familie in zwei Zelten recht ärmlich; von den Eltern der Frau, die im Norden eine kleine Farm hatten, kamen von Zeit zu Zeit erwünschte Zuschüsse. Die Frau war sehr fleißig und hielt ihren Haushalt säuberlich zusammen, war auch mit Bügeln und Flicken den unverheirateten Ansiedlern eine willkommene Hilfe.

Auf der westlichen Seite des Cypreß Creek, landeinwärts, hatten sich zwei deutsche Brüder niedergelassen, denen nach dem ersten Jahr ihres Dortseins ihr Häuschen samt allem, was sie besaßen, niederbrannte, indem die Indianer in der Nähe wieder einmal den Wald in Brand gesteckt hatten. Sie kamen von New-York, wo ihr Vater ein gutes Geschäft als Schmied betrieb, ein geborner Berliner. Die beiden sprachen deutsch und englisch gleich gut. Während der Wintermonate hatten sie ihre Mutter zu Besuch, welcher das südliche Klima sehr gut bekam und die jedesmal nach dem Rechten sah. Jede Woche bekamen die Brüder eine Kiste Proviant von New-York zur Freude auch der teilnehmenden Nachbarn.

Hart am Kanal und Cypreß Creek befand sich das Packhaus des Ansiedlers Smith, in welchem den Winter über zwei Neger einquartiert waren, und wo nächtliche Alligatorenjäger auch ihre Schlafstelle zu finden pflegten. Die Neger bebauten teils für sich selbst Land, teils liehen sie gegen Taglohn den Ansiedlern ihre Kräfte. Wenn die Zeit der Ernte kam, mußten sie sich in eine Palmettenhütte im Wald zurückziehen, da das Haus zum Verpacken und Verfrachten der Tomaten und sonstiger Produkte ge-

braucht wurde. Von hier gingen die regelmäßigen Expe-
ditionen nach Fort Lauderdale aus, und bei der Rückkehr
wurde man hier von der ganzen Kolonie in Empfang genommen.

Weiter unten am Kanal wohnte ein alter Herr, der
mit zwei weißen Männern zwei Häuschen gebaut und ein
groß Stück Land urbar gemacht hatte. Er war Kaufmann
im Norden gewesen; ein Lungenleiden aber hatte ihn gezwungen, seinen Aufenthalt im Süden zu nehmen. Nachdem im Januar seine Tomaten erfroren waren, ließ er
alles liegen und stehen und zog sich nach Nordfloriba zurück, wo seine Frau bis dahin für sich allein gelebt hatte.
Er blieb für uns verschollen.

Hart neben uns im Wald ließ sich die New-Yorker
Familie Fr. nieder, Mann, Frau und zwei Söhne, sechzehn und vierzehn Jahre alt, und Fritz Meyer, der Bruder
der Frau. Sie kamen vierzehn Tage nach uns herunter.
Es war ein nettes Zusammenleben und ein gemütlicher
Verkehr zwischen den beiden Häusern. Der Mann hatte
ein echt amerikanisches Leben hinter sich. In Deutschland
geboren und zum Musiker ausgebildet, war er schon mit
neunzehn Jahren in New-York an einem Opernhaus als
Orchesterleiter angestellt worden und hatte sich auch durch
Musikstunden einen Namen gemacht. Als die Oper ein-
ging, wurde er Kapellmeister eines New-Yorker Regiments,
und heiratete die Tochter eines Bankiers, der ihn ins
Geschäft aufnahm. Durch einen großen Krach in Eisen-
bahnaktien verloren sie ihr Vermögen; seine Frau und
sein einziges Kind starben und er fing an, Schiffsfrachten
von Europa her, noch auf dem Ozean schwimmend, auf
Spekulation anzukaufen; das eine Mal gewann er, das
nächste Mal ging alles wieder verloren. Er heiratete zum
zweitenmal, die Tochter eines Pastoren aus Bückeburg,

und richtete mit seiner Frau eine Fremdenpension ein, die
aber bald wieder aufgegeben werden mußte. Der Mann
wurde nun geschäftlicher Direktor eines großen New-Yorker
Hotels, während die Frau in Hoboken einen kleinen Laden
eröffnete. So fanden beide ihr geordnetes Auskommen,
als Pastor Pohle, mit dem sie persönlich bekannt geworden
waren, in ihnen die Lust erweckte, nach Floriba überzu-
siedeln. Sie machten so viel sie konnten zu Geld und
zogen mit dem Rest ihrer Hauseinrichtung nach Florida,
wobei sich der Schwager Fritz anschloß, dem vom Arzt
das südliche Klima empfohlen worden war.

Fr. fühlte sich nach den ersten Wochen seines Aufenthalts in Pompano höchst unglücklich. Die Arbeit auf dem
Feld behagte ihm, als ganz ungewohnt, durchaus nicht.
Die engen Wohnverhältnisse, das tägliche Brot Floribas,
sagten ihm ganz und gar nicht zu, und es kam manchmal
ein so trüber Geist über ihn, daß er dann seine ganze
Umgebung ansteckte. Das Unglück erreichte seinen Höhepunkt, als den Mann beim Fällen einer Pechtanne ein
schwerer Ast derselben derart auf den Kopf traf, daß er
bewußtlos nach Hause getragen werden mußte, und wir
meinten, er werde nicht mehr davon kommen. Arzt und
Apotheke giebt es da unten nicht; so that man, was man
konnte, bis von New-York Arznei geschickt wurde und zugleich der Rat, Fr. möge so bald als möglich borthin zurückkehren. Das geschah denn auch, so bald er reisefähig
war. Er wollte in New-York zunächst so viel verdienen,
um seine Familie nachkommen zu lassen, und dann wollten
sie alle wieder dort von neuem anfangen. Der Plan
wurde in dieser Weise ausgeführt, kurze Zeit nachdem ich
Pompano verlassen hatte. Die Familie aber war durch
ihren Zug nach Floriba in großes Elend geraten.

Zu den Ansieblern konnten wir auch den Bahnmeister

Richbourgh rechnen, der dreiviertel Stunden entfernt an
der Bahnlinie angestellt war, aber jeden Sonntag in der
Kolonie sich einzufinden pflegte. Bahnwärter giebt es an
der Linie nicht, wohl aber Bahnmeister, denen je von
sechzehn zu sechzehn Kilometer ein Haus errichtet ist, von
dem aus sie die Unterhaltung der Bahnstrecke zu besorgen
haben. Das Haus ist zweistockig mit fünf geräumigen
Zimmern, sehr schön und praktisch gebaut. Da unser
Bahnmeister Junggeselle war, so hatte er Platz genug
zum Wohnen. Er wollte von Anfang an, daß wir zu ihm
ziehen sollten, zumal unser Ananasfeld auch dort außen
lag. Allein die Wohnung hatte einen großen Übelstand:
sie wimmelte in einer solchen Weise von Flöhen, daß z. B.
in den oberen nicht benützten Zimmern diese Tiere in
¼ Zoll dicken Lagen an den Wänden zu finden waren!

Dem Bahnmeister sind sechs Neger untergeben, die
alle zusammen in einem Holzhaus sechzehn Fuß lang und
zehn Fuß breit wohnen, kochen und schlafen. Diese Neger
besorgen die Arbeit an der Linie gegen einen ständigen
Taglohn von 3 Mark 60 Pfennig. Morgens um sechs
Uhr wird auf einem Rollwagen an den Ort der Tages-
arbeit gefahren; dort wird um zwölf Uhr abgekocht; um
sechs Uhr ist Feierabend. Der Bahnmeister sitzt am Rand
der Linie mit Büchse und Revolver bewaffnet und giebt
die Arbeit an, während die Neger ihre Arbeit unter be-
ständigem Singen verrichten, das reinste Sklaventum. Der
Bahnmeister stammte aus einer französischen Hugenotten-
familie in Georgia, wo sein Großvater seinerzeit fünfhundert Sklaven besaß; durch die Freierklärung der Sklaven
verlor die Familie ihren ganzen Besitz. Der noch junge
Mann ist seit Eröffnung der Bahn hier in Florida angestellt,
hat sich aber schon so viel erspart, daß er im Norden eine
Farm kaufen will, um auch wieder unter Menschen zu sein.

Die Neger an der Bahnlinie wurden auch als stimm=
berechtigt angenommen, als es galt, ein Gesuch an die
Postdirektion in Washington zu richten, um ein eigenes
Postamt nach Pompano zu bekommen. Sie brachten die
Zahl der Ansiedler auf zwei Dutzend.

Als vor vier Jahren die Bahn der Küste entlang
gebaut wurde, verwendete man dazu Neger, die wegen
irgendwelcher Vergehen bestraft worden waren. Es giebt
nämlich in Florida keine Gefängnisse, in denen Verbrecher
ihre Strafe erstehen könnten; sondern Verurteilte werden
gegen Verköstigung an Unternehmer vermietet, die irgend
größere Werke auszuführen haben. So war es beim
Bahnbau gewesen. Da man mit Recht fürchtete, die Neger
könnten bei Nacht in Scharen auf und davon gehen, wenn
ihnen die Arbeit nicht mehr gefiel, so errichtete man von
Bäumen einen Verschlag, dreißig Fuß hoch, hundert Fuß
lang, dreißig Fuß breit, oben offen, an der schmalen Seite
mit einer Thüre versehen. Die Baumstämme wurden einer
neben dem andern senkrecht in den Sand eingerammt und
abends trieb man die ganze Negerschar durch die Thüre
hinein in die Umzäunung, vor welcher etliche Weiße die
ganze Nacht über mit geladenen Gewehren Schildwache
standen, wie auch tagsüber die Neger an der Bahnlinie
stets vor der Mündung der Gewehre ihre Arbeit verrichten
mußten. Überhaupt genießt der Neger wenig Achtung in
Florida. Die meisten von ihnen, die so weit nach dem
Süden kommen, haben im Norden irgendetwas verbrochen,
was sie nötigte, durch die Flucht der Strafe sich zu ent=
ziehen und in der Fremde einen anderen Namen anzu=
nehmen. Geschlechtsnamen haben sie eigentlich nicht, sondern
nur Rufnamen.

Wie weit der Haß der Weißen gegen die Neger geht,
möge folgendes Ereignis beweisen. Zur Belohnung für

geleistete Dienste bei der Wahl des letzten Präsidenten der
Vereinigten Staaten sollte ein Neger in einem kleinen
Ort im Norden von Floriba die Stelle eines Postmeisters
erhalten. Die Bezahlung dafür besteht gewöhnlich darin,
daß derselbe im ersten Jahr für vierzig Dollars Brief-
marken unentgeltlich erhält, die er als seinen Lohn verkaufen darf, also gewiß eine höchst bescheidene Anstellung.
Als im Ort bekannt wurde, ein Schwarzer solle Postmeister werden, schickten die Weißen eine Eingabe an die
Regierung, die Ernennung möge rückgängig gemacht werden.
Das half aber nichts. Nunmehr wurde der Neger mehreremale gewarnt, die Stelle anzunehmen und ihm mit dem
Tode gedroht. Er nahm aber doch an und kurze Zeit
darauf wurde er mit seiner ganzen Familie, im ganzen
sieben Personen, meuchlings erschossen. Die Mörder gingen
frei aus.

Noch Ein Mann muß hier genannt werden, der zwar
nicht in Pompano ansässig war, der überhaupt keinen
bleibenden Wohnsitz hatte, dafür aber in ganz Floriba
die bekannteste Persönlichkeit geworden ist, der „Alligator-
Joe“. Seinen Geschlechtsnamen haben wir nie erfahren,
wir nannten ihn eben auch „Joe“. Den Beinamen „Alligator“ hat er davon erhalten, daß er der gefeiertste Alli-
gatorjäger in Floriba ist. Joe ist ein junger Mann von
etwa 28 Jahren; seine Mutter war eine Deutsche gewesen,
aber bald gestorben. Seinem Vater entfloh er schon als
Knabe, als er zur Schule gehen sollte und sich doch für
die Freiheit bestimmt glaubte. Seitdem hatte er alle
Gewässer von Floriba mit seinem Kanoe befahren, ist der
beste Freund der Indianer, deren Schlupfwinkel und
Niederlassungen er genau kennt, hat Jahr für Jahr in
den großen Hotels des Ostens während der Winterzeit den
Kurgästen als Wegweiser auf ihren Alligatorenjagden ge-

dient, kurz ist überall bekannt und als ein sehr ordentlicher, freundlicher Mensch auch gerne gesehen. Wiederholt im Laufe der Monate stellte er sich auch bei uns ein und hatte immer etwas Neues zu zeigen oder zu erzählen. Er versorgte eine Menge großer und kleiner Menagerien Amerikas mit lebenden Alligatoren, deren Fang er ausgezeichnet versteht, zu dem aber eine große Gewandtheit und viel Mut gehört. Bei Nacht fährt er ganz allein einen Fluß hinauf, zündet an der Spitze seines Kanoes eine Laterne an und späht aus, bis er ein Tier nach Wunsch im Schlamm des Ufers liegen sieht. Durchs Licht geblendet bleibt das Tier regungslos an Ort und Stelle. Mit einem Sprung vom Boot aus sitzt ihm der Mann mitten auf dem Rücken, drückt es in den Schlamm fest, zieht einen Strick um seinen Leib zwischen den Vorderfüßen und bindet ihm mit einem Tuch den Rachen zu. Als wir einen Besuch in Miami unten machten, trafen wir daselbst Joe mit lebenden Krokodilen. Er hatte schon etliche Monate vorher gesagt, daß er eine ganze Familie dieser nicht sehr häufigen Bestien bei der Biscayne-Bai holen werde. In einer Nacht fing er das Männchen und Weibchen, beide zwanzig Fuß lang, und fünf Junge, erst acht Tage alt, nebst einem ganzen Korb voll nicht ausgebrüteter Krokodileier. Die Tiere lagen in einer Hütte zur Schau, das Maul mit einem Taschentuch zugebunden und mit einem Strick um den Leib an einem Pfosten befestigt. Beim Fangen hatte ihn eines der alten Krokodile am Ballen der rechten Hand mit einem Zahn' unbedeutend gerissen. Niemand weiß, wo der Mann jeweilen hingeht. Über kurz oder lang wird er nicht mehr zurückkommen von seinen gefährlichen Jagdausflügen, und wie und wo er verunglückt ist, wird man nie erfahren!

3. Das Land und sein Gewächs.

Man unterscheidet überall drei Bodenarten.

Am wenigsten häufig und ausgedehnt im Süden von Floriba ist das sogenannte Hammockland, d. h. ein humusreicher mit hohem, dichtem Wald, zumeist mit Eichen bestandener Boden.

Dann kommt das Muckland, unserem Moorboden etwa entsprechend, und als dritte Art das am weitsten ausgedehnte Pineland, Sandboden, hauptsächlich mit Nadelhölzern bewachsen. Jede dieser Bodenarten erfordert besondere Bebauung und liefert ihre eigentümlichen Früchte, die in einem andern Boden entweder gar nicht oder nur sehr gering gedeihen. Man sieht schon zum voraus, daß eine große Mannigfaltigkeit von Gewächsen möglich ist, ganz besonders in einer Gegend, wo dem Ansiedler alle drei Bodenarten zur Verfügung stehen.

Das Hammockland erhebt sich inselartig zwischen den Fichtenwäldern und Sümpfen, und ruht auf erhöhten Korallenriffen, die sich besonders auch an den Ufern der kurzen Flüsse gebildet haben. Dieses Land urbar zu machen, kostet manchen Tropfen Schweiß; denn die Baumwurzeln sind so stark und so miteinander verwachsen, daß es langer, geduldiger Arbeit bedarf, ein Stück zur Anpflanzung herzurichten. Dann aber ist es auch ein ungemein fruchtbares Land, auf dem namentlich Orangen, Zitronen und Bananen ganz vorzüglich gedeihen. Die Bananen tragen im dritten, die andern Bäume im fünften Jahr Früchte. Die Orangenbäume erlangen eine Krone mit fünfundzwanzig Fuß Durchmesser, gleich unseren einheimischen Apfelbäumen.

Das Muckland bildet ein Zwischending zwischen Marsch- und Moorland. Es ist neues, durch Verwesen von Pflanzen

und sauren Gräsern gebildetes Sumpfland, das sich etwa
einhalb Kilometer vom Meer entfernt stundenlang in einer
Breite von ein bis zwei Kilometer hinzieht. Schachtel-
gräser von mehr als Mannshöhe bedecken den sumpfigen
Boden, der unter dem Einfluß von Ebbe und Flut steht
und in der Regenzeit seiner ganzen Ausdehnung nach mit
Wasser bedeckt wird. Durch diesen ganzen Landstrich wurde
ein hundert Kilometer langer Kanal gegraben, um eine
Entwässerung und dadurch Kultivierung von hunderttausenden von Morgen herbeizuführen. Und das Resultat
hat den Erwartungen entsprochen. Das auf diese Weise
gewonnene Land ist ungemein fruchtbar und für Garten-
gewächse, hauptsächlich die Tomate, ausgezeichnet geeignet.

Die Art und Weise, wie dieses Land urbar gemacht
wird, ist folgende: Zunächst wird das Gras mit einer
scharfen Hacke über dem Boden abgehauen, und wenn
trocken, auf einem Haufen verbrannt. Dann geht man
wieder über das Land und hackt die Wurzeln heraus, die
bei manchen Grassorten sich drei bis fünf Meter lang nach
allen Seiten hin verzweigen. Eine fast nicht auszurottende
Spitzgrassorte, malden-cane, macht hiebei viel zu schaffen;
jedes kleine Stück dieses Grases schlägt von neuem aus
und wird zum Mittelpunkt eines engverwachsenen Gras-
nestes, das in der nächsten Regenzeit sich aufs üppigste aus-
breitet. Sind alle Wurzeln beisammen, so werden sie verbrannt. Nun erst wird das Land zur Anpflanzung be-
hackt, wobei man aber nicht tiefer als fünfzehn Zentimeter
gehen darf, um nicht zu viel sauren Boden auf einmal
an die Oberfläche zu fördern. Von Jahr zu Jahr kann
tiefer gehackt werden und die Fruchtbarkeit wird dadurch
ungemein gesteigert.

Ist das Land soweit fertig, so beginnt die Arbeit
des Drainierens. Um einen Morgen Land werden im

Viereck und dann durch die Mitte durch Gräben von zwei-
einhalb Fuß Tiefe und drei Fuß Breite gegraben, um das
Land zu entwässern; eineinhalb Fuß tiefe und ebenso breite
Gräben werden durch das Land in geraden Linien auf die
Hauptgräben hin gezogen. Um aber einen Abfluß für alles
Wasser zu bekommen, ist noch nötig, durch die Kanalbank
einen Durchlaß zu erhalten, durch den das gesammelte
Wasser dem Kanal zugeführt werden kann. Da diese
Kanalbank durchschnittlich 10 Fuß hoch und 30 Fuß breit
ist, so ist es keine geringe Arbeit, dieselbe zu durchstechen,
zumal da man gewöhnlich auf zahlreiche Korallenfelsstücke
stößt, die bei der Ausbaggerung des Kanals herausgeworfen
und mit nachfolgendem Sand zugedeckt wurden. Um zu verhindern, daß im nächsten Jahr das Unkraut wieder so
stark auftrete, als es im Urzustand war, wird nach der
Ernte das ganze Land mit einer besonderen Sorte Bohnen,
velvet beans, eingesäet. Es genügt, diese Bohne in Reihen
acht Fuß von einander und im Abstand von einem Fuß
zu legen. In der Regenzeit bedeckt sich das ganze Land
mit einer fußhohen, saftigen Decke, die grün untergehackt
wird und zugleich als gutes Düngmittel dient. Sonst
läßt sich diese grobe, reichtragende Bohne auch als Vieh-
futter und zur Schweinemast wohl verwerten. Unter der
dichten Hülle gedeiht kein Unkraut mehr.

Das Land muß, wenn die Regenzeit es erlaubt, bis
Mitte Oktober zugerichtet sein, damit das Pflanzen sofort
beginnen kann. Auf diese Weise läßt sich für die Weih-
nachtszeit eine Ernte erzielen in Bohnen, Gurken und
Kartoffeln. Es ist geradezu erstaunlich, wie rasch einzelne
Gemüse wachsen. Acht Tage nachdem der Gurkensame
gelegt ist, steht die Pflanze schon mit vier starken Blättern
da; Bohnen werden sechs bis sieben Wochen nach der Aussaat gepflückt. Und wie üppig gedeihen einzelne Gemüse!

Solche Krautköpfe habe ich nirgends sonst gesehen, wie in Florida; weiße Rüben, durchaus gesund und hart, wurden zwölf bis sechzehn Pfund schwer, Zwiebeln von Bermuda wogen bis zu zwei Pfund das Stück; Wassermelonen von köstlichem Geschmack und zuckersüß konnte man nur von fünfundzwanzig Pfund an per Stück mit Gewinn verschicken; sie wogen bis zu sechzig Pfund. Kartoffeln werden zuerst Ende Dezember und anfangs Januar geerntet und derselbe Boden giebt im März bis April die zweite Ernte, worauf für den eigenen Gebrauch zum drittenmal Kartoffeln gesteckt und im Juli geerntet werden. Ein Verschicken würde sich dann nicht mehr lohnen.

Die Hauptpflanze aber ist die Tomate. Der Verbrauch von Tomaten, teils in frischem Zustand, teils als Konserve, ist in den Vereinigten Staaten ein ganz ungeheurer. Von Februar an erfolgt die Versendung nach dem Norden in großem Maßstabe. Schon vorher, an Weihnachten und Neujahr ist die Nachfrage in den Städten des Nordens eine große; allein wegen der dort herrschenden Kälte ist das Verschicken aus dem Süden mit Risiko verbunden. Die zarten, saftreichen Früchte erfrieren sehr leicht unterwegs. Man rechnet 2500 Pflanzen auf einen Morgen Land. Zuerst, im Oktober, werden die Saatbeete angelegt und nach Weihnachten findet das Auspflanzen statt. Sind die Pflanzen angewachsen, so hat man nichts mehr zu thun, als etlichemale mit Kunstdünger nachzuhelfen und alle acht oder vierzehn Tage mit dem leichten Handpflug, dem sogenannten Kultivator, zwischen den Pflanzen durchzufahren, um dem Erdreich Licht und Luft zuzuführen. Gegen den Mehltau und den Hauptfeind der Tomaten, eine graue, gefräßige Raupe (Cut-worm), wendet man Pariser Grün mit Welschkornmehl vermischt an.

Wenn die Tomaten anfangen, sich rot zu färben, müssen sie gepflückt werden. Kommen sie dann nach fünf- bis sechstägiger Fahrt in Newyork oder Philadelphia an, so haben sie ihre volle Reife erlangt. Natürlich schmeckt eine solche Tomate nie so köstlich, als eine vollständig reife Frucht vom Strauch gebrochen. Das Verpacken ist sehr mühsam. Je nach der Größe werden eine oder zwei in ein viereckiges Stück weißes Papier gewickelt und sie so in leichte Holzkörbchen gelegt, deren jedes etwa dreißig Tomaten faßt. Zwölf solcher Körbchen kommen in ein aus Leisten gefertigtes Kistchen, in das sie so genau passen, daß ein Hin- und Herrücken während des Transports unmöglich ist. Dann werden sie zur Bahn nach Fort Lauderdale verbracht und zwar auf einem kleinen Dampf- boot, das während der Erntezeit den Pflanzern zur Ver- fügung steht und drei- bis viermal in der Woche dorthin fährt. So lange die Preise im Norden hoch stehen, ist die Sache gut. Sobald aber die Florida zunächst gelegenen nördlichen Staaten auch Tomaten verschicken können, also von Mitte Mai an, ist es mit dem Gewinn vorbei, denn die Fracht auf der Ostbahn von Florida ist eine unsinnig hohe und durchaus nicht dem Bestreben förderlich, Ansiedler nach dem Süden anzuziehen. Da faulen dann Tausende und Abertausende gerade der schönsten Früchte am Stock und werden samt diesem als Düngmittel in den Boden eingehackt. Während der so kurzen Erntezeit geht die Arbeit beinahe Tag und Nacht fort und finden fremde Zuzügler stets lohnenden Verdienst.

Die dritte Bodenart ist das Pine- oder Föhren-Land, das sich überall an das Muckland dem Innern des Landes zu anschließt. Da ist keine Spur von Humus sichtbar, sondern so weit das Auge reicht, nichts als Sand. Allein wenn es gewöhnlicher Sand wäre, wie ihn das Meer an der Küste ablagert, wäre mit dem Land nichts anzufangen, das doch für die Zukunftsfrucht Südfloridas, die Ananas, so überaus günstig ist. In Amerika heißt diese Frucht Pine-apple, Föhrenapfel, weil die Form derselben einem Föhrenzapfen ähnelt. Der Sand ist vermischt mit Kalk von verwitterten Schalen und etwas Dammerde, und so kompakt, daß er die Feuchtigkeit lange Zeit festhält und, selbst wenn es beinahe drei Monate nicht regnet, noch feucht genug bleibt, um den wurmartigen Wurzeln der Ananas Nahrung zuzuführen. Sonst ist diese Pflanze auf den Nachttau angewiesen, der an den harten stacheligen Blättern ins Herz der Pflanze hinabtrieft und von da zu den Wurzeln gelangt.

Das Pine-Land im Urzustand ist neben allerlei niedrigen Sträuchern, wie Heidelbeeren, Brombeeren, Lorbeeren, Rosen, hauptsächlich mit Föhren und Palmetten dicht bewachsen. Von den letzteren ist die gegen zwanzig Fuß hohe Kohlpalmette, oder Gemüsepalmette, sehr nützlich; man fällt den Baum und nimmt das innerste Mark heraus, das gekocht wie Spargel schmeckt. Sie zählt dort unten nach Hunderttausenden. Dagegen ist die Sägepalmette ein schwer auszurottender Baum. Der schuppenartige Stamm kriecht am Boden hin, sich mit tausend Wurzeln immer wieder festsaugend. Nur am äußersten Ende steht eine Krone von fächerähnlichen, zollbreiten, zähen Blättern. Die kleinen Früchte können zur Bereitung eines Syrups verwendet werden, dienen aber größtenteils den Haselhühnern und wilden Kaninchen zur Nahrung.

Wenn das Land von allem Holz und Strauchwerk gesäubert ist und auch die Wurzeln so gut als möglich entfernt sind, wird dasselbe ganz eben hergerichtet; die Feuchtigkeitsverhältnisse dulden keine Erhöhungen und Vertiefungen. Von Mai bis September wird angepflanzt. Man nimmt dazu Ableger. Wenn die Ananas Frucht

getragen hat, stirbt die Pflanze ab; aus der Wurzel aber
wachsen ein bis zwei Schosse, sogenannte Suckers, die in
den Boden gesteckt, schon im nächsten Jahr Frucht bringen;
mehr als Eine Frucht trägt eine Pflanze nicht. An der
Frucht selber aber wachsen vier bis sechs junge Schosse,
Slips genannt, die ebenfalls in den Sand gesteckt werden,
aber erst im zweiten Jahr ihre Frucht bringen. Endlich
kann man die Krone, die auf der Frucht sitzt, einpflanzen,
erhält dann aber erst im vierten Jahr eine Frucht. Auf
einen Morgen Land rechnet man von der gewöhnlichsten
Sorte 12000 Pflanzen; von den größeren und feineren
7000 Stück. Zweimal im Jahr erhalten diese Kunstdünger,
der auch ins Herz der Pflanze gestreut wird, besonders
auch deshalb, um dem Hauptfeind der Ananas, der roten
Spinne zu wehren, die mit ihrem Gespinnst sämtliche
Blätter dicht zusammenschnürt, daß die Pflanze abstirbt.
Jeden Monat geht man zwischen den zwei Fuß aus=
einander stehenden Pflanzen mit einem flachen Eisen durch,
mit dem man den Sand auflockert und die Wurzeln des
Unkrauts abstößt. Wenn das Feld ins Blühen kommt,
ist es so dicht bewachsen, daß man nur noch mit Leder=
schürzen darin arbeiten kann, da die spitzigen Blätter durch
den dicksten Kleiderstoff gehen. Von Mai bis Juli ist
Ernte. Auch diese Früchte werden in eigens geformte
Kisten, die 24—36 Stück fassen, verpackt und nach dem
Norden gesandt. Die kleineren Früchte, die auf dem Markt
keine Verwertung finden, werden in die Fabriken geliefert,
um da eingemacht und als Konserven in alle Welt ver=
schickt zu werden, oder aber werden sie als Düngmittel
verwendet. Von 100 Pflanzen darf man auf 70—75
Stück rechnen, und schon im Jahr 1896 wurden mehr
als drei Millionen Kisten Ananas von Floriba aus nach den
Städten im Norden verfrachtet.

Wie in andern Ländern der Erde, so waren auch in Floriba in den letzten Jahren die Witterungsverhältnisse ganz merkwürdige. Eine kurze Kälte von 1° R. am 1. Januar 1898 ertrugen die Ananas insofern, als nur die Blätter erfroren, während das Herz gesund blieb. Die Pflanzen erholten sich wieder. Im Februar 1899 aber trat eine mehrtägige Kälte von 2—4° R. ein und die Pflanzungen selbst im Süden, bis Miami hinunter, wurden in einer Weise verwüstet, daß ein Teil der fleißigen Ansiedler gezwungen war, das Land wieder zu verlassen.

4. Allerlei Jagd in Pompano.

Die Jagd auf den ersten Alligator war für alle Beteiligten eine höchst interessante und aufregende.

Am ersten Sonntagmorgen nach Vollendung des Hausbaus, als wir nach angestrengter Wochenarbeit uns des neuen behaglichen Besitzes erfreuten und unsere heimatlichen Zeitungen lasen, stürmte einer der Nachbarjungen herein: „Ein Alligator — drunten an der Brücke.“

So nannten wir die drei unbehauenen Fichtenstämme, die wir als Steg über das zehn Fuß breite Flüßchen gelegt hatten und über die vom Kanal aus sämtliches Baumaterial für die Häuser unter viel Beschwerlichkeit hatte getragen werden müssen. Manchmal war einer der Träger auf den runden Stämmen ausgeglitten und bis an die Hüfte in Wasser und Schlamm geraten, bis endlich der Steg durch etliche aus dem Meer gezogene Balken ersetzt wurde.

Dort sollte der Alligator liegen. Also schnell die Gewehre von der Wand, während Meyer seinen Revolver und eine ganze Schachtel Munition auf einmal holte. In zwei Minuten waren wir an der Brücke, wo das Tier

im seichten Wasser ruhig lag. Es war ein schöner Kerl
von neun Fuß Länge, der uns mit seinen kleinen Augen
anklotzte.

Auf zwei Meter Entfernung gab ich einen Kugel-
schuß von der Brücke herab auf ihn ab. Aber die Kugel
schlug hinter dem Kopf auf den Panzer, wo er gerade
am stärksten war und prallte ab ohne weiteren Eindruck,
als daß das Tier langsam das Bächlein hinunter sich
weiterschob. Ich blieb auf der Brücke, während M. und
E. mit ihren Schußwaffen durch das beinahe mannshohe
Gras hinabsprangen, um dem Flüchtling den Weg zu ver-
sperren. Während des Laufens aber schoß M. sämtliche
sechs Revolverläufe ab, teils traf er gar nicht, teils
schadeten die Schüsse dem Dickhäuter nicht, während E.
demselben einen Schuß durch den Schwanz beibrachte, der
es zur Umkehr veranlaßte. Da auf einmal verschwand
M. unter großem Hilfegeschrei vor unseren Augen. Er
war in einen seitlichen Graben, den er bei dem hohen
Graswuchs und in der Aufregung der Jagd nicht
beachtet hatte, gesunken. Bis an die Achseln stak er im
Wasser und Sumpf und eben jetzt schwamm das angeschossene Tier langsam auf ihn zu. Die Gefahr für M.
war keine kleine. Ich rief ihm von meinem erhöhten
Standpunkt aus zu, sich auf den Bachrand zu wälzen,
während E. ihn von hinten packen und zurückreißen konnte.
Kaum lag er über dem Rand, als das Tier schon neben
ihm erschien, dem er liegend eine Revolverkugel nach der
andern ins Maul schoß, ohne weitere Wirkung. Ich rief
M. zu: „ruhig liegen bleiben, ich schieße," und schoß der
Bestie eine Kugel mitten zwischen die Augen. Ein Ruck
und es lag tot auf dem Rücken, zwei Fuß von M. entfernt. „Gottlob," kam es von unsren Lippen. Eine völlige
Abspannung überkam uns unerfahrene Jäger nach diesen

aufregenden, gefährlichen Augenblicken. Es war die größte
Unvorsichtigkeit gewesen, dem Alligator in seinem Element
unter so ungünstigen Verhältnissen nachzugehen und hätte
großes Unglück bringen können. Wir haben seither noch
manchen Alligator geschossen, aber vom festen Standpunkt
aus, und dabei immer gefunden, daß eine Kugel zwischen
die Augen das stärkste Tier in einem Augenblick tötet.
M. erhielt als Siegespreis das Fell des Alligators,
während der Kadaver eine Beute der Aasgeier wurde, die
in zwei Tagen so damit aufräumten, daß nur die nackten
Knochen übrig blieben.

Die Aasgeier sind eine wahre Wohlthat für das
ganze Land, sie bilden gleichsam die Gesundheitspolizei.
Denn wo ein Aas, selbst das kleinste, liegen mag, da
sammeln sich diese Geier und in kürzester Zeit ist nichts
mehr davon vorhanden. Darum wird niemand einen Aasgeier erschießen, zumal mit der Beute nichts anzufangen
ist. Eigentümlicher Weise verschwanden fast sämtliche
Aasgeier kurze Zeit nachdem es mit dem Krieg auf Kuba
Ernst geworden war. Ob sie dort mehr und bessere Beute
fanden?

Die Neger am Cypreß-Creek, die große Liebhaber des
Fleisches vom Opossum waren, während die Weißen dasselbe verabscheuten, hatten uns gleich anfangs geraten,
Holzfallen zu machen, um die Tiere bei Nacht zu fangen.
Auf diese Weise gelang es uns, manches derselben zu
fangen. Die Fallen bestanden einfach aus einer Holzkiste
mit einer Fallthüre. Hinten hinein wird ein Stück Fisch
gelegt, nach dem diese Tiere sehr lüstern sind. Auf Hühner
sind diese virginischen Beutelratten ungemein aus, wie
auch unsrem Nachbarn in einer Nacht elf Hühner von ihnen
getötet wurden; sie saugen nur das Blut aus und lassen die
toten Hühner liegen. Einmal fanden wir am Morgen ein

noch ganz junges Tierchen in der Falle, das wir nicht töten
mochten, weil es so nieblich war. E. unternahm es, das
Opossum zu zähmen, und in etlichen Tagen war es im Haus
ganz heimelig geworden, fraß aus der Hand und hing oft
stundenlang an seinem langen Schwanz von einem Quer=
balken im Zimmer herab. Bei Nacht hielten wir es an
einer Schnur vor dem Haus angebunden. Einmal hörten
wir in der Nacht einen Lärm, als wir am Morgen nach=
sahen, war die Schnur durchgenagt und das Tierchen
verschwunden; seine Mutter hatte es befreit. Eigentümlich
ist diesem Tier, daß es sich tot stellt, wenn es verfolgt
wird. Man kann es in die Hand nehmen, ohne daß es
sich rührt; glaubt es sich sicher, so eilt es davon. Seine
Größe ist die einer recht großen Hauskatze.

Eine traurige Jagd sollten wir miterleben. Eines
Morgens, als wir eben auf dem Ananasfeld an der Bahn
beschäftigt waren, kamen zwei junge Amerikaner, die aus
dem Zug von Miami ausgestiegen waren, und frugen, ob
wir nicht Lust hätten, uns ihnen für den Tag zu einer
ausgedehnteren Jagd, teils auf Hirsche, teils auf Alliga=
toren anzuschließen. Besonders hatten sie es auf den Fang
von ganz jungen Alligatoren abgesehen, die sie mit in ihre
Heimat nehmen wollten, wo sie von den Damen des Hauses
als Kuriosität im Zimmer gehalten werden. Sie hielten
sich während der Wintermonate in Miami auf, die meiste
Zeit mit Jagd und Fischfang beschäftigt. Für diesen Tag
hatten sie eine Anzahl Indianer gemietet, die den Stand=
ort des Wildes kannten und ihnen als Treiber dienen
sollten. Da diese von einem reichen Wildstand in der
Nähe der Everglades gesprochen hatten, so hofften die
Männer, die Jagd werde reiche Beute bringen.

Wir hatten nur ein Gewehr mit aufs Feld genommen
und somit konnte sich nur einer wirklich an der Jagd be=

teiligen; denn Treiberdienste zu thun oder nur zum Zeit=
vertreib mitzugehen und zuzuschauen mochten die anderen
nicht. Zunächst wurde mit den Indianern fünf Kilometer
nach Westen durch die Prärie marschiert, wo die Indianer
auf ein kleines Wäldchen wiesen, hinter welchem die Hirsche
weiden sollten. Sie wollten im Bogen die Herde umgehen
und dann den Schützen entgegentreiben, die sich in der
Ebene bis an den Cypreß=Creek hin aufstellen und das
hereinbrechende Wild empfangen sollten. Die Jäger stellten
sich auf und warteten ruhig, bis sie zum Schuß kommen
würden. Die Indianer zogen indes in großen Bogen um
das Gehölz herum, und nach dreiviertelstündigem Warten
ertönte der langgezogene Jagdruf derselben: Ha=o=i, Ha=o=i!
In wilder Flucht kam das Rudel auf die Jäger ange=
stürmt, die eben noch Zeit hatten, loszudrücken, als sie
schon von den Tieren überrannt und zu Boden gerissen
wurden. In einem Augenblick war alles vorüber; zwei
Hirsche lagen erlegt da; die Indianer schätzten das Rudel
auf sechzig Stück.

Da eine weitere Jagd auf Hirsche aussichtslos war,
wurde beschlossen, nach Alligatoren zu suchen, und schlug
man deshalb die Richtung nach dem Cypreß=Creek ein,
wo sich in dem flachen, schlammigen Wasser oft eine Menge
dieser Tiere aufzuhalten pflegen. Auch jetzt wollten die
Indianer als Treiber von oben her dienen und sollten die
Amerikaner unten sich aufstellen, wobei ihnen noch besondere
Vorsicht wegen der dort häufigen Klapperschlangen anem=
pfohlen wurde. In der That wimmelte es in diesem Teil
des Flusses von allen möglichen giftigen und ungiftigen
Schlangen, die in großen Knäueln in einander geflochten
zu sehen waren. Die zwei Männer hielten sich zu einander
und suchten eine Stelle mit weniger hohem Gras, um
bessere Treffgelegenheit zu finden. Die Indianer zogen

bem Fluß entlang unb fanden auch brei junge eineinhalb
Fuß lange Alligatoren, bie mit weit aufgeſperrtem Rachen
ben Feinb erwarteten. So ein kleiner Alligator iſt ein
brolliges Tier, bas nur aus Maul unb Schwanz zu be-
ſtehen ſcheint, wenn es auf bie Vorberbeine hoch aufgerichtet unb auf ben Schwanz geſtützt, mit offenem Rachen
ben Angreifer grimmig anfaucht.

Eben hatten bie Inbianer bie Tierchen ergriffen unb
ihnen bas Maul mit einer Schnur zugebunben, ba erſcholl
ein furchtbarer Angſtſchrei von ber Stelle her, in ber bie
Amerikaner ſtehen mußten. So ſchnell als möglich eilten
bie Inbianer zurück unb fanden beibe Männer im Gras
hingeſtreckt. Sie waren von Klapperſchlangen gebiſſen
worben. Der eine hatte in furchtbarer Entſchloſſenheit
ſofort, nachbem er in bie Wabe gebiſſen war, ſein Jagb-
meſſer genommen unb ſich ein großes Stück Fleiſch um
bie Bißwunbe her weggeſchnitten unb bie Wunbe bluten
laſſen. Seine Kräfte ſchwanben unb es war höchſte Zeit,
baß Hilfe erſchien. Der anbere war an ber Seite bes
Schienbeins gebiſſen, hatte aber nicht ben Mut, wie ſein
Freunb, bie Wunbe auszuſchneiben unb lag nun in großen
Schmerzen beinahe bewußtlos ba. So ſchnell als möglich wurbe bas Bein oberhalb bes Kniees eingeſchnürt, ſo
feſt, baß kein Blut mehr nach oben zirkulieren konnte,
unb ihm mehreremale tief in bie Wunbe geſchnitten. Das
Blut floß wohl reichlich, aber bie Hilfe kam zu ſpät! Nach
zwei Stunben war ber junge Mann eine Leiche! Den
Verwunbeten trugen bie Inbianer ſo gut es ging auf
Baumſtämmchen nach ber Station Pompano zurück, wohin
ſie benn auch ben Leichnam ſeines Kameraben holten.
Mit bem Abenbzug wurbe bie Rückreiſe nach Miami an-
getreten, unb mit tiefer Erſchütterung erfuhren bie um-
wohnenben Anſiebler von ber ſo unglücklichen Jagb. Wie

wir später hörten, ist der Verwundete nach längerem ge-
fährlichem Kranksein genesen und dann sofort in seine
Heimat im Norden abgereist.

Aufs neue war diese traurig endende Jagd eine
Mahnung zur Vorsicht, besonders in solchen Gegenden,
wo noch wenig Land kultiviert ist. Man giebt den Rat,
beim Biß einer Giftschlange sofort und so viel als möglich Cognac oder sonstigen Branntwein zu trinken. Das
Fatale aber ist, daß man in der Gegend gar keinen Cognac
haben kann, auch nicht auf jedem Gang solchen mit sich
führen möchte. Möglich, daß der Genuß von gebrannten
Wassern gegen das Schlangengift hilft. Die Ansiedler
in Florida aber meinen, man soll nur Cognac trinken,
bis man tot sei! Sie wollen damit sagen: sterben muß
man doch, trotz des Cognacs; es ist aber besser, sich und
die Schmerzen durch denselben zu betäuben, bis der Tod
ein Ende bringt! Jedenfalls ist das Ausschneiden der
Wunde das allerbeste Mittel gegen den Tod, aber Mut
gehört dazu, den nicht jeder hat.

Ganz merkwürdig ist, daß die Indianer, die doch stets
barfuß und bis an die Knie nackt gehen, so selten von
giftigen Schlangen gebissen werden. Oder mag es sein,
daß man eben davon nichts erfährt und sie in ihrer an-
gebornen Stumpfsinnigkeit von solchen Fällen einfach nicht
reden? In welchem Maße ihre Zahl zu- oder abnimmt,
kann ja doch niemand sagen, da sie sich außerhalb jeder
Kontrolle stellen.

5. Eine Bootfahrt nach Fort Lauderdale.

Das Boot, das wir in Linton erstanden hatten, gehörte nicht zu den besten; es war schwer und brauchte
daher stets zwei Mann zum Rudern, wenn man einigermaßen rasch vorankommen wollte. Aber gesund ist solches

Rudern und wie schmeckt Essen und Schlafen, wenn man auf einer längeren Fahrt seine Schuldigkeit hat thun müssen.

Um den Mängeln abzuhelfen, kam mein Kleiner nach langem Überlegen auf den Gedanken, dem Boot einen tieferen Kiel zu geben und ein möglichst hohes Segel einzusetzen, so daß man bei günstigem Wind ohne Ruder, und zwar schneller noch als mit diesen, fahren könnte. Hoch mußte das Segel sein, damit es der Wind über das hohe Kanalufer her noch fassen und blähen konnte.

Die Neuerungen und Verbesserungen waren ausgeführt, auch im Kanal selbst etwas erprobt worden und wir wollten nnn einmal rechten Gebrauch machen von unsrem Schnellsegler und dazu eine Fahrt nach Fort Lauderdale unternehmen. Morgens um drei Uhr fuhren wir ab. Da kein Wind ging, mußten wir rudern, wobei halbstündlich abgewechselt wird. Wunderbar schön ist eine solche Fahrt in der Morgenkühle, ehe die Sonne erscheint, wenn alle Sträucher und Gräser vom erfrischenden Tau der Nacht triefen nnd das Leben in der Tierwelt eben erst erwacht. Ruhig und glatt liegt der Kanal und läßt auf Kilometer Entfernung alles erkennen, was auf seiner Oberfläche sich zeigt. Da zwei, drei, sechs große schwarze Flecke, hundert bis zweihundert Fuß von uns weg; sie drehen sich uns zu und auf einmal sind sie verschwunden. Es sind die dicken Köpfe von Alligatoren, die uns gewittert und sich geborgen haben, um nach kurzer Zeit weiter unten wieder über dem Wasser zu erscheinen und mit den kleinen Schlitzaugen die Welt anzuglotzen. Dann und wann hüpft ein Mullet, ein dicker Fisch, zwei bis drei Fuß über das Wasser empor, schaut sich die Welt an und taucht wieder unter in sein Element; oder eine Schlange, schön blau oder grün von Farbe, schießt mit stolz gehaltenem Kopf in schnellen Windungen über den Kanal;

denn sie alle verstehen das Schwimmen vortrefflich, ja
sind dem Fischer im Boot recht gefährlich durch ihre Gewandtheit, mit der sie sich ins Boot hereinzuschnellen verstehen.

Fischreiher stehen an den seichten Stellen des Kanals
und warten auf Beute. Jetzt wäre Gelegenheit, einen
solchen Prachtkerl zu erlegen. Also das Gewehr her, ein
Knall, der donnerähnlich durch die Stille des Morgens
von nahen Fichten= und Palmenwäldern zurückgeworfen
wird, und das Tier schwimmt zappelnd auf dem Wasser.
Als aber einer sich hinausbeugt und den Vogel am Kragen
ins Boot ziehen will, stößt dieser ihn mit seinem scharfen
Schnabel durch das dicke Leder der Schuhe tief ins Fleisch,
daß er im Schmerz das nur verwundete Tier wieder fahren
lassen muß. Wunden aller Art wollen im tropischen Klima
ernst genommen werden und so waschen und verbinden
wir auch diese Wunde sorgfältig.

Zehn Kilometer weit führt der Kanal in beinahe
kerzengerader Richtung bis zum ersten großen See. Die
Ufer auf dieser Strecke sind flach und einförmig, alles ein
weites, sumpfiges Grasfeld, an dessen Ende, ein bis zwei
Kilometer entfernt, der Palmetten= und Föhrenwald beginnt, der auch gegen das Meer hin die Grenze bildet.
Sowie der Kanal in den See mündet, wechselt die Land=
schaft, und üppiger Wald mit Eichen und Cypressen um=
säumt das ganze Ufer des klaren ruhigen Sees.

Dort war stets die Haltestelle für Bootfahrer; denn
die Hälfte des Wegs nach Lauderdale ist nach zweistündigem
Rudern erreicht und eine Erfrischung thut gut. Proviant
und ein großer Steinkrug mit kaltem Kaffee ist mit=
genommen worden, und während eben die Sonne über
dem Meer zur Linken aufsteigt, rasten wir hingestreckt im
kühlen Sand.

Der Kanal ist hier, wie auch bei den andern Seen, mittendurch gegraben und durch Pfosten, mit alten Petroleum= fäffern barüber gestülpt, wird die Fahrbahn besonders für Dampfboote kenntlich gemacht. Nachdem der See zurück= gelegt ist, geht der Kanal in einen hübschen, tiefen Fluß über, der sich in scharfen und kurzen Windungen durch Wald und Prärie durchschlängelt, bis weit in sein Wasser herein mit Mangroven=Bäumen bestanden. An diesen Bäumen wachsen von den Ästen herab schlanke, kerzen= gerade Schosse, die sobald sie den Schlamm erreichen, so= fort Wurzeln fassen. Je größer und älter ein solcher Baum ist, desto zahlreicher sind seine Wurzeln, die sich allmählich zu einem undurchbringlichen Dickicht verwachsen. Wie überall, so zeigt sich auch hier im Fluß Ebbe und Flut. Der Fluß mündet in einen zweiten See, der mit Wasservögeln förmlich bedeckt ist, die mit lautem Geschrei auffliegen, um sich nach hundert Schritten wieder ins Wasser zu stürzen. Eine Schar von Kranichen, mehr als zwei= hundert beisammen, fliegt über unser Boot weg; Myriaden von Schwalben, die vom Norden gekommen sind und sich etliche Wochen hier aufhalten, bis sie noch weiter nach Süden ziehen, erfüllen hoch oben die Luft; in der Ferne sehen wir etliche majestätische Flamingos stehen, an die wir aber bei dem überaus seichten Wasserstand nicht heran= fahren können.

Nach kurzer Kanalfahrt erreicht man den dritten und größten See, der burchschnittlich zwei Kilometer breit und acht Kilometer lang ist und zwei Flüsse in sich aufnimmt, die samt dem Kanal südlich ihren Ausfluß in den Ozean nehmen. Ein prachtvoller See! Ringsum üppiger Walb; herrliche Kokosnußbäume umrahmen das Ufer dem Meer zu, das nur durch einen fünfhundert Meter breiten Land= streifen vom See getrennt ist. Eine einzige menschliche

Niederlassung findet sich in dieser schönen Gegend, und das ist das Rettungshaus für Schiffbrüchige, in welcher ein pensionierter Kapitän mit seiner Familie wohnt. Ihm ist die Aufgabe gestellt, bei einem Schiffbruch an der Küste das bereitstehende Rettungsboot ins Meer herabzulassen, Schiffbrüchige zu retten und ihnen in seinem Hause Unterkunft zu gewähren. Mitten in einem kleinen Wäldchen von Eichen und Palmen steht die geräumige Wohnung mit weitem Blick aufs Meer nach Süden und Osten, und freundlich wird der Wanderer von den weltverlassenen Bewohnern aufgenommen.

Bis hieher ging die Fahrt ganz nach Süden. Nun wendet sich die Wasserstraße genau nach Westen, den New River hinauf, und jetzt können wir auch den ziemlich starken Wind für uns benützen, der seither uns entgegen war und das Rudern sehr erschwert hatte. Das Segel wird eingezogen, das Ruder ins Boot genommen und ein stärkeres Ruder hinten als Steuerruder angebunden, und mit Macht schießt das Boot durch die Wellen. Das ist ein Genuß, wenn das seitlich liegende Fahrzeug durch das Wasser und die schäumenden Wellen dahingleitet. Schade, daß es nicht länger dauern sollte. Als der Fluß nach zwei Kilometer eine scharfe Wendung macht, wurde der Wind mit einem Schlag so heftig, daß das Steuerruder zerbrach und das Boot, ehe das Segel herunter genommen werden konnte, auf die Seite gelegt, mit Wasser halb angefüllt und mit Wucht in Gras und Gebüsch des Ufers hineingetrieben wurde. Da saßen wir fest. Zuerst galt es, das Wasser aus dem Boot zu schöpfen. Dazu führt man stets die Hälfte einer keulenförmigen Kürbisart, Gourd genannt, mit sich, wie sie auch die Indianer als Wassergefäß benützen. Alsdann müssen zwei über Bord springen und bis an die Hüften im Sumpf das Boot zurückschieben, bis

es wieder freie Bahn findet. Sonnenschein und kräftiges
Rudern lassen die Kleider bald wieder trocknen. Nach einer
halben Stunde strammer Arbeit ist das Ziel Fort Lauder=
bale erreicht. Die eigentliche Fahrt nimmt vier Stunden
in Anspruch, aber da wir uns unterwegs mehreremale
länger aufgehalten hatten, ist es 12 Uhr geworden, als
wir am Kaufladen anlegen. Der Hunger ist groß. Allein
es gilt warten, bis der Herr Kaufmann sein Mittagsmahl
zu sich genommen hat. An Höflichkeit und Rücksichtnahme
ist man hierzulande nicht gewöhnt und der Käufer ist um
des Kaufmanns Willen da, nicht umgekehrt. Wir lassen
uns im Schatten der Bäume nieder und warten geduldig,
bis es dem Mann bequem ist, nach 1 Uhr seinen Laden
aufzuthun und uns Käse und amerikanische Biskuits zu
verkaufen, die nebst einem Becher Wasser aus der Quelle
am Haus unser Mittagsmahl bilden; frugal, aber genügend.
Neben. uns warteten vier Indianer, zwei Männer und
zwei Frauen, die mit ihren Kanoes den Fluß herunter=
gekommen waren und eine Anzahl Alligatoren= und Hirsch=
felle zum Verkauf brachten. Sie hatten sich die Zeit mit
Fischstechen vertrieben und die Frauen waren daran, ein
Abendessen zu bereiten. Der alte Neger, der uns bei
unserer Ankunft als Briefträger in Empfang genommen
hatte, kauert vor seiner Hütte, und zwei Blauvögel hüpfen
ihm auf Schultern und Hände und picken ihm das Brot
aus dem Munde; er hat sie sich zahm gemacht und sie
sind wohl seine einzige Freude in seiner Einsamkeit.

Bis der Kaufmann in seinem Laden erscheint, ist in=
zwischen die Zahl der Indianer gewachsen; alte und junge
stürzen zugleich in den Laden und betasten alle Waren
mit ihren braunen Fingern. Ehrlich sind sie, darauf kann
sich der Mann verlassen, und da sie seine besten Kunden
sind, so läßt er sie ruhig gewähren. Wir lassen uns von

ihm, da er ja auch Postmeister ist, unsere und der übrigen
Ansiedler von Pompano Postsachen geben, den verschiedenen
Proviant in unser Boot schaffen und fahren ab, wobei
ein Abschiedsgruß nicht erwidert wird. Das ist überhaupt
so Sitte, daß man bei einem Besuch sich begrüßt, beim
Scheiden aber auseinander geht, ohne weiter ein Wort zu
verlieren.

Wir rudern den Fluß wieder hinunter und ergötzen
uns an der üppigen Ufervegetation, die bei den verschiedenen Windungen des Flusses immer neue Reize dem
entzückten Auge bietet. Und die Luft ist voll köstlichen,
fast betäubenden Wohlgeruchs, die die Bäume und Sträucher
ausströmen, besonders die Magnolien und der wilde
Weinstock, der bis in die höchsten Baumäste sich empor-
rankt. So dicht bewachsen sind die immergrünen Ufer,
daß ein Durchbringen unmöglich wäre. Auf den dürren
Ästen der abgestorbenen Pechtanne hocken Hunderte von
Aasgeiern und pflegen wohlgesättigt der Mittagsruhe;
die Nähe des Menschen stört sie nicht.

Wie wir uns dem See wieder näherten und in etwas
seichterem Wasser fuhren, verspüren wir am Boot ein
Streifen des Kiels auf etwas Weichem, und das Boot
wird aufgehoben und beinahe ganz auf die Seite gelegt.
Als wir von unserem Schrecken uns erholt hatten und
rückwärts schauten, erblickten wir eine mächtige Seekuh,
über die wir weggefahren waren und die jetzt gemütlich
dem Ufer zuschwamm, um dort das Gras abzuweiden.
Eine ganze Anzahl dieser merkwürdigen Tiere war dort
beisammen. Diese Seekühe oder Manati, eine Art Wal-
fisch mit kurzer, dicker Schnauze und flachen Backenzähnen,
sind harmlose Geschöpfe, die ein geselliges Leben führen
und hauptsächlich von Gras sich nähren. Sie werden bis
zweieinhalb Meter lang und bis zu 400 Kilogramm schwer

und sind dort unten am New River sehr häufig. Wir
sahen eines dieser Tiere, das in Lauderdale geschossen
worden war, abhäuten. Die Haut war fast zwei Zenti=
meter dick und mit wenigen Borsten bedeckt. Das Fleisch
soll sehr gut sein; aber die Jäger dort aßen es nicht,
sondern verkauften nur die Haut, die besonders zu eleganten
Peitschen gebraucht wird.

Unten im See sahen wir einen Raddampfer von
Miami her den Kanal heraufdampfen und beschlossen, ihn
abzuwarten. Es war einer der alten Mississippidampfer,
der zum Transport von Munition von St. Augustine herab
nach Miami benützt wurde und nun auf der Rückfahrt be=
griffen war. Da wir die mächtigen Verhältnisse dieses
Schiffes sahen und die kurzen Windungen weiter oben
kannten, waren wir neugierig, zu erfahren, wie das Un=
getüm wohl durchkommen werde. Wir fuhren daher lang=
sam hinten drein und konnten auf dem See unser Segel
benützen. Im Fluß nun blieb das Schiff einmal ums
andere stecken, und streifte beim Versuch loszukommen das
halbe Ufergebüsch ab. Der Kapitän rief uns zu, voraus=
zufahren, da wir sonst zu lange warten müßten. Mit
knapper Not konnten wir unser Boot an der Seite des
alten Kastens vorüberdrücken, der uns langsam folgte, sich
von Zeit zu Zeit seitwärts und rückwärts drehend, um
flott zu bleiben. Als aber der eigentliche Kanal erreicht
war, konnte der Dampfer in schnellerem Tempo voran=
fahren, so daß wir nun genötigt waren, schleunigst in
eine kleine Seitenbucht auszuweichen. Allein das vorbei=
dampfende Schiff wühlte mit seinem Rad am Hinterteil
das Wasser in so gewaltigen Massen auf, daß unser Boot
und wir selbst mit einer Flut von Wasser und schwarzem
Schlamm überspritzt wurden, und froh waren, als das
Ungetüm vorüber war.

Als die Sonne unterging, wo sich dann regelmäßig jeder Wind für etliche Stunden legt, mußten wir nochmals in die Ruder greifen und waren froh, unser Heim endlich wieder wohlbehalten zu erreichen.

6. Die erste Schildkröte.

Landschildkröten, die sogenannte Gopher, hatten wir um unser Haus her schon viele gesehen, auch schon etliche erlegt und verspeist. Das Fleisch ist gut und kräftig, aber eine Gopher giebt so wenig Fleisch, daß es kaum der großen Mühe wert ist, die das Schlachten und Ausnehmen mit sich bringt.

Aber eine Meerschildkröte! Eine solche hätten wir schon lange gerne gehabt, zumal die ältesten Ansiedler uns die Vorzüge derselben in den schönsten Farben geschildert hatten. Allein es galt zu warten, bis die Zeit erschien, in der diese Schildkröten an die Küste kommen, und das ist vom Mai bis August.

Der Mai war gekommen und mit ihm zeigten sich die Schildkröten vom Osten und Süden an der Küste, um in den Sand ihre Eier abzulegen, die dann die Sonne ausbrütet. Eigentümlich freilich war uns, daß wir nie junge Meerschildkröten antrafen, trotzdem Tausende von Alten ihre Eier an unserem Meeresufer gelegt hatten und wir sehr oft dorthin kamen. Was aus allen den Eiern wird, wissen wir nicht; nur soviel konnten wir herausfinden, daß Opossum, Waschbär, Schlange und anderes Getier ihr möglichstes thaten, um die Vermehrung der Schildkröten zu verhindern. Mit merkwürdiger Sicherheit wußten diese Tiere die Nester zu entdecken, in welchen Eier zu haben waren, und zeigten im Vertilgen derselben eine unersättliche Gier.

Bom erften Bollmond im Mai an beginnt das Eier=
legen und geht fort bis August, indem dieselbe Schild=
kröte im Lauf dieser Zeit zweimal zum Legen erscheint,
wobei sie je 100—140 Stück auf einmal vergräbt. Lang=
sam watscheln die großen schwerfälligen Tiere aus dem
Ozean heraus, am sanftansteigenden Ufer hinauf, so weit,
daß die Flut die Stelle nicht erreichen kann, wo die Eier
liegen. Im Sand machen sie nun ein kreisrundes Loch
mit glatter Wand, dreißig Zentimeter im Durchmesser und
sechzig Zentimeter tief, in das sie ein Ei nach dem andern
hinab fallen lassen. Darauf wird das Loch zugedeckt, der
Sand in großem Umkreis umgewühlt und dann tritt das
Tier den Rückweg ins Meer wieder an. Das ganze währt
25—30 Minuten. Die Schale des Eies ist elastisch, so
daß man das Ei wie einen Gummiball auf den Boden
werfen kann. Das Eiweiß ist ungenießbar; es läßt sich
nie gar kochen. Das Eigelb aber ist vorzüglich und von
dem eines Hühnereies, dessen Größe es auch hat, nicht zu
unterscheiden.

Wenn das Eierlegen zu Ende ist und die Schildkröte
sich eben anschickt, das Nest zu verlassen, dann ist der
günstigste Zeitpunkt gekommen, sich des Tieres zu be=
mächtigen; dann gilt es, dasselbe schnell auf den Rücken
zu werfen. Um ganz sicher zu gehen und besonders auch
vor dem Biß des Tieres geschützt zu sein, muß man die
Jagd dann unternehmen, wenn der Mond am schönsten
scheint. Das ist auch für die Schildkröte die beste Zeit,
am Ufer zu erscheinen.

Als der Mond schon ziemlich hoch am Himmel stand
und die ganze Landschaft aufs prächtigste beleuchtete, gingen
wir, mein Jüngster und ich, hinunter an den Meeresstrand,
mit einem starken Stock und einem Strick versehen, um
womöglich eine der Schildkröten für die Küche zu erbeuten

und so auch einmal wieder frisches Fleisch auf den Tisch zu bekommen.

Am Ufer, das weithin im Mondschein erglänzte, in welchem die kleinsten Gegenstände deutlich sich erkennen ließen, während die leichten Wellen des Meeres wie Silberfäden zwischen grünen Laubgewinden erschienen, hielten wir Umschau, um zu entdecken, ob eine Schildkröte komme oder schon da sei. Richtig, etwa zweihundert Fuß weiter oben am Ufer lag etwas Großes, Schwarzes. Wir schlichen hin, aber das Tier hatte uns gewittert und erreichte das Wasser, ehe wir es fassen konnten. Eier aber hatte es noch nicht gelegt; doch war das Nest vollkommen fertig gearbeitet. Wir durften sicher annehmen, daß das aufgescheuchte Tier in Bälde wieder irgendwo in der Nähe aus dem Meer aufsteigen werde und so hielt der eine den oberen, der andere den unteren Teil der Küste im Auge.

Da, nach zehn Minuten taucht wieder etwas Schwarzes vierhundert Fuß weiter unten am hellen Ufer auf und bewegt sich langsam dem Lande zu. Diesmal galt es, die rechte Zeit geduldig abzuwarten. Nach zwanzig Minuten eilten wir hin, wo die Schildkröte lag, ein mächtiges Tier. Natürlich wollte sie sofort auf und davon, als wir kamen. Darum mußte rasch gehandelt werden. Den Stock, den wir zu diesem Zweck mitgebracht hatten, steckten wir unter der hinteren Spitze des Panzers durch und suchten nun mit einem Ruck das Tier kopfüber auf den Rücken zu stürzen. Also: „Eins, zwei, drei, auf!" Schon recht, wenn nur das Tier nicht mit dem hintern Lauf mir Gesicht und Augen derart mit Sand überschüttet hätte, daß ich etliche Augenblicke vollkommen geblendet war. Inzwischen machte es sich natürlich dem Meer zu auf den Weg. Wir aber sofort hinten nach, nochmals den Stock durchgesteckt, nochmals: „Auf!" und nochmals ein Sandstrahl, der diesmal meinen Sohn traf. Wenn wir jetzt nicht rasch und energisch handelten, dann war die Beute uns entwischt, denn die Schildkröte war kaum noch drei Meter vom Wasser entfernt. In kurzen Worten feuerte ich meinen Sohn zum dritten Versuch an, der ja in der Regel zu gelingen pflege, und hielt ihm vor, es sei um unsere Ehre in Pompano geschehen, wenn wir ohne Schildkröte heimkämen, und kurz und gut, die Schildkröte mußten wir haben. Also noch= einmal bran. Ein blitzschneller Ruck mit Anspannung aller Kraft und das Tier lag auf dem Rücken, es war gelungen! Wir selbst aber mußten uns ein wenig in den Sand setzen, denn das Tier hatte seine dreieinhalb Zentner und die Arbeit war schwer gewesen. Da lag es nun, hilflos, trotz seiner Stärke in Maul und Gliedern. Wütend schlug es mit seinen Pranken den Sand in Haufen auf; es konnte sich nicht wenden. Wir hielten ihm den armdicken, zähen Stock vors Maul und mit einem Biß der harten Kiefer war derselbe glatt durchgebissen, obgleich die Schildkröten keine Zähne haben. Ein Menschenarm wäre ebenso leicht weggebissen und daher die große Vorsicht, die man beim Fang haben muß, zumal man in dem Sand so schnell ausgleitet und zu Fall kommt.

Mittlerweile war es Mitternacht geworden, und da das Meer wieder zu steigen begann, galt es, die Schild= kröte zu sichern, damit sie nicht von den Flutwellen erreicht wurde. Dazu hatten wir den Strick mitgenommen, den wir um ein Hinterbein banden und an dem wir nun das Tier weiter am Ufer hinauf ziehen wollten. Allein dazu reichten unsere Kräfte nicht; mit einer Bewegung seines Fußes vermochte das Tier uns wegzuziehen, zumal wir im Sand keinen festen Halt hatten. Wir mußten also Hilfe haben und so wurde schnell mein Ältester aus dem Bett geholt, und dann sofort der Schildkröte mit der Axt der Hals durchgehauen, damit sie schnell verblutete. Auf andere Weise, etwa durch einen Schuß, ist das Erlegen dieser zählebigen Tiere unmöglich. Der Hals war allein so dick wie ein Mannskopf und die schwulstige Haut kaum zu durchhauen. Als das Tier tot war, zogen wir es am Ufer hinauf, banden es an einem Balken fest und ließen es bis zum nächsten Morgen liegen, wo es ausgenommen wurde unter großem Jubel unserer Nachbarn. Denn alle konnten reichlich mit dem willkommenen Fleisch versehen werden; wir selbst ergötzten uns an riesigen Beefsteaks, trockneten den Rest in der Sonne und räucherten dann das getrocknete Fleisch noch ein wenig, so daß es monatelang gut blieb. Ich aber erklärte bestimmt, bei der weiteren Erlegung einer Schildkröte werde ich mich nicht mehr beteiligen.

Mehr als tausend Eier fanden wir im Innern des Tieres, von denen vierhundert so groß waren, daß sie in der Küche verwendet werden konnten. Die Schale war leider wertlos, so groß sie war. Nur die Schalen der grünen Schildkröte, deren Farbe ein schönes hellgrün zeigt, und die der Karett-Schildkröte, die das teure, durchsichtige Schildpatt für Dosen, Messer, Kämme 2c. liefert, haben einen Geldwert, der bis zu breitausend Mark per Schildkröte steigen kann. Diese Arten kommen auch an der Küste von Floriba vor, allein da sie nicht ans Ufer treten, muß man mit dem Boot ins Meer hinaus fahren und sie in Netzen fangen. Jedes Jahr gelingt der Fang einiger dieser wertvollen Tiere, die aber im Vergleich zur sogenannten Riesenschildkröte sehr selten sind.

7. Am Hilsborough Inlet.

Die Mündung eines Flusses ins Meer wird ein Inlet genannt, b. h. ein Einlaß des Meeres, das bei der Flut mit seinem Salzwasser hoch den Fluß und Kanal hinauf und tief ins Land hineinbringt. Eine Stunde oberhalb unsrer Ansiedlung, am Kanal hinauf, ist das Hilsborough Inlet, die Mündung des kleinen, aber schönen und fischreichen Hilsboroughflusses. Seine Mündung erbreitert sich zu einem hübschen See oder Hafen, der zur Zeit der Ebbe nur eine schmale Wasserstraße dem Meer zu offen läßt, bei der Flut dagegen mit starken Wellen bedeckt wird. Seine Ufer sind bewaldet, namentlich hängen Kokosnußbäume über den See herein, unter denen wilde Feigenbäume und wilde Birnbäume üppig gedeihen. Das Unterholz ist überall so dicht, daß von einem Durchdringen gar keine Rede ist, eine Unterkunftsstätte, wie sie Opossum und anderes Getier nur wünschen mag. Am Meeresufer entlang sind von einem benachbarten Ansiedler schöne junge Kokosnußbäume in großer Anzahl gepflanzt worden, die in etlichen Jahren Früchte bringen. Auf Palmsonntag holten wir hier für uns und unsre Nachbarn etliche Palmblätter, zum Teil zwanzig Fuß lang, mit denen wir das Äußere unsrer Häuser zierten.

Das Inlet war ein von uns viel besuchter Ort, besonders deshalb, weil wir dort allerlei Bedürfnisse für Haus und Küche befriedigen konnten. Von unsrem Badeplatz aus konnte man bequem am Meeresrand hinaufgehen. Überhaupt, wenn die Flußmündungen nicht wären, so wäre es möglich, die ganze Ostküste von Floriba entlang zu Fuß hinabzuwandern und man hätte auf der ganzen Strecke einen guten, ebenen Weg auf hartem Sand. Am besten kommt man auf diesem Sand voran, wenn man barfuß geht; dabei aber hat man sich zu hüten, daß man nicht auf eine nasse Qualle tritt, wie das Meer sie ausspült; wenn diese luftigen Gebilde, einer Seifenblase vergleichbar, platzen, so erregt die Säure, die sie enthalten, ungeheuren Schmerz an den Zehen. Sind die Quallen trocken, wie sie zu Tausenden in ihrer schönen blauen Farbe im Sand liegen, so schaden sie nicht, sondern geben nur beim Zertreten einen lauten Knall.

Mit der zurückgehenden Ebbe fahren wir ganz bequem im Boot den Kanal hinauf bis ans Meer. Hinaus ins Meer dürfen wir mit unsrem Boot uns nicht wagen, so verführerisch auch das glatte ruhige Meer erscheint. Wir würden den Rückweg gegen die Ebbe nicht mehr gewinnen und bei eintretender Flut würde unser Boot mit Gewalt irgendwo ans Ufer geworfen werden.

Jedesmal, so oft wir ans Inlet kamen, war die Mündung des Flusses verändert. Bald war sie weit, daß das Meer gewaltig hereinströmen konnte, bald so schmal, daß die Wogen sich türmten und alles mit sich fortrissen; bald war die Mündung ganz geschlossen, da bei besonders starker Flut riesige Sandmengen vor den Ausgang geworfen worden waren.

In der inneren Bucht ist der Fang von Meerfischen sehr ergiebig, die besonders bei Mondschein an der Angel gerne anbeißen. Manchmal aber ist es ein starker Carvalho, ein flacher, in New-York sehr geschätzter Fisch, oder ein Pompano, der nicht bloß den Köder mit der Angel, sondern die Angel samt der Schnur wegreißt und damit in der Tiefe verschwindet. Da sich durch Ebbe und Flut überall kleine Seen bilden, so treibt man auch die Fische von einem in den andern, bis sie im letzten alle beisammen sind; dann wird der Ausgang mit Sand zugeworfen und mit dem Segel des Bootes als Netz werden die Fische in Menge gefangen.

Der Haifisch, diese gefürchtete Hyäne des Meeres, ist nirgends so häufig, wie an diesem Inlet, wo eben die Enge der Mündung und der Reichtum an Fischen seiner

Freßgier Beute genug verschaffen. Fünf, zehn, fünfzehn
große und kleine Haie schwimmen in dem oft kaum drei
Fuß tiefen Wasser auf und ab, leicht kenntlich an der
dreieckigen, segelartigen Rückenfloße; sie erhaschen was in
den Fluß hinauf will oder was aus dem Fluß heraus=
kommt. Wir haben unser Gewehr mitgenommen und ver=
suchen einen derselben zu erlegen. Aber obgleich sie mit
dem halben Rücken über das Wasser herausragen und wir
die Kugeln auf kaum zwanzig Gänge abgeben, macht der
Schuß keinen Eindruck auf das Tier, das in gleich lang=
samem Tempo weiter schwimmt, als ob nichts geschehen
wäre. Die dortigen Ansiedler fangen die Haie mit be=
sonderen Angeln, die aber auch in der Regel am nächsten
Tag samt Köder verschwunden sind. Aus den gefangenen
Haifischen wird ein ausgezeichneter Dünger fürs Tomaten=
feld bereitet.

Was wir diesmal hauptsächlich am Strand suchen,
sind Flaschen, womöglich mit sicherem Verschluß, da wir
aus Hollunderbeeren einen Wein gemacht haben, den wir
gerne gut verschlossen aufbewahrt hätten. Wir wandern
daher an der Küste hinauf. Allerlei brauchbare Sachen
fallen uns da in die Hände: Blechbüchsen, große und
kleine Kistchen, Fässer, Stricke, Besen und sonstiger Haus=
rat. Was davon verwendbar ist, wird bei Seite gelegt.
Flaschen haben wir auch genug beisammen, darunter
Münchner Export=Bierflaschen, und etliche Einmachgläser
mit recht gutem Verschluß. Man kann wirklich den ganzen
Haushalt ausrüsten und ergänzen mit den gestrandeten
Gütern. Einmal nahmen wir einen ganz neuen Ameri=
kanerstuhl nach Haus, ein andermal einen neuen Tropen=
helm, und einer unsrer Nachbarn fand dort ein unversehrtes
großes Boot, das als das leichteste und schnellste unter
allen Booten der Kolonie erfunden und darum in der

Regel für den Transport der Waren und Postsachen nach Fort Lauderdale benützt wurde. Ruder für unsere Boote, Stangen für Segel, ja Segel selbst fanden sich daselbst immer wieder vor.

Vor zwei Jahren strandete weiter oben an der Küste ein Schiff, das mit Wein von Spanien nach Amerika unterwegs war und der ganze Strand lag voll mit Xeres- und Malaga-Weinfässern. Die Anwohner kamen zusammen, schlugen ein Faß nach dem andern auf und begannen ein breitägiges Trinkgelage, das erst ein Ende nahm, als die Behörde einschritt und das Strandgut mit Beschlag belegte. Ein einziger war so schlau gewesen, von dem herrenlosen Gut einige Fässer in seine Wohnung zu spedieren, und nachdem er den Wein in Flaschen gefüllt hatte, betrieb er in der Stille einen ganz einträglichen Weinhandel im Kleinen.

Zum Bau unsrer Küche holten wir am Strand zwei Thüren und ein Fenster, dem allerdings das Glas fehlte, das aber durch ein Moskitonetz ersetzt wurde. Alle diese Gegenstände gaben Zeugnis davon, daß irgendwo im Ozean, vielleicht Tausende von Kilometern entfernt, ein Schiff im Sturm gewesen, dem Sturm vielleicht zur Beute geworden und durch die Wogen zerschlagen worden war; nach langer Fahrt waren dann die einzelnen Stücke und Trümmer an unsrer Küste gelandet. Von viel Jammer und Ängsten und herzzerreißendem Elend verunglückter Meerfahrer könnten diese Trümmer erzählen, bis der Tod allem ein Ende bereitete im Grab der Wellen.

Ja ein Grab! Eben wollten wir wieder umkehren, als wir fünfzig Schritte oben am Strand etwas Weißes leuchten sahen. Wir gingen hin und fanden ein wirkliches Grab im Sand, sicher von der Meeresflut! Ein zwei Fuß großes Stück von einem weißen Korallenfelsen stand

aufrecht zu Häupten des Grabes, während kleinere Stücke
rings um den Grabhügel gelegt waren. An einem starken
Grasbusch daneben war ein Taschentuch angebunden, das
im Wind flatterte. Wen mochte das Grab, das noch
ziemlich frisch war, einschließen? Dem sehr feinen weißen
Taschentuch nach zu schließen, mußte es eine Dame sein,
die hier ruhte. Ein Namenszug war nicht in demselben.
Wir huben den Stein auf, um zu sehen, ob nicht irgendwelche Nachricht darunter liegen möchte; wir gruben den
Sand unter dem Taschentuch auf, aber alles vergebens.
Keine Kunde, wer hier in dieser menschenverlassenen Ein-
öde am Meeresstrand dem Grab übergeben worden war.
Wer es auch sein mochte, am großen Auferstehungstage
wird auch dieser einsame Tote erscheinen und es wird
dann offenbar werden, wer er gewesen und wie er gestorben!
Ich muß sagen, es machte einen tiefernsten Eindruck auf
uns, als wir so plötzlich vor ein Grab gestellt wurden und der
Gedanke an die Hinfälligkeit alles Irdischen uns so furchtbar ernst nahegerückt war, während das grenzenlose Meer
zur Rechten die unermeßliche Ewigkeit versinnbildlichte.
Wie leicht konnte der Tod gerade bei einem Leben, wie
wir es da unten in der Einsamkeit und Wildnis führten,
auf Schritt und Tritt herantreten, und wer frug weiter
darnach, ja wer erfuhr am Ende überhaupt, was aus so
einem Menschenkind geworden? So war in einem der
Seen, Fort Lauderdale zu, kürzlich ein männlicher Leichnam gefunden worden; weit und breit kein Boot, auf dem
der Mann dorthin hatte kommen können. Wer war er?
niemand kannte ihn. War er verunglückt oder hatte er
den Tod freiwillig gesucht? niemand wußte es. Im Sand
wurde er begraben und zwei übers Kreuz gebundene
Fichtenstämmchen bezeichnen die Stätte, wo der Tote ruht.

Stille kehrten wir wieder um.

Beim Boot angekommen, machten wir Feuer, zu dem wir vom Wrack eines mächtigen Schiffes, das seit vielen Jahren schon dort hinten in der Bucht liegen mußte, das Holz nahmen. Das Leben forderte sein Recht, und da wir Pfanne und Schmalz mitgebracht hatten, stillten wir den Hunger an einer Portion gefangener Fische.

Mittlerweile ging die Sonne unter und schnell, wie es in diesen Zonen der Fall ist, ohne Zwielicht, senkte sich Dunkelheit auf Land und Meer, dessen Rauschen dann nur um so mächtiger wirkt. Noch war die Flut nicht eingetreten und wir mußten sie notwendig erwarten, um leichter durch den See in den Kanal und in diesem nach Hause zu kommen. So war es ganz Nacht geworden, als wir vom Strand abstießen. Wie nicht anders zu erwarten, verloren wir in der Dunkelheit bald das richtige Fahrwasser und mit einemmal lagen wir fest im Sand mit unsrem Boot. Die Richtung, nach der wir fahren mußten, hatten wir noch undeutlich im Kopf, auch gab das Rauschen des Meeres uns einen Fingerzeig, in welcher Richtung wir nicht fahren durften. Allein es konnten Stunden vergehen, bis das Wasser so gestiegen war, daß es uns wieder flott machen würde. Bis an die Hüften im Wasser stießen zwei das Boot vor sich her der größeren Tiefe zu. In der Stille der Nacht mußte unsre etwas laute und aufgeregte Unterhaltung weithin gehört worden sein, denn mit einemmale erschallte uns ein langgezogenes A-hoi! A-hoi! entgegen, dem wir ebenso antworten.

„Wer seid ihr?" wird gefragt.

Wir geben Auskunft und erhalten die Weisung, zuerst etwas nach rechts und dann gerade aus auf das Licht zuzurudern, das sogleich angezündet werde. Und in der That erblickten wir das Licht einer Laterne, dem wir nun zusteuerten, und wir fanden am Eingang in den Kanal

einen unfrer Anfiebler, ber in Linton oben gewesen war
unb nun hier bie Flut zu schnellerer Heimfahrt abgewartet
hatte. Welch' ein Glück für uns! Denn wahrscheinlich
hätten wir bie ganze Nacht im Boot ober an irgenb einem
Teil bes Ufers zubringen müssen. So machen es bie
heimatlos Zureisenben, bie bann ein Feuer unterhalten,
um schäbliche Tiere abzuschrecken.

Wir fuhren nach Haus unb ba bie Flut mit uns war,
so sahen wir bei bieser bunklen Heimfahrt bas Leuchten
bes Meerwaffers so herrlich, wie noch nie zuvor. Wenn
bas Ruber aus bem Wasser herauskam, so war es wie
flüssiges Silber, bas von bemselben abfloß, unb wenn es
ins Wasser eintauchte, so leuchtete es hell herauf aus ber
Tiefe bes Wassers. Woher bieses phosphorgleiche Leuchten
bes Meerwaffers kommt? Man nimmt an, baß Millionen
winzig kleiner Lebewesen burch bie Bewegung bes Wassers
ben herrlichen Glanz verursachen, ber uns bie Bahn, bie
wir fahren mußten, ganz beutlich erkennen ließ unb uns
bis an unfre Lanbungsstelle in gleicher Stärke begleitete.

8. Licht- unb Schattenseiten.

Der wahrheitsgetreue Bericht muß beibem gerecht
werben, bem Guten, wie bem Schlimmen, bas im täglichen
Leben bei solcher Weltabgeschiebenheit in wechselnber Reihe
sich einzufinben pflegt. Es ist ja sicher, baß man in ganz
neuen unb fremben Verhältnissen mitten brin stehenb sich
selbst zur Ermutigung bas Gute, bas an ihnen ist, immer
wieber in ben Vorbergrunb treten läßt unb bem Unan=
genehmen womöglich auch noch eine gute Seite abzugewinnen
sucht. Wäre bem nicht so, bann würbe ber melancholische
Geist im Menschen bie Oberhanb gewinnen unb bas Leben
würbe unerträglich, sintemal man bort brüben so ganz
auf sich selbst angewiesen ist. Übrigens auch in ber Rück=

erinnerung, wenn die einzelnen Ereignisse wie auch der ganze Zeitraum am geistigen Auge vorüberziehen, treten die Lichtpunkte immer wieder in den Vordergrund, und wenn auch viel Schatten vorhanden war, so beweist das nur, daß auch viel schönes und freundliches Licht sich zeigte.

Wie schön gestaltete sich das Verhältnis zwischen Vater und Söhnen im engen Raum des selbstgebauten Wohnhäuschens, wie draußen in Gottes freier Natur bei der Arbeit und bei der Erholung. Jedem war das ganze dortige Leben neu, und jeder sah es mit seinen eigenen Augen an, und daher das gegenseitige Aussprechen, das gemeinsame Überlegen und dann Ausführen dessen, was notwendig war. Abends, wenn wir nach der Arbeit des Tages unter unsren Netzen vor den Angriffen der lästigen Moskitos sicher auf unsrem Lager ruhten, wurde der Arbeitsplan für den nächsten Tag besprochen und jedem sein Posten in- oder außerhalb des Hauses angewiesen und wenn dann die Sonne den neuen Tag brachte, wußte jeder, was von ihm erwartet wurde, und griff fröhlich die Arbeit an. Und wenn die Nachrichten aus der Heimat eintrafen, in Briefen oder regelmäßigen Zeitungssendungen, so wanderte man mit einander durch die alten, teuren Stätten und gedachte seiner Lieben eines nach dem andern, und mit Fragen und Antworten wurden die Bande mit der Familie, wie mit der alten Heimat neu und fester geknüpft.

Und in den Zeiten unfreiwilliger Muse, wenn strömender Regen jedes Arbeiten auf dem Feld, ja das Draußensein überhaupt unmöglich machte, dann wurden die mitgebrachten Bücher vorgenommen und Altes aufs neue gelesen und besprochen, sogar auch Studien in alten Sprachen nicht versäumt. Wie traulich war es an den Sonntagen, die so recht Tage der Ruhe waren; vormittags wurde

dann und wann Gottesdienst gehalten, an den Sonntag=
nachmittagen und Abenden aber oft Musik getrieben, wo=
bei der Vater mit der Zither, der jüngere Sohn mit der
Violine und der ältere Sohn pfeifend zusammenwirkten.
Häufig fanden sich auch die zwei deutschen Brüder ein mit
Mandoline und Akkordzither, und manche Stunde wurde
Altes wiederholt und Neues eingeübt. Besonders anziehend
waren immer die Negermelodien, deren die zwei Brüder
eine ganze Menge auswendig kannten. Denn von Musik=
noten hatten sie keinen Begriff. Diese Melodien stammten
noch aus der Zeit der Sklaverei, und zu ihrem ernsten,
melancholischen Charakter paßten Mandoline und Akkord=
zither vortrefflich. Andere Ansiedler stellten sich als stets
dankbare Zuhörer bei diesen Musiksoireen ein, und da das
Lokal für alle zu klein war, sammelte sich die Jugend
unsrer Nachbarn vor den offenen Fenstern, um auch einen
Genuß zu haben; man konnte sich in ein vollbesuchtes
Konzert in der Heimat zurückversetzt glauben. Freilich das
muß auch gesagt werden, durch das häufige Reißen der
Saiten, das bei dem dortigen Klima nicht zu vermeiden
war, und bei der Unmöglichkeit, in der Nähe Ersatz zu
finden, wurde die Geschicklichkeit der Spieler auf große
Probe gestellt. Wir thaten aber alles, was in unsren
Kräften stand, den Ansiedlern Musik zu bereiten; denn
gerade in solcher Abgeschiedenheit kann man den Segen
der Musik auf Herz und Gemüt mit Händen greifen.

Die Woche über fehlte es nicht an Arbeit. Da das
Ananasfeld eine halbe Stunde vom Haus entfernt war,
hatten wir dort auch ein kleines Häuschen gebaut, in dem
man die Nacht zubringen konnte in den Zeiten, da die
Arbeit eilig war. Doch konnte man manchmal frei machen,
ohne Schaden für Feld und Gewächse. Dann wurde ent=
weder gar nichts gethan, man legte sich in die Hänge=

matten zwischen zwei Bäumen und rauchte die kurze
Farmerspfeife zu einem Krug kalten Kaffee mit Zeitung,
oder es ging mit dem Boot nach Fort Lauderdale, oder
ans Inlet, oder man streifte durch die Wälder und suchte
Jagdbeute. Die Jagd ist vollständig frei und wird trotz
der bestehenden Gesetze das ganze Jahr hindurch betrieben.
Die Indianer kennen keine Schonzeit des Wildes. Um
ihre Beute desto sicherer zu erlangen, zünden sie den Wald
immer wieder an neuen Stellen an; ist ein Stück abge-
brannt, so kommen die Hirsche, um an der salzigen Asche
zu lecken, und werden dann leicht von ihnen weggeschossen.
In Rudeln von sechzig bis achtzig Stück konnte man das
Damwild antreffen. Allein es war nicht so leicht, zum
Schuß zu kommen. Gewöhnlich steht das Wild mitten im
Dickicht, daß nur der Kopf hervorschaut. Da es rein unmöglich ist, durch solches Dornengestrüppe durchzubringen,
wenn man auch ein Stück glücklich erlegt hat, so schießt
man nur, wenn das Wild in einer Lichtung sich zeigt. Es
giebt aber sonst noch Jagdbeute genug: Opossum, Waschbär, Hasen, Haselhühner und sonstige eßbare Vögel. Haselhühner konnte man jederzeit von der Hausthüre aus
erlegen.

Zum Angenehmsten und Gesündesten gehörte das Baden
im Meer, das man das ganze Jahr hindurch fortsetzen
konnte. Wir hatten nur zehn Minuten zu gehen, um uns
in die Wellen des Atlantischen Ozeans zu stürzen. Regelmäßig zweimal in der Woche wurde gebadet. Manchmal
war der Ozean so glatt, wie ein Spiegel, manchmal waren
die Wellen so gewaltig, daß sie einen mit solcher Wucht
ans sandige Ufer warfen, daß einem Sehen und Hören
verging. Zwischenhinein pflegte man sich in den heißen
Sand zu legen und dann wieder im Meer unterzutauchen.
Man hat also dort Meer-, Luft-, Sonnen- und Sandbäder

zusammen. Auch im Kanal, der in der Mitte sieben Fuß
tief ist, war das Baden sehr angenehm, besonders zur
Zeit der Flut, wenn das Meerwasser hereinkommt und
man bis auf den Grund des klaren Wassers sehen kann.

Sammlungen von allerlei interessanten Gegenständen
zum Mitnehmen in die Heimat wurden angelegt. Mancherlei
Pflanzen und Sämereien, dann Schlangen und sonstiges
Getier, Schildkröteneier, indianische Schuhe aus Hirschfell,
die sogenannten Moccasins u. a. wurde zusammenge=
bracht. Die Alligatoren=Häute, wenn frisch abgezogen und
mit Salz eingerieben, hielten vorzüglich; die Schlangen=
häute wurden ausgespannt und an der Sonne getrocknet.
Sehr fatal war, daß man in dem Lande keinen Weingeist
erhalten konnte, um größere und kleinere Tiere zu kon=
servieren. Ganz am Schluß meines Aufenthaltes gelang
es, in Miami in einer Apotheke für eine Mark ein Viertel=
liter Spiritus zu erstehen. Das Fläschchen war mit einem
großen Totenkopf versehen und zu weiterer Beherzigung
belehrte mich der Apotheker noch: der Spiritus sei mit
einem stark wirkenden Gift vermischt, also: denselben nicht
trinken! Somit war es für die Soldaten, die im dortigen
Lager standen, eine Unmöglichkeit, Schnaps zu kaufen,
selbst nicht in der Apotheke. Man wird fragen, wie denn
die Indianer zu ihrem „Feuerwasser", das sie so sehr
lieben, und die Ansiedler zu ihrem „Whisky" kommen?
Beide lassen die Spirituosen in Kistchen mit der Aufschrift
„Glas" von Schnapsbrennereien im Norden kommen.
Einer nimmt die Bestellungen sämtlicher Liebhaber in die
Hand, und in Fort Lauderdale wird dann der Stoff ver=
teilt. Auf der andern Seite bereiten sich die Indianer ein
berauschendes Getränke, ähnlich dem Palmwein, aus dem
Zuckerahornbaum, der bei ihnen in den Everglades sehr
verbreitet ist.

Zu den größten Schattenseiten des Lebens in Florida gehört die niedere Tierwelt. Da sind es vor allem die Schlangen, die eben immer unheimliche Tiere bleiben, auch wenn man weiß, daß sie nicht giftig sind. Es läuft auch dem Beherztesten jedesmal eine Gänsehaut über den Rücken, wenn er beim Zubettegehen seinen Teppich auf- deckt und findet da eine grüne oder blaue Schlange zu- sammengeringelt in süßem Schlaf! Oder die dickköpfigen, kurzschnauzigen Wasserratten! Was machen sie nachts einen Lärm in der angebauten Küche, wenn sie die Speise- reste zusammensuchen und dabei Teller und Pfannen zu Boden werfen. Arsenik war das beste Mittel gegen diese gefräßigen Tiere.

Man holt ein Stück Leibwäsche aus dem Kasten, läßt es aber sofort zu Boden fallen infolge eines durch- bringenden Schmerzes an der Hand; es war einer der drei Zentimeter langen, roten Skorpione, der einem mit seinem Schwänzchen die schmerzhafte Wunde geschlagen. Giftig ist er nicht, wie sein grauer, etwa zehn Zentimeter großer Bruder, den wir in unsrem Ananasfeld dann und wann erlegten.

In der Tischschublade und in der Kommode wimmelt es wieder einmal von ekelhaften Käfern, den bekannten Russen. Wir haben sie in den Kistchen, in denen wir unsren Proviant beim Kaufmann in Fort Lauderdale er- hielten, mit nach Hause gebracht. Der Tisch wird einen Tag lang im Kanal versenkt; die Kommode wird in den Wald geschleppt, sorgfältig geleert und dann in derselben eine Schale Schwefel verbrannt; auf diese Weise bekommt man für kurze Zeit Ruhe.

Ein geradezu höllisches Tier ist die Stinkkatze. Sie kann bei Nacht auf ihrem Streifzug nach Beute unter dem Haus weggehen und die Nähe des Menschen witternd etwas von ihrem Stinksaft ausspritzen; der Gestank bringt durch die Fugen des Stubenbodens ins Zimmer und da ist kein Aushalten mehr! Er ist nicht zu beschreiben, der betäubende, atemraubende Gestank; nur Flucht ins Freie rettet vor völligem Krankwerden. Einmal gingen wir am Meeresufer, um Nägel aus angeschwemmten Kisten zu holen, als wir ein reizendes, schwarz=weißes Tierchen, einem Eichhörnchen gleichend, vor uns anspringen sahen. Gierig, es zur Beute zu machen, stürzt mein Sohn mit einem Hammer auf dasselbe los und versetzt ihm einen Streich; aber o weh! nur etliche Tropfen Saft treffen seine Hose, und was wir vorher nicht wußten, das rochen wir jetzt: es war eine junge Stinkkatze! Wir hielten es neben dem Getroffenen nicht aus und er nicht in seinen Kleidern; 14 Tage lang mußten wir diese im Freien hängen lassen, bis der Gestank vertilgt war.

An die nächtlichen Froschkonzerte in den Grasländern dem Kanal entlang gewöhnt man sich bald, zumal der floridanische Frosch nicht quackt, sondern eigentlich zirpt, wobei der Ochsenfrosch den Baß liefert.

Überhaupt ist die Tierwelt dort unten bei Nacht am lebendigsten. Ganz wundervoll nehmen sich in dunkler Nacht die leuchtenden Fliegen aus, die bis in die höchsten Bäume hinauffliegen und zu Myriaden auftreten; manch= mal verirrte sich eine in unser Zimmer, wenn wir schon im Bett lagen, und leuchtete durch den Raum. Von vielen Tönen, die während der Nacht zu hören waren, konnten wir nie herausfinden, welcher Art von Tieren sie eigen sind, weil wir die Tiere selbst nie zu Gesicht bekamen. Tagsüber, d. h. wenn die Sonne einmal voll über dem Horizont steht und bis sie sich zum Untergang neigt, schweigt die Tierwelt und höchstens hört man das Schreien der kleinen Raben und der Blauvögel. Von den letzteren

hatten wir einen in der Nähe unsres Hauses so zahm gemacht, daß er sein Futter im Zimmer und aus der Hand
holte und sich uns auf Schulter und Kopf setzte. Viel
scheuer, aber viel schöner ist der rote Karbinal, der auf
den Palmetten sein Nest baut.

Um den Bericht vollständig zu machen, darf das nach
den Jahreszeiten in regelmäßigen Perioden kommende und
gehende Ungeziefer mit seiner Plage nicht vergessen werden.
Man erhält dabei eine annähernde Vorstellung, wie es bei
einigen der ägyptischen Plagen gewesen sein muß. Januar
und Februar bringen die Sandflöhe. Daß es diese Tiere
in solchen Mengen überhaupt geben könne, hätte unser an
reinlich deutsche Verhältnisse gewöhntes Herz nie geahnt.
Aber da waren sie, und vertilgen ließen sie sich auch nicht;
es war, als ob der Sand ums Haus her förmlich lebendig
würde. Wir streuen gepulverten Schwefel ums Haus, im
Haus, im Bett, überall, bis das Atmen schwer fällt; sie
bleiben. Einen langhaarigen Hühnerhund, den unser Nachbar von New-York mitgebracht hatte, haben sie geradezu
getötet, trotzdem er geschoren, gebadet, mit Petroleum eingerieben, mit Schmierseife behandelt worden war. Ein
Glück ist es nur, daß die Tiere nicht so fürchterlich stechen,
sondern mehr durch ihr Prickeln unangenehm werden;
aber so oder so, die Ruhe stören sie gewaltig.

Sind im Februar diese Tiere abgegangen, so fliegen
andere zur Plage herbei, nämlich die Bremsen. Wir haben
die gewöhnliche Blindbremse, die Regenbremse und dann
eine Riesenbremse, die vier Zentimeter lang mit großen,
grasgrünen Augen auf ihr Opfer losstürzt. Und wieder
in welch' unglaublichen Mengen kommen diese Insekten!
Nach Tausenden sitzen und schwirren sie an den Moskitonetzen unsrer Fenster und dringen in die Küche ein.
Hier werden sie dadurch vertrieben, daß man das Kien-

holz im Herb rauchen läßt, bis der dicke Qualm sie aus
der Küche fliehen macht.   Hat man aber einmal über die
Mittagsstunde die Hausthüre offen gelassen, so hilft nur
Ein Mittel zu ihrer Vertilgung im Zimmer: wir streuen
den Tisch voll mit Schießpulver, zünden es an, schließen
Thüre und Fenster und gehen davon.   Nachher werden
die Leichname mit dem Besen hinausgefegt.

Nach zwei Monaten sind auch diese Quälgeister verschwunden, aber nur, um noch ärgeren, und für längere
Zeit Raum zu machen: den Stechfliegen oder Moskitos.
Mit dem Beginn der Regenzeit, im Juli, rücken diese nach
Millionen heran.   Tagsüber machen sie weiter keine Beschwerden.   Von Sonnenuntergang an aber ist ein Aufenthalt im Freien einfach unmöglich, da man im Augenblick mit diesen kleinen Tieren überdeckt ist.   Ins Zimmer
bringen sie natürlich auch ein und es bleibt dann nichts
anderes übrig, als sich unter sein Moskitonetz aufs Bett
zu legen und rauchend die Stunden zuzubringen, bis es
Schlafenszeit ist.

Gegen alle Biß- und Stichwunden dieser verschiedenen
Quäler hat sich Salmiakspiritus noch am besten bewährt.

9. Robinsonade in Florida.

Welchem Knaben, der den Robinson Crusoe mit Be-
gierde las, ist nicht der Wunsch aufgestiegen, auch einmal
so ein wenig den Robinson selbst zu spielen, wobei er sich
selbstverständlich vorstellte, wie er die Sachen ganz anders
und jedenfalls viel klüger ausführen würde, als der auf
die einsame Insel verschlagene Mann es gethan hat?
Meinen Knaben ist es seinerzeit gerade so gegangen, und
nun haben sie in Florida Gelegenheit genug gefunden,
diesem Wunsch nachzukommen, und es hat sich gezeigt, wie

sehr nützlich es im Leben ist, wenn Knaben früher schon in allerlei Dingen praktische Geschicklichkeit erwerben, wenn sie namentlich vom „bästeln" etwas verstehen.

Unser Haus war fertig geworden. Aber da galt es noch viel zu thun, außen und innen, um dasselbe wohnlich und behaglich zu gestalten. Um nicht in einem und demselben Raum essen, wohnen und schlafen zu müssen, wurde eine Zweiteilung des Hauses vorgenommen, indem man durch ein leichtes, mit Segeltuch überzogenes Gestell das kleinere Schlafzimmer vom Wohnraum trennte.

Es fehlte eine Küche, denn unsren Herd mit seiner Hitze und seinem Staub auch ins Wohnzimmerchen hereinzunehmen, dazu konnten wir uns nicht verstehen. Für Holz zu einer Küche aber wollten wir kein Geld mehr ausgeben. Daher beschlossen wir, dieselbe in der Art eines Blockhauses ans Haus anzubauen, so, daß man vom Wohnzimmer durch eine Thüre in die Küche gelangen konnte; die Thüre hatten wir schon am Meeresufer gefunden. So wurden denn etliche hundert junge, abgedorrte Föhren im Wald niedergehauen, die bei einem der häufigen Waldbrände dürre geworden, aber noch stehen geblieben waren. Mit der Axt wurden sie roh zugehauen und auf einander gelegt und an vier Eckbalken, die auch vom Meer kamen, festgenagelt; auf zwei Seiten wurde ein Fenster, je mit einem Schiebeladen aus Kistenholz versehen, herausgesägt. Auf der dritten Seite wurde eine Thüre ins Freie hinaus angebracht. Für das Dach brauchte man Bretter; diese wie alles übrige brachte das Meer. Im Dach sägten wir ein Loch durch für das Rohr unsres Herdes. So oft wir an den Ozean gingen, wurde Umschau gehalten nach irgendwelchen brauchbaren Gegenständen, und beinahe jedesmal fand sich etwas, das sich gut verwerten ließ; so waren wir auf diese Weise mit Besen, Wassereimern, Blech=

gefäßen u. s. w. ganz gut versorgt. Konnte man einen
Gegenstand seiner Größe wegen nicht sofort mit nach Hause
nehmen, so wurde derselbe mit dem Namen des Finders
versehen bei Seite gelegt, und man durfte dann sicher
sein, daß ihn ein andrer Ansiedler sich nicht aneignen
würde.

Um das Holzwerk des Hauses einigermaßen gegen
Regen und Fäulnis zu schützen, mußte es einen Ölanstrich
erhalten. Da wir fanden, daß der Boden vom Muckland
am Kanal beim Abbrennen des Unkrauts ein feines, gelb-
rotes Pulver, dem Oker ähnlich, hinterließ, wurde ein
Haufen trockenes Erdreich verkohlt und das Pulver, mit
Öl angemacht, ergab eine haltbare Ölfarbe, mit der nun
das Holzwerk bearbeitet werden konnte.

Von unsren Fenstern aus konnten wir auf den Kanal
hinunter und auf den Ozean hinaus sehen, doch war durch
Gebüsch und hohes Gras der Ausblick an manchen Stellen
beschränkt. Während des spanisch-amerikanischen Kriegs
war es aber für uns von großem Interesse, die Kriegs-
und anderen Schiffe genauer beobachten zu können, wenn
sie langsam ihren Weg der Küste entlang verfolgten. Es
wurde daher eine lange Leiter gebaut, die an einer schönen,
hohen Föhre neben der Hausthüre befestigt wurde. Diese
Föhre wurde nunmehr der Lugaus für uns, von dem Aus-
schau gehalten und den Untenstehenden Bericht erstattet
wurde. Mit unsrem guten Fernrohr konnte man nunmehr das Meer weithin beherrschen. Von dort aus be-
obachteten wir auch einmal zwei prachtvolle Wasserhosen.
Turmhoch erhob sich das Wasser, im Kreise gedreht, hart
der Küste entlang, um nach kurzer Zeit mit großem Krachen
in sich selbst zusammenzufallen. Ein Glück war es, daß
kein kleineres Fahrzeug in dieselben geriet, denn es wäre
unfehlbar verloren gewesen.

Im Innern des Hauses gab es noch mehr zu thun, um eine wenn auch bescheidene Behaglichkeit herzustellen, da wir natürlich mit Möbeln nur wenig versehen waren. Ich hatte unsre drei Reisekisten zu Hause so anfertigen lassen, daß sie drüben als Kästen dienen konnten; sie hatten Thüre und Schlösser. In einer hatten wir eine Kommode mitgenommen; zwei der Kisten wurden Kleiderkästen, eine diente als Küchenkasten. Aber an Stühlen fehlte es uns vollständig. Die anderen Ansiedler begnügten sich mit Kisten zum Sitzen, wie sie dieselben eben am Ufer aufgelesen hatten. Mit wenig Mühe fabrizierten wir aus solchen Kisten allerlei Sitzgelegenheiten. Und da wir einmal ein großes Stück ausnehmend starke Segelleinwand am Ufer fanden, konnten wir sogar einen echten Amerikanerstuhl herstellen, der alles leistete, was man an Bequemlichkeit nur wünschen mochte.

Solange man daheim in seinen gewohnten Verhältnissen weilt, weiß man die einzelnen Stücke in Zimmer und Küche gar nicht weiter zu schätzen. Man nimmt als selbstverständlich an, daß sie vorhanden sind. Anders wird es, wenn man in die Wildnis versetzt ist. Da vermißt man allerlei und sucht sich das Fehlende so gut es eben geht zu verschaffen. Umgekehrt aber kann man sich mit recht wenig Hausrat auch ganz behaglich fühlen, ohne den man in der Heimat nicht sein zu können glaubte. Mit einiger Geschicklichkeit läßt sich, wenn Not an Mann geht, aus wenig viel machen, und sind die Sachen dann nicht so fein, wie man sie wünschen möchte, was schadet es, wenn sie nur ihren Zweck erfüllen! So wußten wir auch unsre Wohnung allmählich so herzurichten mit lauter aufgefundenen Sachen, daß die älteren Ansiedler jedesmal ihre Bewunderung über die Behaglichkeit unsres Hauses aussprachen, und was die Hauptsache ist, sich auch mehr

Mühe gaben, ihre eigenen Häuschen ein wenig besser aus=
zustatten. Ja der Geometer, der einzige Hausvater unter
ihnen, fühlte sich nicht mehr wohl mit Frau und Kindern
unter seinen Zelten, sondern er baute sich mit Hilfe der
Nachbarn auch ein Holzhaus, das ihn zudem keinen Pfennig
kostete; denn auch er konnte Holz, Nägel, Eisenteile u. s. w.
einfach am Ufer holen, zumal er ganz nahe am Meer
wohnte.

Die Hauptfrage war, wie auch sonst in der Welt,
die Magenfrage. Was sollen wir essen? oder vielmehr,
was und wie sollen wir kochen? Die andere Frage: was
sollen wir trinken? war leichter zu beantworten. Das
Hauptgetränk war: Wasser. In dem Sandboden findet
sich überall gutes Wasser schon in geringer Tiefe und in
ausreichender Menge. Man kauft Röhren mit einer Spitze
versehen und treibt sie in den Sand hinein so tief, bis
man einigermaßen kühles Wasser findet, und schraubt auf
das oberste Stück der Röhren eine kleine Saugpumpe. Unser
artesischer Brunnen war 14 Fuß tief und gab herrliches,
wohlschmeckendes Wasser, allerdings erst nachdem wir an
zwei andern Orten es versucht hatten. Wo viele Palmetten
wachsen, erhält auch auf größere Tiefen hinab das Wasser
einen unangenehmen Geschmack und eine unreine Farbe.
Mit 17—19° R. kommt das Wasser aus der Erde, erscheint
aber trotz dieser Wärme stets kühl und erfrischt jederzeit.
Stellt man aber die Nacht über einen Krug Wasser unter
das Haus in den Durchzug, so kühlt es noch ganz be=
deutend ab. Neben dem Wasser ist der Haupttrank Kaffee,
morgens, mittags, abends, warm oder kalt, je nach
Wunsch. Wenn wir halb verschmachtet nach Hause kamen,
so gab es kein besseres Mittel, den Durst zu löschen, als
eine Tasse leichten, kalten Kaffee, der darum auch jederzeit
auf dem Tisch zu stehen pflegte. Auch wenn ein Reisender

einspricht, wird ihm sofort Kaffee angeboten, denn durstig ist jeder. Auch Thee wird getrunken, und zwar japanischer, den ich in England und Deutschland nirgends angetroffen habe, und dessen Naturreinheit mir stets sehr zweifelhaft erschien. Milch war nur in Büchsen zu haben; frische Milch konnten wir nie bekommen. Will man aus Milch etwas kochen, das nicht süß schmecken soll, so benützt man die ohne Zucker konservierte Büchsenmilch, die sich aber, wenn einmal geöffnet, nur einen Tag hält. Daß wir übrigens auch die Weinbereitung versuchten, wird man begreiflich finden. In einem hübschen dichten Wäldchen in der Nähe unsres Hauses fanden wir wilde Weinreben, die herrlich blühten, aber leider niemals Trauben ansetzten, auch nicht, nachdem wir etliche der Stöcke zurückgeschnitten hatten, daß sie nicht mehr in die höchsten Bäume hinaufrankten. Veredelte Reben pflanzten wir auch am Haus, allein die Früchte erlebte ich nicht mehr. In Fort Lauderdale gedeiht der Weinstock vortrefflich, und so wird es auch in Pompano der Fall sein, wenn man mehr Zeit und Mühe auf seine Kultur verwenden wird.

Neben dem wilden Weinstock fanden wir aber auch prächtige Holunderbäume, die Blüten und grüne und schwarze Dolben das ganze Jahr über tragen. Alle acht Tage konnte man reife Beeren holen, die wir zu einem angenehmen, starken Likörwein verarbeiteten, um bei Verdauungsstörungen eine Arznei zu haben. Wo sollte man aber den Wein aufbewahren, da von einem Keller irgendwelcher Art keine Rede sein kann in dem wasserreichen Sandboden? Wir kamen auf den Gedanken, die gut verkorkten Weinflaschen in Holzkisten zu legen, mit Sand gut zuzudecken und so unter das Haus zu stellen. Auf diese Weise hielt sich der Wein vorzüglich.

Einen andren Wein bereiteten wir aus Tomaten.

In acht Tagen schon war dieser flaschenreif und entsprach einem mittleren Tischwein. Bei einem Besuch unsrer benachbarten Ansiedler ließen wir unsren Wein kosten, und es wurde so lange fortgekostet, bis von dem kleinen Vorrat nichts mehr vorhanden war, und dann erklärt, der Wein sei ausgezeichnet gewesen. Im folgenden Jahr, wenn es wieder Tomaten gäbe, wollten sie selbst auch solchen Wein machen. Das Rezept dazu ist aber unsre eigenste Erfindung.

Wichtiger war die Nahrungsfrage. Einige der Ansiedler lösten dieselbe übrigens höchst einfach, indem sie Kohl mit oder ohne geräucherten oder gesalzenen Speck siebenmal in der Woche auf den Tisch brachten, um in den nächsten sieben Tagen den Kohl mit weißen Bohnen zu vertauschen. Die Aufgabe des Kochens war auf diese Weise natürlich sehr vereinfacht und erleichtert. Nun, Kohl aßen wir auch gerne und auch sehr oft, viel öfter als in der Heimat. Wir gaben unsren Mitgenossen sogar Vorbild und Anleitung, Sauerkraut einzumachen, das alle, die es noch nicht kannten, sehr gut fanden. Zum Glück hatte unsre Frau Nachbarin einen Gurkenhobel von New-York mitgebracht. An diesem fertigte ich nach Art unsrer Sauerkrauthobel ein viereckiges Kästchen, in welchem man das Kraut bis auf den letzten Rest einschneiden konnte. In drei Tagen ist das Sauerkraut fertig zum Kochen, und da bei dem tropischen Klima bedeutend mehr Salz zur Verwendung kommt als daheim, mußte das Kraut vor dem Gebrauch tüchtig gewaschen werden. Das war aber auch noch aus einem andern Grund notwendig. Eine Familie von über einen Zentimeter großen Ameisen hatte scheint's auch Geschmack an unsrem Kraut gefunden und sich mit ihrem Nest im Krautfaß häuslich niedergelassen und war nicht eher zu vertreiben, als bis das Kraut zu Ende war.

Aber wozu hat man ein Kochbüchlein mitgenommen, wenn man es nicht benützt? Nur hatte dieses Kochbüchlein einen sehr großen Fehler. Es stammte noch aus der sogenannten guten alten Zeit, und damals waren die Zuthaten an Eiern und Butter u. s. w. für Mehl- und andre Speisen noch sehr billig. Wenn es darum hieß: nimm 8—10 Eigelb und 1½ Pfund Butter, so konnten wir mit der bekannten Löfflerin nur sagen: „so man hat." Wir lernten das Dividieren gut, denn 1—2 Eier thaten es auch, und wenn gar keine da waren, so ging es eben auch, und an die Stelle der Butter trat das amerikanische Schweineschmalz. Zur Zeit der Schildkröteneier, von Mai bis August, da konnte man die Verfasserin unsres Kochbüchleins noch übertrumpfen, und 30—36 Eigelb zu Pfann- oder Eierkuchen für drei Personen war nicht zu viel für Leute, die ins Volle greifen konnten.

Und erst die Fleischspeisen! Ich glaube nicht, daß die Verfasserin des Kochbüchleins im stand gewesen wäre, aus dem Büchsenfleisch, das uns fast ausschließlich zur Verfügung stand, eine solche Abwechslung in der Zubereitung herauszubringen, wie wir es im Lauf der Zeit zu thun vermochten. Jedenfalls erregte es die Bewunderung und Anerkennung unsrer Frau Nachbarin in vollem Grad, als wir ihr von Ochsenfleisch in der Büchse ein vorzüglich zubereitetes „eingemachtes Kalbfleisch" vorsetzten. Damit waren ihre sonst guten „armen Ritter" gar nicht zu vergleichen.

Das alles wäre recht und gut gewesen, wenn nicht manchmal Schmalhans in der Küche Meister gewesen wäre. Und das war einmal in nur zu ausgedehntem Maße der Fall, vor der ersten Bohnen- und Tomatenernte, eine Zeit für uns, die mich lebhaft an das sogenannte Hungerquartal des zum erstenmal definitiv angestellten schwäbischen Pfarrers

erinnerte, daß ja allerdings insofern auch seine gute Seite
hat, daß baburch der Betreffende in die richtige Ansicht
betreffs der irdischen Güter andern zum Muster eingeführt
wird. Doch es ist überaus peinlich, wenn der Küchenkasten
von Tag zu Tag leerer wird und eine Ergänzung der
Vorräte einfach unmöglich ist. Solange noch Mehl im
Kab ist und Öl im Krug, ging es immer noch. Allein es
kam auch so weit, daß es nicht mehr zu Brot reichte, und
das ranzige Öl, das an die Stelle des Schmalzes getreten
war und durch wiederholtes Aufkochen mit Brotstücken genießbar gemacht werden mußte, ging auch zu Ende. Und
doch sollte und mußte stramm gearbeitet werden auf dem
Felde! Da haben wir eben endlich uns doch auch ent-
schließen müssen, für etliche Dollars Proviant auf Schulden
zu kaufen. Ich möchte aber niemanden in die Lage wünschen,
in der wir uns damals befanden.

Übrigens konnte man Ein Nahrungsmittel jederzeit
im Wald haben, das ist das sogenannte Comptie, von den
Indianern Koontie geheißen, eine Knollenfrucht, ähnlich
der Arrow-root (Pfeilwurzel auf den Bahama-Inseln).
Sie wächst im Sand in allen Wäldern als Unterholz mit
farrenkrautähnlichen Blättern und erreicht die Größe eines
Kindskopfes. Man reibt die Wurzel auf dem Reibeisen
und gießt Wasser daran. Doch da wir kein Reibeisen
hatten, mußten wir erst nach Indianerart eines herstellen.
Dazu nimmt man das Blech von einer leeren Fleischbüchse,
schlägt mit einem Nagel Löcher durch und das Reibeisen
ist fertig. Das Wasser erscheint rötlich und muß so oft
erneuert werden, bis es weiß wird; denn die rote Farbe
kommt von einem Giftstoff der Wurzelrinde her. Das
weiße Pulver, das sich unten am Boden ansetzt, ist sehr
stärkehaltig, wird wie Arrow-root mit Wasser oder Milch
zu einem dicken, angenehm schmeckenden Brei gekocht, ein

Lieblingsgericht der Indianer. In Miami wird eine Fabrik zur Gewinnung von Stärkemehl errichtet und an die Ansiedler weit und breit erging der Aufruf, das gewinnbringende Comptie in großen Mengen anzupflanzen.

Solange unsre deutschen Nachbarn noch keinen eigenen Herd angeschafft hatten, d. h. zwei Monate lang, kochten wir zusammen und zwar unter freiem Himmel, und hatte diese Art der Kocherei ganz den Charakter des Lebens im Buschwald an sich. Der Herd stand in der Mitte zwischen unsren zwei Häusern; wir stellten den Herd zur Verfügung, während unsre Nachbarn für das nötige Brennmaterial zu sorgen hatten. Dieses bestand im Holz der Pechtanne, das durch und durch verharzt, eine ungemeine Hitze, aber auch einen gewaltigen Rauch entwickelte. Natürlich waren wir stets Wind und Regen ausgesetzt. Je nachdem der Wind ging, sahen wir nach einer halben Stunde wie Kaminfeger aus, dementsprechend auch das Essen. Wir suchten dem Übelstand dadurch abzuhelfen, daß wir den Herd nach dem Wind drehten, allein manchmal wechselte der Wind öfter seine Richtung an einem Vormittag oder er blies so gewaltig, daß er uns das Herdrohr zu Boden warf. Ein gelegentlicher Regenguß in die offenen Pfannen trug auch nicht zur Verbesserung der Tagesgerichte bei. Doch gab, namentlich an freien Tagen, die Zubereitung des Mittagsmahles Gelegenheit zur Versammlung der Mitglieder beider Familien um den Herd als Mittelpunkt, wenn dann auch das Zusammenwirken so vieler Köche die betreffenden Speisen nicht aufs beste geraten ließen. Das gegenseitige Mitteilen dessen, was die Kochkunst geleistet hatte, brachte übrigens manche Abwechslung in die Tageskost und ließ diese hie und da geradezu großartig erscheinen.

Wer kocht? Das war jeden Morgen die Frage, die gewöhnlich erst nach mehrstündiger Arbeit auf dem Felde

entschieben wurde, wenn bann ber Koch bas Boot nahm
unb nach Hause fuhr. Das geschah, wenn es nach bem
Stanb ber Sonne etwa zehn Uhr war. Der, ben bas
Schicksal traf, suchte sein Bestes zu thun, um bis zwölf
Uhr etwas Orbentliches zusammenzukochen unb ben beiben
anbern womöglich eine Überraschung zu bereiten. Uhren
hatten wir nämlich wohl mehrere, auch eine Wanbuhr.
Allein sämtliche Taschenuhren weigerten sich zu gehen wie
sie sollten unb blieben zulegt ganz stehen, mit Ausnahme
einer einzigen, die aber nur in liegenber Lage ihre Schulbig-
keit that. Die Wanbuhr vollenbs versagte jebesmal ben
Dienst, wenn ein stärkerer Wind bas Häuschen erfaßte
unb auch an bem schmalen Balken rüttelte, an bem sie
hing. So blieb nur noch bie liebe Sonne als Stunben-
zeiger unb wir kannten sie balb aufs genaueste aus.
Übrigens hatten wir am Haus auch eine Sonnenuhr angebracht, bie wenigstens vormittags ganz vorzüglich arbeitete,
ba bie Seite mit ber Uhr nach Süben zeigte. Nachmittags war bie Sonne schon auf ber westlichen Seite.

Wenn etwas vorhanben war, aus bem man für ben
Tisch eine Mahlzeit herstellen konnte, so war bie Sache
im ganzen leicht. Geschabet hat es meinen Jungen nicht,
baß sie ihren Teil um Kochgeschäft zugewiesen bekamen.

Übrigens fanben wir bie Erfinbung ber sogenannten
Heukiste sehr bienlich unb müheersparenb, nur hatten wir
lange zu suchen, bis wir irgenbwo etliche Pfunb gutes
Heu bekommen konnten. In eine kleine Kiste vom Meeres-
stranb wurde Heu gelegt unb in ber Mitte ein Loch gelassen, in welches bie Pfanne mit ber zu kochenben Speise
gestellt wurde, nachbem bieselbe etwa zwanzig Minuten
auf bem Herbfeuer gestanben hatte. So konnten wir etwa
Reis ober Sauerkraut, Kartoffeln u. s. w. beim Zubereiten
bes Frühstückskaffees mit auf ben Herb setzen, unb wenn

wir nachher aufs Feld gingen, stellten wir die Pfanne
ins Heu, deckten alles gut zu und wenn wir um zwölf
Uhr nach Hause kamen, war das Essen gar und die Mühe
und Hitze des Kochens im Herd erspart. Wir priesen diese
praktische Erfindung jedesmal, wenn wir sie benützt und
erprobt hatten.

An Weihnachten ließen wir uns unsre heimatliche
Feier nicht nehmen. Es wurden allerlei christtägliche Ge-
bäcke hergestellt, Lebkuchen, Wiener Brot, Zimtsterne.
Allerdings mußte auch da an Stelle des im Kochbuch ge-
forderten eben treten was vorhanden war, z. B. an Stelle
des Honigs unser gewöhnlicher Syrup. Neben dem Ge-
bäck mußte auch ein Bäumchen unsern Tisch zieren. Herrlich dufteten die Wasserlilien, die im zarten Grün der
kleinen Forche mit ihrem Weiß sich prächtig abhuben und
die Lichter strahlten weithin sichtbar durch die offenen
Fenster. Eine Überraschung einziger Art wurde uns am
Christfest, indem ein junger Deutscher aus Tübingen erschien, der sich auch in der Gegend niederlassen wollte,
angezogen von den Schilderungen des Pastors Pohle. Er
blieb fünf Wochen bei uns wohnen, wobei die Ansprüche
auf Raum und Ausdehnung des einzelnen Bewohners
aufs geringste Maß beschränkt werden mußten. Nach fünf
Wochen fuhr er weiter nach den Bahama=Inseln; es hatte
ihm in Pompano nicht gefallen.

An jedem Geburtstag mußte nach heimatlichem Her-
kommen ein sogenannter „Blitzkuchen“, umsteckt mit Lichtern
nach den Jahren des Geburtstäglers auf dem Tisch stehen;
derselbe schmeckte ausgezeichnet, auch wenn er nicht die
vorschriftmäßige Zahl von Eiern enthielt.

War das Kochen eine schwierige Sache, so war das
Brotbacken noch viel schwieriger. Natürlich, wenn man
nur zum Bäcker gehen darf und die nötige Hefe kaufen,

unb wenn ein Backofen zur Verfügung steht, so ist die
Aufgabe weiter keine schwere, zumal wenn man seinen
Bebarf an Brot gleich auf acht oder vierzehn Tage auf
einmal backen kann. Das wäre in Floriba nicht möglich,
wo am britten Tag das Brot sauer ist ober so ausgedörrt,
baß es nicht mehr genießbar wäre. Aber woher bie Hefe?
Es giebt freilich allerlei Backpulver, das an ihre Stelle
treten kann. Doch gesund ist bieses nicht. Nimmt man
zu wenig, so geht das Brot nicht unb wird schwer; nimmt
man zu viel, so wird es gallenbitter; unb selbst wenn man
bie richtige Mitte trifft, ist es kein schmackhaftes Brot.
Wir lernten baher vor allem, trockene Hefe zu machen,
unb zwar aus Hopfen, Weizen= unb Welschkornmehl;
baraus werden thalergroße Stücke geformt unb in ber
Sonne getrocknet; biese Hefe hält sich gut einen Monat.
Auf biese Weise erhielten wir recht gesundes Weizenbrot,
zur Abwechslung auch Welschkornbrot. Allein alle zwei
Tage mußte gebacken werden unb zwar im Kochherb, bessen
Backfähigkeit allerbings manches zu wünschen übrig ließ,
obgleich ber Bratofen burch eigene Vorrichtungen einen
besondern Zugang ber Hitze auch am Boden unten zuließ.
Mochte aber das Brot ausfallen, wie es wollte, gegessen
wurde es boch, unb war es einmal besonbers schwer ge=
raten, so tröstete man sich bamit, baß es bas nächste Mal
besser ausfallen werbe. Probiert unb probiert wurde von
allen breien, um ben besten Weg herauszubekommen. Das
hatte nun allerbings für ben, ber das Beste getroffen, ben
Nachteil, baß er gleich bas nächste Mal wieder bas Amt
bes Bäckers übernehmen mußte, wofür er bann vom Kochen
frei wurde. Auch unsre Frau Nachbarin verzweifelte oft
beinahe über ihrer Arbeit, ba sie in ber gleichen Lage war,
wie wir, babei aber für eine größere Familie zu backen hatte.
     Am allermißlichsten aber im Hauswesen war bie

Wäsche! Alle vierzehn Tage war Waschtag. Und wenn
es bei richtiger Abwechslung auch nur alle sechs Wochen
an den einzelnen kam, so war auch das schon zu viel und
des Seufzens kein Ende. Der älteste Sohn übernahm die
Arbeit, wöchentlich einmal den Zimmerboden zu fegen, und
war dafür von der Pflicht zu waschen gewöhnlich dispensiert.
An einem großen, blechernen Waschkessel fehlte es nicht;
den lieh uns unsre Nachbarin. Aber die Arbeit! Doch
ich will nicht ermüden durch eingehendere Schilderung der
Mühe und Beschwerlichkeit, sondern nur sagen: was wir
nicht in gewünschter Weise zu stand brachten, das besorgte
die gütige Sonne im Wechsel mit etlichen Regenschauern,
wenn die Wäsche an der Leine hing. Die leinenen Hosen
hielten übrigens der Bearbeitung mit Lauge und Boden-
bürste nicht lange stand.

Daß einer von uns dreien besonderes Geschick zum
Schneiderhandwerk hatte, glaube ich nicht. Doch habe ich
es in jener Zeit meiner Mutter noch gedankt, daß sie mich
als Kind eingeweiht in die Geheimnisse des Kettenstichs,
das Überwendlingen und wie sonst die Kunstausdrücke dafür sind, einen Riß zu heilen oder aus zwei zerrissenen
Hosen eine ganze herzustellen. Denn es handelte sich nicht
bloß darum, einen abgerissenen Knopf wieder an seine
Stelle zu setzen. Die Arbeit war stets eine schwierige,
die beim Lampenlicht vorgenommen wurde, aber auch zur
Bewunderung der ganzen, an solchem Erfolg stets aufrichtig
teilnehmenden Kolonie auszufallen pflegte, und beinahe stolz
erschien man in der neuen Montur.

Auch daß man in der Jugend eine Vorstellung vom
Filetstricken oder Netzmachen erhalten hatte, kam einem
sehr zu statten. Das Fischfangen mit der Angel oder dem
Bootsegel war nicht einträglich. Daher strickten wir alle
drei zusammen in acht Tagen ein Netz achtzig Fuß lang

und sieben Fuß weit, das sich über den ganzen Kanal spannen ließ und in dem sich die Fische bei Flut und Ebbe fingen. Auch im Ozean wurde es angewandt, aber von einem kleineren Haifisch in der Mitte durchgerissen. Den größten und leichtesten Fischfang hatten wir am 1. Januar 1898, als die Temperatur auf den Gefrierpunkt sank; das Wasser im Kanal wurde so kühl, daß die Fische, die vom Ozean hereingekommen waren, förmlich betäubt wurden. Vom Boot aus konnten wir in einer halben Stunde dreißig schöne Fische mit den Händen zusammenlesen.

Eine andere Kunstfertigkeit erlernte sich im Lauf der Zeit aus Notwendigkeit, nämlich die Strohhutflechterei. Die Blätter der Kohlpalme liefern sehr guten Stoff für Strohhüte, allerdings nicht, wie nach gemachtem Versuch eine heimatliche Strohhutfabrik erklärte, von solcher Güte, daß dadurch die Palmblätter von Kuba ersetzt werden konnten, deren Bezug durch den spanisch-amerikanischen Krieg ganz aufgehört hatte. Man spaltet die einzelnen Teile des Fächerblattes mit einer Nadel in mehr oder weniger breite Streifen, je nachdem der Hut gröber oder feiner ausfallen soll. Vier oder sieben Streifen werden zusammengeflochten und dann das Geflechte von etwa vierzig Fuß Länge zu einem Hut aneinander genäht, der, was Leichtigkeit und Schutz gegen Sonnenbrand anbetrifft, nichts zu wünschen übrig läßt und dabei schön weiß ist. Notwendig ist solcher Schutz, denn die entblößten, der Sonne ausgesetzten Körperteile schmerzen furchtbar. Nacken, Arme, Hände werden derart verbrannt, daß nach etlichen Tagen die Haut in langen Streifen sich abziehen läßt.

Wie in allem, so wird man auch in Beziehung auf Kleidung in einem solchen Lande sehr bedürfnislos. Klima, Weltabgeschiedenheit und die Art der Arbeit bringen das mit sich. Die Jugend trug fürs gewöhnliche, wie wir zu sagen pflegten, nur „drei H" nämlich Hose, Hemb, Hut. Bei großer Sonnenhitze wurde allerdings das Barfußgehen in dem glühenden Sand zur Unmöglichkeit. Dafür konnte man billiges Schuhwerk starken Kalibers beim Kaufmann in Fort Lauberdale kaufen, oder die leichten, angenehmen Moccasins der Indianer.

Am Neujahrstag machten wir zwei deutsche Familien einander förmliche Visite, ganz in schwarz und im Zylinder, um aber gleich auszufinden, daß solche Kleider in diesem Klima einfach nicht getragen werden könnten.

———

15. Kapitel.

Die Seminolen-Indianer.

Gleich am ersten Morgen nach unserer Ankunft in Fort Lauberdale hatten wir das Vergnügen, den ersten Indianer kennen zu lernen. Aber der Kerl war schon in der Tagesfrühe betrunken und konnte nur mit dem ganzen Gesicht grinsen und von einem zum andern rennen und ihm die Hand drücken. Es war ein alter Mann, dessen Körper aber noch von großer Muskelkraft zeugte, groß-gewachsen mit scharfen Augen, die oft von verhaltener Wut förmlich leuchteten, wenn er sich von jemand ver-spottet glaubte; es schien gerade, als ob er sich auf ihn stürzen wollte, so daß die Nähe dieses betrunkenen Wilden im Kaufladen dort nicht so sehr angenehm war. Übrigens hatten seine Stammesgenossen ihn wegen Verräterei in den sechziger Jahren aus ihrem Stamm hinausgeworfen, nachdem sie ihm zum bleibenden Erkennungszeichen beide Ohren je zur Hälfte abgeschnitten hatten. Daher trug er auch einen Turban über die Ohren herab. Er durfte nun nicht im Lager der anderen Indianer erscheinen oder sich

länger aufhalten, sondern mußte für sich außerhalb des=
selben kampieren. Wenn er aber irgendwo mit seinem
Kanoe und seinem alten grauen Hund erschien, wußte man
sofort, daß im Laufe des Tages eine ganze Abteilung von
Indianern eintreffen werde.

So war es auch hier in Lauberdale. Am Nachmittag
kam ein Kanoe nach dem andern den New River herab,
bis gegen dreißig Indianer, Männer, Weiber und Kinder,
am Kaufhaus gelandet waren. Die Kanoes sind aus einem
Baumstamm gebaut, der einfach ausgehöhlt und vorne und
hinten zugespitzt wird. In diesem Kanoe nimmt der Indianer
alles, was er besitzt an lebendem und totem Inventar, mit
sich, wenn er seine oft monatelangen Jagdausflüge an die
Küste und in die Flüsse von Florida macht. Der Mann
sitzt dabei hinten im Boot und rudert und steuert zugleich
mit einem Doppelruder, das er auf jeder Seite des Bootes
gebrauchen kann. Das Weib nimmt seinen Platz des Gleich=
gewichts wegen in der Spitze des Bootes ein. In der
Mitte liegen die Kinder und Hunde, die eigentlich nie
fehlen dürfen, sowie die Matten und die Stangen für das
Zelt, die Sachen zum Kochen und vor allem das Gewehr
und die Harpune zum Fischfangen. Noch öfter aber be=
dienen sie sich ihres langen Messers zum Stechen der
Fische. Da steht so ein Indianer, das Messer in der er=
hobenen Hand, regungslos bis ans Knie im Wasser am
Ufer, mit einem Schlag fällt Hand und Messer herab ins
Wasser und der Fisch ist an die Spitze des Messers ge=
spießt; die Schnelligkeit und Sicherheit ist wirklich be=
wundernswert, mit der sie den Fisch aus seinem Elemente
herausholen. Sind genug Fische beisammen, so werden
sie den Weibern hingeworfen, die sie abschuppen und über
Kohlen zubereiten müssen.

Die Indianer hier unten im Süden, wie überhaupt

in ganz Florida gehören zum Stamm der Seminolen, die wieder einen Zweig der Creek=Indianer bilden. Sie gehören zu den sogenannten „Mobilier" (von Mobile im Nordwesten von Florida) oder „Floridier", die außer jenen noch die Stämme der Choctaw und Chicasaw in sich vereinigten. Sie hatten ein ungeheures Gebiet inne zwischen dem Atlantischen Ozean und dem mexikanischen Meerbusen bis hinauf zur Einmündung des Ohio in den Mississippi, die Staaten Florida, Alabama, Mississippi, Georgia, sowie Teile von Tennessee, Kentucky und Süd=Carolina umfassend.

Woher sie stammen, weiß man nicht. Sie haben dieselbe Hautfarbe und denselben Schnitt der Gesichtszüge, wie die Völkerschaften der nördlichen Landesteile. Aber in Bezug auf Bildung standen sie weit über diesen, so daß anzunehmen ist, sie stammen von den Zentral= oder Süd=Amerikanern her, oder aber haben sie durch Berührung und Nachbarschaftsverkehr mit den halbzivilisierten Bewohnern jener Länder ihre Lebensverhältnisse höher gestaltet. Sie waren ein schöner Menschenschlag, die Männer athletisch und doch anmutig in allen Bewegungen; die Weiber kleiner, wohl gebildet und zum Teil sogar sehr schön. In dieser Beziehung sind sie im Laufe der Zeit sehr heruntergekommen und man findet wohl recht stattliche, wohlproportionierte Leute, aber mit wenigen Ausnahmen, besonders was die Weiber betrifft, ungemein häßlich. Gerade auch die Weiber zeigen in der Mehrzahl einen ganz stupiden, gleichgültigen Gesichtsausdruck. Es mag gewiß diese Entartung davon herrühren, daß die Seminolen Jahrzehnte lang vom Verkehr mit Weißen abgeschlossen in ihren Niederlassungen mitten im Lande, in den Everglades, ganz auf sich angewiesen waren und jede Teilnahme und eigentliche Thätigkeit im Laufe der Zeit

verloren haben. Nachdem im Osten und Westen durch die
Anlage von Eisenbahnen das Land erschlossen ist und mehr
und mehr von Weißen bevölkert wird, erwacht bei den
Seminolen auch wieder mehr Lebensenergie, und wenn
es nur um des Branntweins wegen wäre, den sie, wie
alle Naturvölker, ungemein lieben und den sie sich auch für
schweres Geld in dem Temperenzlande zu verschaffen wissen.
Manche Alligatorhaut wird in Cognac der allergiftigsten
Sorte umgesetzt, und für Feuerwasser giebt der Seminole
alles her, was er besitzt.

Der erste Hauptschlag gegen diese Indianer der Südstaaten wurde in den Jahren 1813 und 1814, im ersten
Indianerkrieg, geführt und hatte die Vernichtung der indianischen Herrschaft in den Gebieten zwischen dem Atlantischen Ozean und dem Golf von Mexiko zur Folge. Es
war besonders der Stamm der Creeks, der dem tapferen
jungen General Jackson viel zu schaffen machte. Diese
hatten sich unter Führung ihres Häuptlings Weatherford
bei Tohopeka im Tallapoosathale mit Hilfe von Spaniern
aus Pensacola eine starke Verschanzung aus Baumstämmen
und Erdwällen errichtet, Hütten dahinter aufgeschlagen und
sich etwa 1200 Köpfe stark mit ihren Weibern und Kindern
verschanzt, bereit, sich bis zum letzten Mann zu verteidigen.

Am 27. März 1814 unternahm Jackson einen Sturm
auf das verschanzte Lager. Die Indianer, welche die
Stärke ihres Platzes wohl kannten, verteidigten sich lebhaft, so daß der Angriff zunächst abgeschlagen wurde.
Jackson rief Freiwillige vor. Diesen gelang es, an mehreren
Stellen die Verhaue in Brand zu stecken, und als die Be-
lagerten zu entkommen suchten, wurden sie niedergeschossen,
wie Wild auf der Treibjagd. Von Ergebung aber wollten
die Creeks nichts wissen, und so kamen ihre Krieger er-
barmungslos um. Nach Einnahme des Lagers fanden

sich über 600 erschlagene Männer, während über 300 Weiber
und Kinder und nur drei bis vier Männer in Gefangenschaft gerieten.

Damit war die Macht der Creeks gebrochen. Die
Häuptlinge der andern Stämme suchten um Frieden nach,
den Jackson gerne abschloß. Eines Tages trat zu Jack-
sons Überraschung der Häuptling Weatherford in sein
Zelt. „Ich bin in deiner Gewalt," hob er stolz aufgerichtet
an, „thue mit mir, was du willst. Meine Krieger sind alle
dahin und ich kann nichts mehr thun. So lange ich Aussicht auf Erfolg hatte, habe ich nie um Frieden gebeten;
jetzt ist alles vorüber, und darum bitte ich für den Über-
rest meines Volkes." Jackson gewährte die Bitte des un-
gebeugten Häuptlings.

Wie zu allen Zeiten, seitdem Europäer ihren Fuß
auf den Boden Amerikas setzten, so geschah es auch hier
bei den südlichen Stämmen: Die rote Rasse muß der weißen
weichen und unterliegen, und im Bunde mit Eifersucht und
Zwietracht der Stämme untereinander gelingt es den Weißen,
Stamm für Stamm zu unterwerfen und seines Landes
sich zu bemächtigen.

Die Creeks waren besiegt und ihr Ansehen gebrochen.
Aber noch stand in voller Kraft der Stamm der Semi-
nolen. Aber auch an sie sollte die Reihe kommen, das
Übergewicht der Weißen zu erfahren, und das war im
Seminolenkrieg 1834—1842.

Die Veranlassung zu diesem zweiten Indianerkrieg in
Ostflorida war der Versuch, die Seminolen nebst den andern Stämmen gewaltsam aus ihren Ländereien weg nach
dem Westen zu transportieren. Jenseits des Mississippi
in den Wildnissen noch ganz unbekannter Gebietsteile
sollten sie eine neue Heimat suchen und finden. Unter der
Führung ihres angesehenen Häuptlings Micanopy fingen

die Seminolen einen Kleinkrieg gegen die weißen Ansiedler an der nördlichen Grenze von Florida an, dem sich bald aus Privatrache ein anderer Häuptling, Osceola, anschloß. Der Indianeragent General Thompson hatte des Osceola Weib bei ihrer Anwesenheit in Fort King unter dem Vorwand, sie sei die Tochter einer Sklavin, verhaftet und dem Eigentümer der Mutter übergeben, der seine Rechte an die angeblich entlaufene Sklavin geltend machte. Osceola selbst wurde ins Gefängnis geworfen und mit Ketten belegt. Der schlaue Häuptling wußte sich durch demütiges Benehmen und geheuchelte Reue das Zutrauen des Generals so zu gewinnen, daß dieser ihn bald wieder frei ließ.

In Osceolas Herzen aber lebte nur ein Gedanke: Rache zu nehmen für die ihm und seinem Weibe widerfahrene Schmach.

Schon im Frühjahr 1832 hatte sich eine Anzahl von Häuptlingen der Regierung der Vereinigten Staaten gegenüber bereit erklärt, Florida zu verlassen und im Westen des Reichs sich niederzulassen. Andere Häuptlinge aber, Osceola an der Spitze, und die Mehrzahl der Stammesangehörigen widersetzten sich diesem Beschluß, erklärten den Vertrag für ungiltig und griffen zu den Waffen zu kleineren Überfällen gegen die benachbarten Weißen. Im Jahre 1834 wurde General Thompson nach Florida gesandt mit dem Auftrag, die Seminolen mit Gewalt aus dem Lande zu werfen. An die Spitze der Indianer stellte sich Osceola, und es entstand ein siebenjähriger Krieg, in welchem, solange Osceola lebte, die Seminolen die Oberhand behielten. Er wußte stets durch persönliche Tapferkeit, durch Hinterlist und Verräterei selbst gegen die tüchtigsten amerikanischen Führer das Feld zu behaupten.

Im Dezember 1835 überfiel Osceola die Ansiedler an der Grenze der Everglades, jener sumpfigen, mit Prärie,

Wasser und urwäldlichen Dickichten bedeckten Landstriche
im Inneren Floridas. Er schlug alle, die ihm in die Hände
fielen. Durch diesen Streifzug geriet die kleine Garnison
in Fort Drane am Withlacooche in große Gefahr, von
den Seminolen aufgerieben zu werden. Darum rückte von
Süden her, von Fort Brooke an der Tampabucht, Major
Dade mit hundert Soldaten zu Hilfe heran; er geriet aber
mit seiner Mannschaft am 28. Dezember 1835 am Wahoo-
Sumpf in einen Hinterhalt der Rothäute, und alle wurden
niedergemacht. Noch am selben Tage überrumpelte Osceola
mit einem kleinen Haufen den ihm so verhaßten General
Thompson, der mit fünf Begleitern in einem Magazin bei
Fort King ahnungslos bei Tische saß, erschlug und skal-
pierte Thompson mit eigener Hand und ließ dessen Begleiter ermorden. Auf diese Weise befriedigte der Wilde
seine Rache. Mehrere andere Führer der Weißen wurden
an verschiedenen Stellen anfangs des Jahres 1836 überfallen und geschlagen, so daß die Seminolen überall als
Sieger erschienen.

Im Frühling 1836 erhoben sich alsbann auch die
Creeks, die 1814 so schwer geschlagen worden waren, und
suchten ihrerseits Rache zu nehmen für das, was ihnen
damals widerfahren. Sie setzten sich in Verbindung mit
den Seminolen, um die Amerikaner im Norden zu be-
schäftigen. Die Weißen, die sich im Laufe der letzten
zwanzig Jahre auf ihrem früher innegehabten Gebiet
niedergelassen und blühende Pflanzungen angelegt hatten,
wurden von ihnen überfallen, und alle niedergemacht, deren
sie habhaft werden konnten. Bis nach Georgien und
Alabama erstreckten sich ihre Plünderungszüge; reisende
Boten, Postwagen, Dampfboote auf den Flüssen, später
ganze Dörfer wurden angegriffen. Tausende von Männern, Weibern und Kindern mußten nach allen Richtungen

fliehen, um der grausamen Mordluft dieser Wilden zu entgehen.

Allein bald sollten die Creeks überwunden sein. General Scott, der zum Befehlshaber im Süden ernannt wurde, griff energisch ein, schlug die Creeks in mehreren Gefechten und zwang sie schon im Sommer 1836, zu Tausenden die Auswanderung in die Wildnis westlich vom Mississippi anzutreten. Damit traten die Creeks für immer vom Schauplatz der Geschichte ab. Ihr Land war bald von den weißen Zuzüglern besiedelt.

Noch aber waren die Seminolen unter den Waffen. Gegen sie marschierte im November 1836 General Call mit 2000 Soldaten von Georgien herab. Eine Abteilung seiner Leute kam in ein hitziges Gefecht mit den Indianern, das aber wegen der Sümpfe und Dickichte, in die die Seminolen sich zurückziehen konnten, unentschieden blieb. In allen jenen Gegenden hatten die amerikanischen Truppen vom Klima, Fieber, giftigen Schlangen und Insekten ebensoviel zu leiden, wie von den flinken Indianern, die Weg und Steg kannten und so schnell wieder verschwanden, als sie gekommen waren. So schloß das Jahr 1836 ohne weitere Erfolge für die Weißen und ohne Aussicht auf den ersehnten Frieden.

Im Jahr 1837 erschien ein neuer Führer der Amerikaner im Feld, General Jesup, der gesonnen war, mit List oder Gewalt dem Krieg ein Ende zu machen. Schon hoffte er, sein Ziel erreicht zu haben, da im März eine Anzahl Häuptlinge sich bei ihm einfanden und ihre Bereitwilligkeit, sich zu unterwerfen, erklärten. Es wurde ein Vertrag aufgesetzt, nach welchem die Seminolen mit ihren Führern in die für sie bestimmten neuen Gebiete übersiedeln sollten. Allein Osceola wußte die Sache mit List zu hintertreiben, der Vertrag wurde gebrochen, der

Krieg begann aufs neue und wurde auf beiden Seiten
mit großer Erbitterung geführt ohne irgendwelchen durch-
schlagenden Erfolg. Wieder kamen im Laufe des Jahres
eine Menge amerikanischer Soldaten in den Sümpfen des
Innern von Florida um, während die Wilden sich der
Verfolgung geschickt zu entziehen wußten.

Endlich aber sollte Osceola in die Hand seiner Feinde
fallen, nicht auf redliche Weise und in ehrlichem Kampf,
sondern durch eine gemeine List des Generals Jesup.
Dieser ließ Osceola mit etlichen Unterhäuptlingen unter
einer Waffenstillstandsflagge zu einer Besprechung in sein
Lager einladen. Die Geladenen erschienen. Als sich aber
Osceola erhob, um zu sprechen, fielen auf einen Wink von
Jesup etliche Soldaten über ihn her, ergriffen ihn und
banden ihn mit Stricken, ohne daß Osceola Widerstand
leistete oder ein Wort sprach. Seine Begleiter ergriffen
ihre Streitaxt, konnten aber bei den auf sie gerichteten
Gewehren nichts ausrichten und mußten sich ebenfalls in
ihr Schicksal ergeben, wurden aber sofort frei entlassen.
Osceola wurde nach Charleston in Südkarolina am Atlantischen Ozean gebracht und im Fort Moultrie eingesperrt,
wo er 1838 am Fieber starb. Ein Denkstein bezeichnet
das Grab des letzten, kühnen Führers der Seminolen,
den seine Feinde nur durch solche grausame List in ihre
Gewalt bekommen konnten. Zwar wollte General Jesup
sein Verfahren rechtfertigen, indem er der Regierung
erklärte, weil Osceola sich früher auch durch den heiligsten
Vertrag nicht gebunden gefühlt habe, so wäre auf eine
andere Weise, als wie er es angefangen, ein Ende des
Krieges nicht abzusehen gewesen. Allein die Schmach, als
zivilisierter Weißer und Christ die rohe, wilde Rothaut
durch Verletzung der Heiligkeit der Parlamentärflagge überlistet zu haben, bleibt seinem Namen für alle Zeit.

Der Verlust ihres großen Führers war für die Seminolen ein schwerer Schlag. Sie setzten aber, durch den
Verrat der Amerikaner gewarnt und in ihrem Haß noch
bestärkt, den Krieg unter ihren andern Führern fort, obgleich über neuntausend Mann Bundestruppen ihnen in
Florida gegenüberstanden. Die Bodenbeschaffenheit ihres
Landes blieb ihr bester Verbündeter. Die Truppen konnten
nicht an die Schlupfwinkel der Indianer gelangen, und
diese setzten ihren Widerstand fort, auch nachdem sie am
Macaco-See eine herbe Niederlage erlitten hatten.

Unter unglaublichen Strapazen mußten die Amerikaner den Krieg weiterführen, bis im Mai 1839 ein
Friedensvertrag abgeschlossen wurde, mit dem die Amerikaner sich zufrieden gaben, der aber die Seminolen so
wenig verpflichtete, daß sie ihre Raubzüge noch immer
fortsetzten, und erst 1842 kam es zu einem dauernden
Frieden, nachdem Tausende von Menschenleben dem Krieg
zur Beute gefallen und Millionen Dollars vergeudet waren.
Die Seminolen erreichten trotz allem das, was sie wollten:
nämlich den Besitz ihres angestammten Landes, in dem sie
heute noch sind.

Aber wie groß ist die Zahl der Stammesangehörigen
heutigen Tages? Man weiß es nicht. Sie werden auf
1000 bis 3000 geschätzt. Eine Zählung kann nicht statt-
finden, denn niemand würde es wagen, trotz ihrer Fried-
fertigkeit in ihre Schlupfwinkel in den Everglades einzubringen, in Gegenden, die wohl noch lange nicht erforscht
werden, weil sie Ansiedlern keinen Gewinn versprechen.
Bald wird für die Seminolen wie für die übrigen Rothäute
Amerikas die Zeit kommen, wo die letzten, am Ozean stehend
und der sinkenden Sonne nachschauend, mit Maclellans
Versen den Schwanengesang ihres Volkes anstimmen
werden:

Der Boden, der einst unser war,
Entschwindet uns von Jahr zu Jahr;
Wie Silbernebel schwinden wir,
Wie rotes Laub im Waldrevier,
Wie Schatten, wenn durch's Dämmerlicht
Der Strahl der Morgensonne bricht.

Ja in der That, Reste sind es nur noch, die wir da unten in Fort Lauderdale trafen, aber gerade solche Reste, die an die hohen Glanzzeiten des Seminolenvolkes in seinen Unabhängigkeitskämpfen aufs lebhafteste erinnern.

Da war es vor allem ein Sohn des großen Häuptlings Osceola, der mit seiner Nachkommenschaft in Lauderdale eintraf; ein Mann zwischen sechzig und siebzig Jahren. Sein Weib ist tot, aber in der Familie seines Sohnes hat er Aufnahme gefunden und zieht mit den Enkeln hinaus, Alligatoren zu erlegen und Hirsche zu schießen. Stolz leuchtet sein Auge, wenn der Name Osceola genannt wird.

Aber noch interessanter ist eine andere Erscheinung, eine wahre Reliquie aus den Kriegszeiten 1832—42, und das ist der „alte Jumper". Wie alt mag er sein? Er selber sagt hundertundsiebzehn Jahre. Gewiß ist, daß er hundert Jahre hinter sich hat. Aber wer würde es diesen muskulösen Beinen und Armen, und besonders den klarblickenden, gescheiten Augen ansehen, daß sie einem hundertjährigen Greisen angehören? Noch steht er in vollem Ansehen an der Spitze der zusammengeschmolzenen Seminolen, die in den Everglades westlich von Fort Lauderdale ihre Wohnsitze aufgeschlagen haben.

Das südliche Florida vom 28° nördlicher Breite an bildet in seinem Innern ein ungeheures Becken, das selbst nur etwa zwei Meter über dem Meeresspiegel liegt, aber von einem bis zu sechs Meter hohen Wall von steinharten Korallenfelsen ringsum eingefaßt ist. Dieses riesige Becken

ist angefüllt mit Seen, Lagunen, Marschland und Wäldern,
die labyrinthartig ineinandergehen und den Gesamtnamen
„Everglades" führen. Diese ganze Gegend ist nur wenig
bekannt. Im Jahr 1892 unternahm der Ingenieur der
Ostbahn einen Durchmarsch von Tampa an der Westküste
nach Miami im Osten herüber, um das Land zu vermessen.
Er hatte ein Boot und vierzehn Neger bei sich; oft mußte
das Boot über weite Landstrecken getragen werden und
die Vermessungen konnte der Mann wegen der Sümpfe
und des hohen Grases oft nur von den Schultern der
Neger aus vornehmen. Somit ist das Ganze noch „un=
bekanntes" Land und so recht der unzugängliche Wohnsitz
der Seminolen. Alte Überlieferung will in den Seen der
Everglades Perlen wachsen lassen, und schon de Soto
hoffte in der dortigen Gegend solche Perlen zu finden.
Ihren Abfluß nach dem Meer im Westen und Osten haben
die Everglades in einer Menge tiefer, aber kurzer Flüsse.
Von Miami und Fort Lauderdale aus sind sie in kurzer
Zeit mit dem Boot zu erreichen, auf dem man durch die
Öffnungen in der Korallenkette in die Everglades gelangt.

Gewöhnlich am Samstag pflegten die Indianer aus
den Everglades sich in Fort Lauderdale einzufinden, wo
man oft vierzig Männer, Weiber und Kinder beisammen
sehen konnte. Die Woche über haben sie ihre Jagdzüge
nach Westen und Norden gehalten, teils truppweise zehn
bis zwanzig beisammen, teils die einzelne Familie für
sich und nun treffen sie wieder zusammen und verkaufen
ihre Hirsch= und Alligatorenfelle. Der Kaufmann von
Lauderdale hat für sie einen großen überdachten Schlaf=
raum errichten lassen, in welchem über hundert kampieren
können. Bares Geld nehmen die Indianer selten mit
heim; was sie aus ihrer Jagdbeute erlösen, das geben sie
wieder aus für Waren und Munition.

Was ihre Religion betrifft, so gehören sie dem Namen nach zur katholischen Kirche. Aber sie haben weder Kirchen noch Schulen, weder Gottesdienste noch Unterricht, ja keinen Sonntag und keine Religion; sie sind religiös vollständig abgestorben und stumpf. Für Mission unter den Heiden thut der Amerikaner viel, aber diese Heiden im eigenen Land überläßt er ruhig ihrem Schicksal. Da kommt kein Missionar und kein Geistlicher hin, um das Evangelium zu verkündigen.

Daß diese Seminolen in Wahrheit noch Heiden sind, beweist ihr religiöses Fest, das einzige, das sie haben, der sogenannte „Grünkorntag". An diesem Festtage werden nach Art der alten Ceresfeste junge Welschkornkolben um eine Stange befestigt, um welche das ganze Volk unter Freudengesängen herumtanzt; nachher wird das Welschkorn verzehrt und, seitdem die Eisenbahn in der Nähe ist, Whisky dazu getrunken.

Von den Weißen halten sie sich möglichst ferne, sehen es nicht gerne, wenn ein Weißer in ihre Niederlassungen kommt und erlauben ihren Kindern nicht, mit Weißen zu sprechen oder zu verraten, daß sie die englische Sprache verstehen. Darum habe ich von den braunen Knäblein und Mägdlein nie eine Antwort bekommen, wenn ich eine Frage an sie richtete. Die Alten übrigens kennen nur die notwendigsten Wörter der englischen Sprache. Als ein Indianer zum ersten Mal in Palm Beach einen Weißen auf dem Zweirad fahren sah, meinte er: die Weißen sind faule Männer, sie sitzen sogar beim Gehen hin.

Ihre festen Wohnsitze sind nicht sehr einladend. Eine Wohnung besteht aus vier Pfosten, die mit Palmettenblättern überdacht sind. Darunter hält sich nicht bloß die ganze Familie auf, sondern auch die Haustiere, besonders Schweine und Hühner sind Mitbewohner, so daß der Raum

von Schmutz strotzt. Zudem haben sie kein Hausgeräte,
nicht einmal einen Tisch, sondern alles wird auf dem
Boden besorgt. Alles liegt untereinander: Kleider, Bettteppiche, Gemüse, Kochgeräte, Häute von Bären, Wild-
katzen, Hirschen u. a. und Schweine wühlen drin, nur hie
und da durch einen Fußtritt aus dem Weg geschoben, wenn
sie dem menschlichen Bewohner gar zu unbequem kommen;
die Hühner benützen die Bettteppiche als Nester.

Die Weiber haben Haus und Feld zu besorgen, auch
nach den Ponies und Kühen zu sehen, die fürs gewöhnliche sich selbst überlassen ihrer Nahrung nachgehen. Gepflanzt werden Welschkorn, Reis, Kartoffeln und Melonen.
Die Männer gehen auf die Jagd; wenn das nicht der
Fall ist, so liegen sie vor der Hütte und rauchen. Viele
Monate im Jahr stehen die Wohnsitze leer, und nur etliche
alte Squaws bleiben zurück, während die übrigen landauf
landab der Jagd obliegen und in Wanderlagern leben.
Landschildkröten braten sie, wie sie sind, in der Asche und
dann erst wird die Schale zerschlagen und das genießbare
Fleisch herausgenommen.

Als Waffen dienen ihnen die schweren Remington-
büchsen; die Knaben üben sich mit Bogen und Pfeil.

Ihre Kleidung ist sehr bunt und unschön. Die Männer
sind meist barhäuptig oder tragen sie einen bunten Turban
von 1—2 Fuß Dicke. Die Jünglinge erhalten im Alter von
zwanzig Jahren diesen Turban als Zeichen der Selb-
ständigkeit. Unter einer Art Weste, ebenfalls mit grellen
Farben verziert, tragen sie ein weißes Hemb, das bis an
die Kniee reicht; die Beine sind bei Männern und Weibern
stets nackt. Die Weiber haben keine Kopfbedeckung. Um
den Hals liegen Schnüre von bunten Glasperlen, im Gewicht bis zu sechs Pfund, je nach dem Reichtum der Be-
sitzerin. Von den Hüften reicht ein grün und roter Rock

bis zu den Fersen; über den Hüften ist der Leib eine handbreit nackt und dann kommt ein blau-rot-grünes Jäckchen mit langen Ärmeln. Die Kinder bis zu zwölf Jahren sind nur mit einem bunten Hemd bekleidet.

In der Nähe von unsrer Wohnung befand sich ein großer, runder, etwa fünfzehn Fuß hoher Hügel, der ganz mit Palmetten durch- und überwachsen war. Es ist das ein sogenannter Mound oder Indianergrabhügel, der schon vor etlich hundert Jahren errichtet wurde nach einem Kampf der Indianer unter einander selbst. Etliche Knochen und zerbrochene Schädel ließen sich an einer Seite des Hügels herausgraben. Wären die Palmetten nicht gewesen, so hätten wir den ganzen Hügel aufgedeckt; allein die Arbeit wäre eine zu große geworden. Jetzt begraben die Indianer ihre Toten in gewöhnlicher Weise unter Trauergesängen.

Das Beste, was von diesen Indianern gesagt werden kann', ist das, daß sie durchaus ehrlich sind. Wir haben oft die Hausthüre tagsüber offen stehen lassen, während wir auf dem Feld waren; die Indianer zogen manchmal vorüber, aber nie ist etwas gestohlen worden. Ihre Bedürfnislosigkeit läßt sie nicht nach unrechtem Gut trachten und die Eltern geben ihren Kindern darin ein rechtes Vorbild.

----

16. Kapitel.

Der spanisch-amerikanische Krieg.

1. Krieg und Kriegsgeschrei.

Am 25. April 1898 brach der Krieg zwischen Spanien und Amerika aus, der schon lange gedroht hatte, den aber beide Teile nicht beginnen mochten, weil sie sich nicht genug

gerüstet wußten. Auch nach Erklärung des Kriegs und
noch lange nach Beginn desselben waren die Amerikaner
noch weit zurück in den nötigen Rüstungen; namentlich
fehlte es ihnen an eingeübten Soldaten.

Daß es zu einem Krieg kommen werde, wußte man
in Amerika wohl, ja man hatte dort alles gethan, um
denselben hervorzurufen. Im Interesse der allgemeinen
Humanität oder Menschlichkeit sollte den Kubanern die
Freiheit und völlige Unabhängigkeit von der spanischen
Herrschaft zu teil werden, und ausdrücklich nur für diesen
Zweck ging Amerika in den Krieg mit Spanien.

Wie es aber mit diesem menschenfreundlichen Zweck in
Wirklichkeit bestellt war, das zeigt ein kurzer Rückblick auf
das Verhalten der Amerikaner gegenüber anderen europäischen Staaten, wie besonders gegenüber Spanien. Kaum
hatte der Präsident der Vereinigten Staaten, James Monroe,
im Jahr 1823 die nach ihm genannte „Monroe Doctrin“
zum Gesetz erheben lassen, wornach alles Land in Amerika den Amerikanern gehört, und kein europäischer Staat
sich dort irgendwelchen Besitz aneignen darf, als schon auch
alle möglichen Mittel angewendet wurden, den Spaniern die
Insel Kuba, die Perle der Antillen, zu entreißen. Schon damals fing man an, die Eingeborenen der Insel gegen die
spanische Regierung aufzureizen und sie dabei auf alle mögliche
Weise zu unterstützen. Allein der Neid und die Eifersucht
Englands machten weitere Schritte unmöglich. In gleicher
Weise war man bis in die letzte Zeit auf alle mögliche
Weise, offen und im geheimen bestrebt, den Spaniern ihre
Besitzungen zu entleiden und dafür zu sorgen, daß die-
selben den Vereinigten Staaten als reife Frucht in den
Schoß fallen möchten.

So hatten denn die Amerikaner auch im Laufe der
letzten Jahre, wie sie sagten, aus Gründen der allgemeinen

Menschlichkeit, um dem Morden und Brennen zu wehren und dem Unterdrückten von seinem Tyrannen zu helfen, schon Monate, ja Jahre lang die aufständischen Eingeborenen auf der schönen, fruchtbaren Insel Kuba mit Geld, Waffen und Mannschaft versorgt, um ihnen die Mittel an die Hand zu geben, sich von dem schweren und verhaßten Joch der Spanier los zu machen. Gegen dieses Flibustierunwesen hatte die spanische Regierung oft und nachdrücklich sich beschwert und die amerikanische Regierung hatte immer wieder versprochen, dem Unwesen mit ihren Kriegsschiffen zu steuern. Aber merkwürdigerweise gelang es immer nur, etliche vereinzelt handelnde Flibustier abzufangen; im Großen blühte die Sache zum Schaden Spaniens fröhlich weiter und die Aufständischen hielten ihre Hauptquartiere in verschiedenen Städten Amerikas unbelästigt aufrecht.

In unserer Nähe hatte sich ein junger Mann angesiedelt, der bei den Unternehmungen der Flibustier viele Monate lang als Steuermann auf einem kleinen, schnellen Dampfer gedient und die Sache mitgemacht hatte. Hören wir, was er erzählt, wie es dabei zuging und wie es angefangen wurde, um den Aufständischen Hilfe zu bringen, ohne daß die Spanier sich über das Benehmen der amerikanischen Regierung beklagen konnten. „Das Hauptquartier der kubanischen Aufständischen, erzählt er, befand sich in der Hafenstadt Tampa an der Westküste von Florida, von wo aus es noch 240 Kilometer durch den Golf von Mexiko nach Key-West sind. Unser Kapitän, ein erfahrener und verwegener Schiffsmann, der mit seinem schnellen Dampfer weder Sturm noch Feind scheute, hatte die gutbezahlte Aufgabe, von Tampa nach Key-West Kanonen, Gewehre und Munition zu schaffen, manchmal auch eine Anzahl amerikanischer Freiwilligen, die sich für Kuba hatten an-

werben laſſen, borthin zu führen. Von Key-Weſt aus
wurde dann von andern Schiffen die Überführung nach
Kuba beſorgt. An der Küſte von Florida entlang hatten
zwei amerikaniſche Kriegsſchiffe zu kreuzen, um verdächtige
Schiffe zu unterſuchen und die verbotene Ladung mit Be-
ſchlag zu belegen, um ſo die Freundſchaft Spanien gegenüber kund zu geben. Es fügte ſich nun regelmäßig ſo,
daß wir bei der Rückfahrt von Key-Weſt nach Tampa von
einem der beiden Kriegsſchiffe durchſucht wurden, wobei
natürlich nichts gefunden wurde, da wir von Key-Weſt
nichts mitzunehmen hatten. Wenn die Unterſuchung zu
Ende war, ſo pflegte der Kapitän ſtets zu fragen, wohin
das Kriegsſchiff gehen werde. Bereitwilligſt wurde darüber
Auskunft gegeben, welches das nächſte Ziel der Fahrt ſein
und wie lange es an dem bezeichneten Ort liegen werde.
Auf dieſe Weiſe war es ein leichtes, mit einer neuen Ladung
verbotener Kriegsware nach Key-Weſt zu gelangen, ohne
den Kriegsſchiffen zu begegnen. Und klagte die ſpaniſche
Regierung über Zunahme des Flibuſtierunweſens, ſo konnte
ihr ſchwarz auf weiß aus den Büchern des Schiffs nach-
gewieſen werden, welche Schiffe und wo und mit welchem
Reſultat angehalten und unterſucht worden ſeien und daß
nichts Verbotenes zu finden geweſen war. Auf dieſe Weiſe
wurde die Sache gemacht.“

Von der Inſel Key-Weſt wurde ſodann das Kriegs-
material bei Nacht und Sturm auf Booten in die See
hinausgefahren und dort auf die ſchon harrenden Schiffe
der Aufſtändiſchen verladen, ein Unternehmen, zu welchem
jederzeit recht waghalſige Burſchen nötig waren. Zu dieſen
gehörte ein anderer junger Mann von Pompano, ein
wetterfeſter, abenteuerlicher Geſelle. Auch er berichtete
genau, wie es bei dieſer Arbeit zuzugehen pflegte. Er
war mit ſeinem eigenen kleinen Ruderboot nach Key-Weſt

hinunter gefahren, als er hörte, daß dort Geld zu ver=
dienen sei. Etliche Neger hatten sich ihm zugesellt, mit
denen er nun die Verfrachtung unternahm. Für jede Boot=
fahrt zwischen Schiff und Insel erhielt jeder der Teil=
nehmenden fünf Dollars. Viermal in einer Nacht hatten sie
schon die Fahrt mit Waffen und Munition gemacht, ob=
gleich ein scharfer Wind ging und die Wogen sehr bewegt
waren. Als sie zum fünftenmale nach dem Schiff fuhren,
war der Sturm schon ausgebrochen und sie konnten nur
mit Mühe ihre Waffen an Bord abliefern; bei der Rückfahrt
warf der Sturm das Boot um, dasselbe zerschellte, die
Gesellen konnten sich noch mit äußerster Not ans Land retten.

Kurz vor Ausbruch des Kriegs war derselbe Mann Matrose
auf einem Dampfer zwischen Jacksonville—Key=West—Kuba
gewesen, dessen Kapitän zu den bekanntesten Freibeutern
gehörte. Dabei verließ er sich auf die Schnelligkeit seines
Schiffes, mit dem er noch immer den wachsamen Kriegs=
schiffen beider Nationen entgangen war. Gerade noch ehe
der Krieg erklärt wurde, war dieser Dampfer auch wieder
unterwegs nach Kuba mit Kanonen und Munition für die
Aufständischen. Da begegnete ihnen ein amerikanisches
Kriegsschiff, dem der Kapitän entfliehen zu können hoffte.
Er gab also Volldampf. Allein eine Kanonenkugel, die
über Bord fuhr, ließ erkennen, daß das Kriegsschiff dies=
mal Ernst mache. Der Kapitän ergab sich. Er und die
Matrosen wurden nach Jacksonville gebracht, um vor ein
Kriegsgericht gestellt zu werden. Die Verhandlungen wurden
aber aufgeschoben und die Mannschaft gegen Bürgschaft
bis auf weiteres entlassen. Und Bürge für sie wurde der
Besitzer der Eisenbahn von Jacksonville nach Miami! Die
Gerichtsverhandlung aber wurde immer wieder verlegt, bis
es mittlerweile zum Krieg kam, und damit war natürlich
die ganze Sache vorbei und vergessen.

Gewinnsucht war die Triebfeder zum Krieg überhaupt. Der Zucker und Tabak, ja der Reichtum der schönen Insel Kuba stach den Amerikanern in die Augen, und ihre Blicke wurden von Jahr zu Jahr immer begehrlicher nach der Insel, die nur durch einen schmalen Meeresstreifen von ihrem eigenen Lande getrennt lag und so leicht zu erreichen war.

Der letzte Aufstand der Kubaner war von den Monopolisten des Zuckerrings und anderen Vereinigungen zur Ausbeutung der Landesprodukte angefacht und drei Jahre am Leben erhalten worden. Fast sämtliche Zuckerpflanzungen auf der Insel sollen unter der Hand von diesen Monopolisten billig zusammengekauft worden sein, in der Hoffnung, nach Vertreibung der Spanier den ganzen nicht im eigenen Land erzeugten Zuckerbedarf der Vereinigten Staaten im Wert von viertausend Millionen Mark zu decken und den Gewinn bei entsprechend gesteigerten Preisen einzuheimsen. Darauf laufen also im Grund genommen die Versicherungen von Humanität und allgemeiner Teilnahme für das Wohl der aufständischen Kubaner hinaus, und in der That, der Teil des amerikanischen Volkes, der noch ehrlich und aufrichtig war, hat das in vollstem Maße zugegeben und das Ergebnis des Kriegs hat es nur zu sehr bewahrheitet, wie das die ehrlichen Zeitungen vor- und nachher auch verkündigten. Die vom spanischen Joch befreiten Aufständischen selbst wollen nichts wissen von der Bruderliebe ihrer Befreier, und es wird noch manche Schwierigkeit, vielleicht auch Kämpfe für die Amerikaner geben, bis sie ihr lang ersehntes Ziel, die Einverleibung der Insel Kuba in den amerikanischen Staatenbund, voll und ganz erreicht haben.

So brach denn im April 1898 der Krieg aus. „Unser Krieg", das war die Losung in allen Zeitungen von der

Weltzeitung New York Herald bis herab zu dem Wochen=
blättchen in West Palm Beach. Und „Unser Krieg" lautete
das Echo im Mund auch der amerikanischen Ansiedler in
Pompano. Und welche kindliche Vorstellungen hatten solche
Leute, wie eigentlich die ganze Nation von Krieg! Spanien
zu bezwingen, galt als selbstverständlich; um aber den Ruhm
des Sieges zu vergrößern, wurde glauben gemacht und
geglaubt, daß die Spanier bis an die Zähne bewaffnet
und überall zu Wasser und zu Land für den Krieg aufs
beste vorbereitet seien. Darum wurde jede kleine Waffen=
that als ein herrlicher Sieg gerühmt und der einzelne
Soldat, der einem Scharmützel beigewohnt oder auf einem
Schiff eine Kanone zu einem Treffer gerichtet hatte, wurde
als ein Held gefeiert. Jede Zeitung, die man in die Hand
nahm, war voll von Erzählungen wunderbarer Thaten im
Großen, wie besonders von solchen einzelnen Kämpfen, die an
irgend einem unbekannten Ort zur siegreichen Entscheidung
des Krieges beigetragen haben sollten, und das Bild des
Helden zierte das Blatt.

„Am 12. Mai, zwischen zwei und vier Uhr nach=
mittags, fand ein Seetreffen statt drei Kilometer von Lan=
tana an der Ostküste von Florida entfernt. Zwei spanische
Kriegsschiffe wurden von einem kleinen amerikanischen
Kreuzer in die Flucht geschlagen." So lautete eine Nach=
richt im Wochenblatt von West=Palm=Beach. Das war ja
gar nicht weit von Pompano entfernt, darum ein ungeheurer
Jubel bei unsren amerikanischen Ansiedlern darüber, daß
bei uns eine Seeschlacht stattgefunden und die versuchte
Landung der Spanier, wie man die Geschichte gleich weiter
ausspann, zum Glück für uns und unsre Küste schnell und
gründlich vereitelt worden sei. Und was war es? Die
ganze Nachricht rührte von einem Bürger in Lantana
her, der das Donnern von Kanonen gehört zu haben

glaubte, und sich und der Zeitung obigen Bericht zusammen=
gesetzt, also einfach erfunden hatte. Aber geglaubt wurde
er eben doch, und dieser und jener bildete sich nachträglich
noch ein, an jenem Tag vom Meer herüber auch Kanonen=
donner gehört zu haben.

Dabei ist es geradezu unbegreiflich, wie ungemein
abergläubisch der amerikanische Soldat ist. Keiner ist ohne
irgend ein Amulett. Sodann haben die einzelnen Kom=
pagnien für sich, und dann die Regimenter wieder für
sich ein gemeinsames Schutzmittel. Die Kompagnie=
und Regimentsschutzengel sind lebendig, d. h. es ist jedes=
mal ein Tier, das sorgfältig gehegt und gepflegt wird.
So hatten sie im Lager von Miami ein Opossum, einen
Waschbär, einen Hasen als Regimentsfetisch, und keinem
Soldaten fiel es auf, wie lächerlich namentlich ein Hase
als Schutzengel sich ausnehmen mußte!

Was alles der einzelne Soldat als Amulett auf der
Brust trug, ist unglaublich. Meistens waren es etliche
Alligatorenzähne, oder Eidechsenschwänze, oder der linke
Hinterlauf von einem Hasen u. s. w. Viele trugen eine
lebendige grüne Eidechse um den Hals gebunden in der
Brust, die schließlich so zahm wurde, daß sie zur Fütterung
auf die Schulter kroch. Die Kaufleute machten sehr gute
Geschäfte mit ihren Schwindelsachen, bei deren Anpreisung
sie nicht genug Worte finden konnten. Ich sah einmal
zwei Soldaten vor einem Schaufenster, es war in Jackson=
ville, stehen, die die ganze Reihe ausgestellter Amulette
andächtig prüften und sich endlich für das entschieden,
welches auf einem Zettel also geschildert war: „Dieses
Amulett (Mascot) ist der linke Hinterlauf von einem wilden
Kaninchen, das bei Vollmond in der Mitternacht, am
Freitag, den dreizehnten, von einem schielenden, rothaarigen
Neger, auf weißem Pferd mit überschlagenen Beinen sitzend,

erlegt worden ist." Was will man mehr! Der Preis für dieses höchst wirksame Zaubermittel, zudem in einem netten kleinen Schächtelchen mit rotem Band zum Umhängen, schien mit einer Mark sicher nicht zu hoch angegeben zu sein, für einen Soldaten vollends, der eines solchen Mittels zur Stärkung seines Mutes in der Schlacht bedurfte und dessen gewiß sein konnte, daß er mit heiler Haut aus dem Krieg zu seiner Mutter heimkehren werde!

Ging ein solches Amulett verloren, so gab mancher die Hoffnung, glücklich durchzukommen, auf; starb aber eines der sorgfältig gepflegten Tierchen, so trauerte die Kompagnie oder das Regiment, und düstere Gefühle beschlichen die Soldaten, bis wieder ein neues gefunden war.

Man konnte sich wahrlich ins dunkelste Mittelalter oder unter die unglücklichsten Heiden versetzt glauben.

2. Wie es während des Kriegs zuging.

Daß die Amerikaner für den Krieg nicht gerüstet waren, wurde bald klar, und nur der Umstand, daß die Spanier ebensowenig vorbereitet und zudem ohne Geldmittel waren, half den Amerikanern zu ihren Erfolgen.

Die stehende Armee in den Vereinigten Staaten beträgt seit langen Jahren 25000 Mann, die durch alle Staaten, besonders in den sogenannten Indianerterritorien zerstreut liegen. Diese eingeübten Truppen sollten den Kern bilden für die Kriegsarmee, deren Höhe zunächst auf 200000 Mann angesetzt wurde. Daß durch gute Bezahlung und Verköstigung, auch anständige Versorgung bei Verwundungen eine solche Zahl von Soldaten durch Freiwillige bald zusammengebracht werden konnte, ist klar. Und in der That, es meldeten sich bei den Werbestellen weit mehr Männer von allen Altern, als man je gebrauchen konnte. Allein diese alle waren nicht einexerziert, und es

mußte daher die Einübung der Truppen mit einer unglaublichen Haft vorgenommen und im übrigen der Erfolg
im Treffen der Tapferkeit des einzelnen Soldaten überlassen werden. Aber lange Zeit wußte niemand, wenigstens
da unten im Süden, ferne von dem Mittelpunkt der Regierung und Armeeverwaltung, wie viele Soldaten vorhanden und wo sie eigentlich waren.

Bald sollte ein Heer bei New-York und Philadelphia
sich sammeln, um den Norden zu verteidigen; bald erhoben die Südstaaten ihre Stimme dahin, daß sie, als
Kuba am nächsten gelegen, zuerst Schutz haben sollten gegen
Angriff und Eindringen der Feinde. In unsren südlichen
Zeitungen wurde genau auseinandergesetzt, wie leicht die
Spanier in Miami landen und von da mit der Eisenbahn
das ganze Land bis nach Jacksonville hinauf als leichte
Beute in Besitz nehmen könnten. Dabei wurde ganz außer
acht gelassen, daß in Miami kein Beförderungsmaterial
für die Bahnlinie vorhanden war; denn es verkehrten ja
täglich nur zwei Züge in jeder Richtung, ein Personen-
und ein Güterzug, und das rollende Material lag oben
in Jacksonville. Sodann, was hätten die Spanier in dem
dünnbevölkerten Land auf fünfhundertundzwanzig Kilometer Länge thun sollen, wo sie keinen Proviant auch nur
für tausend Mann Soldaten hätten finden können, abgesehen davon, daß außer der Bahnlinie keine Verkehrs-
wege nach dem Norden vorhanden waren. Trotzdem eine
nüchterne Erwägung aller dieser Verhältnisse die Herzen
der Bewohner leicht hätte beruhigen sollen, herrschte doch
im Anfang des Kriegs eine große Panik bei den Ansiedlern des Südens, die eben darin ihren Grund hatte, daß
man wohl wußte, wie wenig vorgeschritten die Rüstungen
waren, als der Krieg erklärt wurde. Nach langen, bangen
Wochen traf da unten die Nachricht ein, daß eine Truppe

von siebentausend Mann in Jacksonville gebildet werde, und eine andere von fünfzehntausend Mann in Tampa, an der Westküste von Südflorida, am Golf von Mexiko. Die letztere sollte dann, wenn die Vorbereitungen so weit waren, nach Key=West verschifft und als Invasionsarmee nach Kuba selbst gebracht werden, während die Truppen von Jacksonville mit der Eisenbahn nach Miami herab= geführt und da belassen werden sollten, bis die Gefahr einer Invasion der Spanier im Süden vorüber wäre. Man atmete auf, als allmählich diese Nachrichten kamen und man auch bemerkte, daß mit der Ausführung dieser Anordnungen Ernst gemacht wurde.

Zunächst galt es, in Miami ein Zeltlager für sieben= tausend Soldaten zu errichten. Zu diesem Zweck aber mußte vor allen Dingen der Wald nördlich von der Stadt an der Eisenbahn entlang ausgerodet werden. Gegen fünfhundert Neger erschienen an Ort und Stelle und be= gannen das Verwüstungswerk in einer solchen Weise, daß mehrere Wochen lang der südliche Himmel mit dicken Rauch= wolken bedeckt blieb. Nachdem der Wald weggeschafft und etliche Fahrwege gezogen waren, welche die Grenzen der einzelnen Regimenter bilden sollten, kamen tausend größere und kleinere Zelte in Miami an, die sofort aufgeschlagen wurden, während etliche Holzhäuser als Küchen und Vor= ratshäuser dienten. Und so war bald alles zum Empfang der Truppen hergerichtet. Diese langten in vielen Extra= zügen im Lauf von drei Wochen an; aber was waren es für Truppen? Nur die Hälfte war in Uniform; die andere Hälfte erschien in der Verfassung, in der sie zur Zeit ihrer Anwerbung waren! Für später wurde ihnen allen eine regelrechte Montur versprochen. Allein als nach Monaten das Lager wieder aufgehoben und nach dem Friedens= schluß die Soldaten wieder entlassen wurden, hatten viele

noch keine Montur. Es hieß, man habe sich in der
Armeeverwaltung nicht einigen können, ob man die alte
Farbe oder eine neue für die Kleidung wählen sollte!
Es seien etliche Konkurrenzgeschäfte dabei im Spiel gewesen,
die alle berücksichtigt sein wollten! Alle diese Einzelheiten
wußte man natürlich bei uns da unten aufs genaueste,
als ob der einzelne Ansiedler selbst bei der Verwaltung
mitgesprochen hätte, und sie wurden an der Hand von
Zeitungen aufs ernsteste verhandelt.

Das Militär bestand aus lauter angeworbenen Freiwilligen, die sich für zwei Jahre verpflichten mußten, bei
der Waffe zu bleiben. Es läßt sich denken, daß da Leute
aus aller Herren Länder und auch von ganz ungleichem
Lebensalter zusammengewürfelt wurden. Wir standen einmal am Bahnsteig in Fort Lauderdale, als eben ein Mi-
litärzug langsam vorüberfuhr, ohne hier anzuhalten. Aus
dem letzten Wagen flog plötzlich kopfüber ein Soldat die
Treppe herunter platt auf den Rücken auf den Bahnsteig
und lag da für tot. So schnell als möglich eilten wir
hinzu, richteten ihn auf und brachten ihn auch bald wieder
zum Bewußtsein, während der Zug weiter gefahren war.
Und siehe da: es war ein Deutscher! Dieser hatte unterwegs über Durst getrunken und war von einem andern,
ebenfalls angetrunkenen Soldaten im Streit aus dem Zug
hinausgeworfen worden. Wohl oder übel mußte sich der
Mann bis zum Abend des nächsten Tages gedulden und
eben warten, bis der gewöhnliche Zug ihn dann mitnahm.
Zum Glück für ihn bekam er in Fort Lauderdale kein
geistiges Getränk und die Ernüchterung war ganz heilsam
für ihn. Er erzählte, daß er vor nicht gar langer Zeit
nach Amerika herübergekommen sei, und im Nordwesten
sein Glück als Taglöhner, Goldsucher, Pferdeknecht und
Stiefelputzer versucht, aber nicht gefunden habe; deshalb

habe er sich anwerben lassen, um auf diese Weise wenigstens
für die nächsten zwei Jahre des Suchens nach einem Auskommen enthoben zu sein, obgleich er nach Amerika gegangen sei, um nicht in Deutschland Soldat werden zu
müssen. So hatte ihn das Schicksal doch erreicht.

Tag für Tag fuhren Militär- und Munitionszüge
nach Miami hinunter und besonders die Verproviantierung
erforderte täglich neue Zufuhr. Denn alles, was zur
Nahrung und Notdurft gehörte, mußte erst vom Norden
gebracht werden. Da unten war, außer etwa Gemüse,
nichts zu haben. Miami, das 3000 Einwohner hatte, war
mit Einem Schlag auf 10000 Köpfe angewachsen, und
auch eine Masse von Geschäftsleuten im Kleinen sowie
von Schaulustigen strömte ab und zu, um das glorreiche
Militär zu sehen oder noch einmal Abschied zu nehmen
von einem Bekannten oder Verwandten, ehe er nach Kuba
ins Feld zog.

Neben der Eisenbahn aber wurde in jenen Monaten
der Kanal in starker Weise benützt, um besonders Kanonen
und Munition nach Miami zu befördern. Große, brei-
stockige Dampfer, die vom Mississippi gebracht worden
waren, dienten dem Verkehr der Heeresverwaltung. Es
waren Raddampfer, die aber nicht rechts und links ein
Rad hatten, sondern das Rad, so breit wie das ganze
Schiff, befand sich hinten am Schiff. Dazu waren die
Schiffe selbst so breit, daß manche den Kanal in einer
Weise ausfüllten, daß ein Ausweichen zweier Schiffe unmöglich war, ja daß wir sogar unsre kleinen Boote ans
Land ziehen mußten, damit sie nicht von diesen Kolossen
zerdrückt wurden.

Eines Morgens sahen wir von unsrem Hause aus
auch eines dieser Frachtschiffe langsam den Kanal herunter-
dampfen und halten. Wir eilten zum Kanal und fanden,

daß der Dampfer, der nicht mehr zu den neuesten gehörte, festsaß. Das Steuerruder war zu tief gestellt gewesen und daher an einem Felsen im Kanal zerbrochen. Wir konnten vom Ufer weg ins Schiff steigen und die Ladung von etwa 25 Kanonen genau betrachten. Da aber bald andere Schiffe nachkommen sollten, so mußte versucht werden, den Dampfer so schnell wie möglich wieder flott zu machen. Das Steuer wurde ganz herausgerissen und dann konnte man gleichsam im Schritt hinunter fahren zum Cypreß Creek, wo das Schiff in einer Bucht anlegte, um den Kanal frei zu lassen. Da es aber kein Steuer mehr hatte, mußte es von beiden Seiten des Kanals aus mit Stangen geschoben werden, um ein zweites Festsitzen zu vermeiden. Am Cypreß Creek wurde sodann ein mächtiges Feuer an= gemacht, an welchem ein neues Steuer geschmiedet wurde, worüber der ganze Tag verging. Da aber der Lotse auf dem Dampfer sich nicht getraute, diesen bis nach Miami durch den engen Kanal zu leiten, so bot sich einer der Ansiedler, der früher Steuermann gewesen war und die Wasserstraße genau kannte, an, das Schiff heil und ganz nach Miami zu bugsieren, was ihm auch bei langsamster Fahrt in drei Tagen gelang und wofür er reichlich be= zahlt wurde. Wir hätten gerne von dem Schiffskoch etwas frisches Fleisch gekauft, allein sie hatten auf dem Dampfer selbst keines mehr, da sie schon 14 Tage im Kanal ge= fahren waren und einmal ums andere stecken geblieben waren, ohne vom Land her Hilfe finden zu können. Bei Lieferung von Frachtschiffen wurde es eben auch nicht so genau genommen, sonst hätte dieser alte Kasten keine Ver= wendung mehr finden dürfen. Der schwarze Schiffskoch war übrigens eine überaus komische Erscheinung. Mangel an Nahrung merkte man ihm nicht an, er war ganz unförmlich fett, so, daß er zu stets neuer Erheiterung der

Zuschauer nur seitwärts durch die Kajütenthüren sich durch-
zuzwängen im stande war.

Auf dem Ozean hatte mit der Kriegserklärung der
Verkehr der Handelsschiffe und Personendampfer von Jacksonville nach Key-West ganz aufgehört. Die Furcht, von
spanischen Kriegsschiffen gekapert zu werden, war zu groß,
als daß die Privatgesellschaften es gewagt hätten, ihre
Schiffe dem Meer anzuvertrauen. Dagegen sah man häufig
vom Ufer aus drei oder vier Dampfer, von amerikanischen
Kriegsschiffen begleitet, wie sie langsam der Küste entlang fuhren; die amerikanische Armeeverwaltung hatte sie
als Frachtschiffe gemietet. Seit dem Ausbruch des Kriegs
trug alles an unsrer Küste gestrandete Schiffsgut, wie
Kisten, Fässer u. s. w. den Stempel der Kriegsverwaltung
von New-York, und erst nach den Siegen der Amerikaner
und nachdem die spanische Flotte in die Häfen von Kuba
eingeschlossen war, wagten sich die regelmäßigen Post-
dampfer wieder hervor.

Für die Ansiedler waren diese Monate einträglich.
Da im Norden noch kein Gemüse zu haben war, Soldaten
und Fremde desselben sehr bedurften in Folge der Hitze
des Südens, so ließ sich alles, was auf dem Feld gezogen
wurde, sehr gut in Miami absetzen. Es entwickelte sich ein
ganz hübscher Handel zwischen Fort Lauderdale und Miami.

Von ganz besonderer Bedeutung für den Krieg und die
Militärverhältnisse der Vereinigten Staaten wurde die Flottenstation auf Key-West (s. Titelbild). An der südlichsten Spitze
der Halbinsel Florida, am Eingang in den mexikanischen
Meerbusen erhebt sich nur wenige Meter über dem Meeresspiegel, durch eine schmale Wasserstraße von den sogenannten Zehntausend-Inseln getrennt, die Koralleninsel
Key-West, auf der die gleichnamige Stadt mit 25 000 Einwohnern liegt, die südlichste Stadt im ganzen Gebiet der

Vereinigten Staaten. Im Jahr 1830 hatte der Ort nur 600 Einwohner. Die ganze Insel ist zwei Stunden lang, eine halbe Stunde breit, und der höchste Punkt derselben liegt bloß 5—6 Meter über der mittleren Fluthöhe. Während die Insel selbst aus Korallenfelsen besteht, türmt sich im Süden eine Sandbank auf, die höher ist als der höchste Punkt des Eilandes. Der große, geschützte Hafen bietet Raum für die größten Schiffe. Schwammfischerei wird rings um die Insel in großem Maßstab betrieben; die Fabrikation von Zigarren, welche denen von Havanna nichts nachgeben, nimmt immer weitere Ausdehnung an. Die Stadt hat aber an einem bedeutenden Übelstand zu leiden, und das ist der Wassermangel. Die wenigen Brunnen in den Korallenfelsen geben kein gutes Wasser. Daher ist die Regierung genötigt, für das Fort und die Verwaltungsgebäude Wasser von auswärts herbeiführen zu lassen. Wie dabei betrogen wird, hat uns ein Schiffsmann erzählt, der lange Zeit auf einem solchen Wasserschiff arbeitete. Fünfzig tausend Gallonen Wasser kann ein solches Schiff in den eigens dazu hergerichteten Behältern führen, und diese Zahl wird der Regierung auch angerechnet, während in Wahrheit nie mehr als vierzig tausend Gallonen gebracht werden; in den Rest teilen sich der Kapitän des Schiffes und der Beamte am Land, der das Wasser abnimmt, und das geht jahraus jahrein in gleicher Weise fort und in Key-West weiß jedermann davon!

Key-West bildete während des spanisch-amerikanischen Krieges den Ausgangspunkt für die Unternehmungen gegen Kuba, wohin man in zehn Stunden mit dem Schiff kommen kann. Namentlich war es Flottenstation, und es lagen lange Zeit die schönsten Kriegsschiffe der Vereinigten Staaten dort vor Anker, bereit zum Angriff gegen Kuba. Während dieser Wartezeit ging es recht wunderlich zu bei Matrosen und Seesoldaten.

Einmal hatten die Soldaten Urlaub ans Land erhalten, wobei sich die Mehrzahl in einer Weise im Trinken übernahm, daß sie einfach nicht mehr zurechnungsfähig waren. Etliche lose Gesellen machten sich den Spaß, den Betrunkenen ihre Mützen, die den Namen des Schiffes tragen, zu dem der einzelne gehört, zu verwechseln. Als die Boote von den Schiffen kamen, um die Urlauber zu holen, konnte die Mannschaft nicht mehr auseinandergelesen werden, und es wurde beschlossen, sie über Nacht da liegen zu lassen, wo sie gerade lag. Am nächsten Morgen wurde dann das Geschäft mit großer Mühe vollendet, weil der einzelne nicht wußte, daß er die Mütze eines fremden Schiffes trug. Die Strafe für die Ausschweifung bestand darin, daß die Mannschaft eine Woche lang nicht mehr an Land gehen durfte.

Ein andermal traf eine Abteilung von 150 beurlaubten Matrosen in Key-West auf ein kleines Häuschen, das auf einen Wagen geladen war, um von seinem seitherigen Standort an einen anderen übergeführt zu werden. Nun ging der Spektakel los; unter großem Jubel und Geschrei spannten sich die Matrosen vor den Wagen und zogen nun das Häuschen durch alle Straßen der Stadt und von einer Wirtschaft zur andern, wobei sie auch das Hotel wiederholt passierten, vor dem die Offiziere gemütlich versammelt saßen. Diese machten keine Einwendungen. Als aber abends die Wache kam, um die Leute nach den Schiffen zu holen, weigerten sich diese zu folgen, und überredeten die Wache, selbst auch bei dem Spaß mitzuthun. Erst als eine verstärkte Wache unter einem höheren Offizier erschien, leisteten die Ruhestörer widerwillig Folge und brachten das Häuschen, um das der Besitzer stundenlang

in großer Sorge gewesen war, an seinen alten Standort
zurück. Zur Strafe wurde der Urlaub an Land auf 14 Tage
verweigert. Diese Geschichten werfen ein eigentüm-
liches Licht auf die Verhältnisse der Disziplin und Sub-
ordination bei diesen Söldnern. Jedenfalls hätten solche
Dinge in Deutschland nicht geschehen können.

Man muß übrigens sagen, daß über die Zeiten des
Kriegs eine Masse Gesindel aus allen Teilen der Vereinigten Staaten, ja aus allen möglichen Ländern, sich in
Key-West ansammelte. Nicht nur die Lebensmittel stiegen
infolge davon auf eine furchtbare Höhe, sondern selbst
Eigentum und Leben der Bewohner waren nicht mehr
sicher, und die Ansiedler sehnten sich nach der Zeit, wann
sie von dieser Plage erlöst sein würden.

Von der Ostküste von Florida herab, ganz besonders
aber von Tampa an der Westküste brachten Kriegs- und
Frachtschiffe in ununterbrochener Folge Soldaten, Kriegs-
material und Proviant nach Key-West, das einem ungeheuren Lager glich, beschützt von den stattlichsten Kriegsschiffen Amerikas, die in seinem Hafen vor Anker lagen.

3. Im Feldlager von Miami.

Mit ungeheurer Begeisterung und zugleich mit großer
Erleichterung der Herzen wurden die ersten Erfolge der
Amerikaner auf der Insel Kuba vom ganzen Lande, wie
am allermeisten von den Ansiedlern des Südens aufgenommen. Es konnte ja nicht anders sein, als daß gleichsam ein Bann, besonders auf den letzteren, lag, die den
unvorbereiteten Zustand ihres Landes wohl kannten und
von Kuba durch einen Meeresstreifen von nur dreihundert
Kilometern getrennt waren. Als daher die Nachricht herüber-
kam, daß „unser" Admiral Sampson den spanischen Admiral Cervera in die Bucht von Santiago de Kuba auf

der Südküste der Insel hineingetrieben habe und dort die
ganze spanische Flotte festhalte, und daß ferner unter dem
Schutz seines Feuers General Shafter 17000 Mann und
82 Geschütze östlich von Santiago gelandet habe, atmete
man allenthalben auf. Und als vollends am amerikanischen
Nationalfest, 4. Juli, die Nachricht einlief, die spanische
Flotte unter Cervera sei am 3. Juli, als sie aus Santiago
zu entkommen suchte, vollständig zu Grund gegangen, da
kannte die Begeisterung in Miami keine Grenzen. Und
es war in der That der Mühe wert, diesen Tag dort zu
feiern. Wir hatten das gute Glück, gerade für diesen Tag
in Miami zu sein.

Die Eisenbahnverwaltung gab für den Festtag Rück=
fahrkarten zum halben Preis aus, so daß man etliche
Tage in Miami zubringen konnte. Als wir in der Station
Pompano den Zug halten ließen, waren die Wagen schon
ziemlich gefüllt mit Ansiedlern, welche dem gleichen Ziele
zustrebten und das schöne Wetter und die Fahrgelegenheit
auch zu einem Ausflug benützen wollten, um nach den
Wochen und Monaten harter Arbeit auf den Pflanzungen
nun auch ein kleines Vergnügen zu genießen. Es war
höchst interessant, die verschiedenen Gestalten zu beobachten,
die auf jeder der kleinen Stationen, teils einzeln, teils in
Gruppen einstiegen. Das weibliche Element war gar nicht
vertreten. Die meisten der freien Ansiedler erschienen
hembärmelig, aber in großem, d. h. festtäglichem Aufzug,
in rein gewaschenen weißen Hosen, farbigem Hemb und
breitem Strohhut, den Revolver im Gürtel. Das sah nun
sehr kriegerisch aus; da aber berauschende Getränke ja
kaum zu haben waren, so lag die Gefahr, in der Hitze
von der mitgebrachten Waffe Gebrauch zu machen, nicht
sehr nahe. Um ehrlich zu sein, soll gestanden werden, daß
wir selbst unsre Waffe auch bei uns führten, wenn auch

nicht so sichtbar, wie die andren. Der Tiere, namentlich Schlangen, wegen wird man es eben gewöhnt, eine größere oder kleinere Waffe mit sich zu tragen.

Man sah es jedem am gebräunten Gesicht und an den mageren, scharfen Zügen an, daß er stramm in der Arbeit auf seinem Grund und Boden stehe. Bekannte begrüßten sich; Unbekannte schlossen sich leicht gegen einander auf. Der Krieg mit seinen aufregenden Ereignissen, die Erfahrungen bei Anbau und Verwertung der Erzeugnisse gaben Stoff genug zur Unterhaltung. Alle zusammen waren ja erst verhältnismäßig kurze Zeit da unten im Süden angesiedelt, und da war es für jeden von Interesse zu hören, wie es dem andern erging und über das und jenes wieder etwas Neues zu lernen. Einig waren alle in dem einen Punkte, daß die hohen Frachtsätze der Eisenbahn einer ausgiebigen Verwertung der Ernteerträgnisse hindernd im Wege standen; auch war das Bedauern darüber ein allgemeines, daß der allen Ansiedlern so bequem liegende Kanal nicht zur Verfrachtung der Bodenerzeugnisse verwertet wurde, wie man sehnlich gehofft hatte. Die gemeinsamen Erfahrungen im Leben wie in der Arbeit brachten auf leichte Weise die einzelnen einander näher und es war jeder froh, in seinem Nachbarn einen Leidensgefährten im Versuch der Kultivierung des bisher unbekannten Landes gefunden zu haben.

So ging die Fahrt rasch von statten und nach einer Stunde, um halb elf Uhr nachts, traf der Zug in Miami ein.

Das muß man sagen, der Bahnhof von Miami könnte in der schönsten und größten Stadt stehen. Weitläufig angelegt und bequem ausgestattet mit allem, was zur Sicherheit und Annehmlichkeit der Reisenden nötig ist, dabei sehr sauber gehalten, macht derselbe den günstigsten

Einbruck. Von der breiten, mit Bäumen bepflanzten Auf=
fahrt vor dem Bahnhof gehen schöne Straßen nach ver=
schiedenen Richtungen, nach dem eigentlichen Miami, wie
nach dem sogenannten Nord=Miami, einer kleinen Stadt
für sich selbst. Und diesmal wenigstens verdient der Ort
den Namen „Stadt", nicht bloß wegen seiner Einwohner=
zahl von 3000 Seelen, sondern auch wegen seiner ganzen
Anlage und seiner großen Ausdehnung. Vor vier Jahren
stand am Ufer des Miamiflusses eine einzige Fischerhütte,
die jetzt noch als Merkwürdigkeit zu sehen ist, eine bau=
fällige, von Wind und Wetter verschobene Bretterbude,
in der ein alter Neger seine Unterkunft gefunden hat,
der in den allerbescheidensten Verhältnissen vom Fischfang
lebt und für einen Mundvoll Tabak mit dem ganzen Ge=
sicht grinst.

Jetzt steht da eine Stadt, die allein schon Straßen
von zehn Kilometer Länge hat und in der keine Holzhäuser
mehr gebaut werden dürfen. Sechs Kirchen laden die
Anhänger der verschiedenen Glaubensbekenntnisse zum
Gottesdienst ein; etliche derselben haben sogar schlanke,
zierliche Türme mit hübschem Glockenwerk. Die einzelnen
Häuser stehen für sich in großen, schön angelegten Gärten
mit alten, schattigen Bäumen, die man beim Bau der
Häuser stehen ließ. Daß man eigentlich in einer Sand=
wüste ist, den Eindruck würde man nicht haben, wenn nicht
der Wind den Sandstaub der Straßen in oft haushohen
Wolken aufwirbeln würde. Da die ganze Stadt auf einem
Untergrund von Korallenfelsen steht, wurden diese zur
Herstellung der Straßen mit besonders gearbeiteten Ma=
schinen glatt abgekratzt, so daß man überall auf Felsen
geht, der durch die beständige Abnützung einen überaus
feinen, die Augen ungemein angreifenden Staub abgiebt.
Und da auch hier tagsüber fortgesetzt eine Brise vom

Ozean her weht, wird alles bis ins Innerste der Häuser
hinein mit diesem feinen Staub bedeckt. In den Straßen,
in welchen die schönen Geschäftshäuser stehen, ist selbstverständlich alles enger aneinander gebaut, als im Umkreis
der Stadt. Allein auch da ist mit dem Platz nicht gespart,
so daß der Gesamteindruck des Städtchens ein sehr angenehmer ist. Man muß sich aber an das blendende Weiß
der Häuser wie der Straßen erst gewöhnen und es thut
den Augen für den Anfang recht wehe, zumal in den
Geschäftsstraßen kein Grün von Bäumen oder Grasplätzen
dem angegriffenen Auge eine wohlthätige Abwechslung
gewährt.

Als wir aus dem Bahnhof herauskamen, wußten wir
nicht, wohin uns wenden und folgten eben dem großen
Haufen der Reisenden, die ja doch dasselbe Ziel hatten
wie wir. Da der Vollmond schien, so war der Weg, der
in zwanzig Minuten mitten in die Stadt führt, wunderschön zu gehen und eine angenehme Kühle erfrischte nach
der Fahrt im heißen Eisenbahnwagen. Wir kamen am
östlichen Ende des großen Zeltlagers der dortigen Truppen
vorüber. Überall herrschte die tiefste Stille, und nur die
Schildwachen, ihre Zigaretten oder kurzen Pfeifen rauchend
machten ihre Runde, sich mit einander oder den neu An-
gekommenen unterhaltend, unter denen sie bald im Mondschein den einen oder anderen Bekannten herausfanden.
Die Soldaten selbst lagen in tiefem Schlaf, die meisten
außen vor ihren Zelten in eine wollene Decke gehüllt,
und anmutend erklang das sonore Schnarchen dieser Mars-
jünger, die vielleicht von baldigen Kriegslorbeeren träumten,
oder vielleicht auch von besserer Versorgung des Leibes,
als sie dort in der ungewohnten Hitze und unter dem
Bann des Dienstes zu genießen hatten. Die tiefe Ruhe
und Stille, die überall herrschte, hätte nicht ahnen lassen,

daß hier auf engem Raum 7000 Mann zusammengedrängt lagen und wir freuten uns schon auf den morgenden Tag, wo Leben in die Stadt und Umgebung kommen würde.

Doch es kümmerten uns die Freuden und Leiden der amerikanischen Vaterlandsverteidiger jetzt wenig. Unsre Sorge war, wo wir unser Haupt für die Nacht hinlegen sollten, ohne zu große Einbuße unsres Geldbeutels. Wir hätten es ja auch machen können, wie etliche der Mitreisenden es machten, die sich links in die Büsche schlugen und auf dem Sand unter freiem Himmel ihre Lagerstätte fanden. Allein es schien uns doch nicht sicher genug, so zu schlafen, wenn auch 7000 Soldaten, die uns bewachen konnten, unsre Nachbarn waren. Es mochte doch am Ende der eine oder andere gar zu sehr in Versuchung geführt werden, sich einen Nebensold auf billige Weise zu erwerben; der Ruf mancher war ja nicht der beste und vielen war, nach dem was die Zeitungen über ihre Vergangenheit zu er- zählen wußten, in dieser Beziehung nicht zu trauen. Zu- dem aber fehlte uns der Teppich, der wenigstens den Tau in der Frühe abgehalten hätte.

Die meisten der Mitangekommenen suchten Privat- häuser auf, in denen sie schon angemeldet waren und in welchen man ziemlich billige Unterkunft finden konnte. Da wir kein solches Quartier bestellt hatten, so entschlossen wir uns, in das zweite Hotel am Platz zu gehen, das mit dem Hotel erster Klasse natürlich auch dem Millionär Flagler gehörte, wie alles an der Ostküste von Florida. Während aber das Royal Palm Hotel mit seinen 550 Zimmern nur für die größten Börsen zugänglich ist, hat der Besitzer das zweite Hotel für Leute mit weniger irdischen Glücksgütern erbaut, aber auch durchaus prächtig ausge- stattet. Alle Räume erstrahlten in elektrischer Beleuchtung und sogar die Vorsäle waren mit Teppichen belegt, was

uns bei der wohlbekannten amerikanischen Untugend des
Tabakkauens und in der Erinnerung an das Verbot des
Ausspuckens im Gerichtsgebäude von St. Fernandina mit
nicht geringer Verwunderung erfüllte.

Wir machten es wie die andern, die vor uns waren,
und frugen den Direktor, was das Übernachten mit und
ohne Frühstück koste? Die Antwort war: Übernachten
allein fünf Mark, Frühstück allein zwei Mark, beides zusammen sechs Mark. Für den ganzen Tag: Zimmer und
drei Mahlzeiten zwölf Mark. Unser Schrecken war groß.
Der Direktor sah uns das Erstaunen an, und erkundigte
sich sofort: woher? und was? wir seien. Als wir er-
widerten: Ansiedler von 30 Meilen weiter oben an der
Bahnlinie, erklärte er: als solche hätten wir vom gewöhnlichen Preise nur die Hälfte zu bezahlen. Nun, das ließ
sich hören. Wir wurden hinaufgeführt und bekamen jeder
sein Zimmer angewiesen. Die Zimmer gingen ineinander
und waren sehr groß und hoch. Fenster und Thüren waren
mit Moskitonetzen versehen; das Bett war so riesig, daß
man ebenso gut quer darin schlafen konnte. Ein Wasch-
tisch, eine Kommode und drei Sessel bildeten die Zimmer-
ausrüstung. Die Wände und Decke waren mit weißer
Ölfarbe angestrichen, was bei der hier herrschenden Hitze
sehr praktisch ist. Von allen unsern Taschenuhren hatten
wir diejenige mitgenommen, die wenigstens in liegender
Lage ihre Pflicht that, und da wir sie nicht in die Westen-
tasche hatte stecken können, so war sie in der Handtasche
aufbewahrt worden. Von unsren Nachbaransiedlern besaß
überhaupt keiner eine Uhr; die Sonne blieb ihr Zeitmesser,
wobei es fürs gewöhnliche auf eine halbe Stunde früher
oder später nicht ankam. Auf der Reise aber, wo es sich
um das Treffen oder Verfehlen des einzigen Zuges handelte,
war uns unsre halbinvalide Uhr doch von großem Werte.

Wir schliefen prächtig, wenn auch mehrmals aufgeweckt durch anhaltendes Läuten einer schrillen Glocke.
Lange konnten wir nicht herausfinden, was dieses Läuten
bedeuten sollte, bis wir auch das Rasseln von Eisenbahnwagen hörten. Es war also die Alarmglocke auf der Lokomotive, die beim Rangieren der Züge fortwährend zu ertönen hat.

Daß wir in einer wirklichen Garnisonstadt waren,
kam uns weltentfremdeten Landbewohnern in aller Frühe
zum Bewußtsein, als wir das Schmettern der Trompeten
von recht ungeübten Bläsern vernahmen. Wir standen
auf und sahen schon vom Fenster aus ganze Scharen von
Soldaten hin- und herziehen, die meisten im Sonntags-
gewand; denn es war ja heute der 4. Juli, das Nationalfest der Amerikaner.

Wir frühstückten. Das kann man den Amerikanern
nicht leugnen: sie gaben einem Etwas für das Geld, das
sie nahmen. Man konnte sich nach der Speisekarte so
viele Gerichte auswählen, als man wollte, und wählen
zwischen Thee, Kaffee, Chokolade als Getränk. So wird
es bei allen drei Mahlzeiten gehalten. Die Hauptmahlzeit
ist abends und bei dieser die Speisekarte noch reichlicher
versehen als morgens und mittags. Die Bedienung geschieht durch lauter Neger in schneeweißen Hemden und
kohlschwarzen Fräcken. Man speist an kleinen Tischchen
und jedes dieser Tischchen hat seinen eigenen Neger, dessen
Gedächtnis wirklich zu bewundern ist. Denn er ließ sich
von jedem gleich zum Anfang die ganze Reihe der gewünschten Gerichte nennen und machte nie einen Fehler
in der Bestellung. Auf diese Weise geht die Mahlzeit
wie an der Schnur und das lange, lästige Tafeln ist unmöglich gemacht.

Es kam uns in der That vor, als wären wir mit

einemmal ins Schlaraffenland versetzt, und wie labten wir
uns nach neunmonatlicher Enthaltsamkeit an dem frischen
Fleisch in allen möglichen Formen und wie köstlich schmeckte
die Mahlzeit, die wir nicht selbst hatten zubereiten müssen!
Darüber kümmerten wir uns sehr wenig, daß es auch in
einem so feinen Hotel heißt: grob, aber kräftig; das entspricht dem amerikanischen Leben am besten. Geistige Getränke gab es nicht; wenigstens sahen wir keinen von den
vielen Gästen bei den verschiedenen Mahlzeiten etwas
trinken, außer Eiswasser neben einem der obigen Getränke;
wir frugen auch nicht nach solchen. In Deutschland kann
man sich eine Mahlzeit im Gasthof gar nicht denken ohne
Wein oder Bier. Wenn man aber eine Zeit lang mit-
gelebt hat, so vermißt man diese Getränke nicht mehr, und
sicher ist, daß man viel besser speisen kann und die Ver-
dauung eine viel bessere ist ohne dieselben. Sonst wäre
es nicht möglich, mit drei Mahlzeiten im Tag, also ohne
die vor- und nachmittäglichen Vesper, auszukommen und
seiner Arbeit in gehöriger Weise dabei nachzugehen.
Äußerst angenehm ist, daß man sich weder von den Mit-
speisenden noch von dem Wirt muß schief ansehen lassen,
wenn man ohne Getränke speist. An Eines aber muß
man sich in dem Lande dort erst gewöhnen, und es ist
zudem nicht leicht, nämlich an die Bedienung durch schwarze
Kellner. Sie müssen sich ja gewiß untadelig reinlich halten
und thun es auch; aber ein unangenehmes Gefühl bleibt
es doch, wenn sie mit den außen schwarzen, innen hell-
braunen Händen einem Brot, Zucker u. a. reichen. Noch
peinlicher war mir die Sache später bei der Heimreise,
als ich mich in einem noblen Barbierladen in Jacksonville
rasieren ließ und mir ein Schwarzer mit seinen Händen
im Gesicht herumfuhr. Zu verwundern ist es übrigens
nicht, daß man überall Neger in dienenden Stellen an-

trifft, denn an weißen Arbeitskräften fehlt es durchaus, abgesehen davon, daß für sie viel mehr Lohn bezahlt werden müßte. Dann sind aber auch die Neger in ihrer Lebensweise merkwürdig sparsam und anspruchslos und gegen die Kunden musterhaft zuvorkommend. Eine große Wohlthat ist nebenbei auch das, daß die Trinkgeldsucht bei ihnen keine Rolle spielt. Als ich einmal einem Kellner ein Trinkgeld in die Hand drücken wollte, wußte er nicht, was er damit sollte, und wollte es einfach nicht annehmen. Ein zweitesmal machte ich daher den Versuch nicht, einem Mann etwas aufzubringen. Daß man sonst in einem amerikanischen Hotel sich ganz frei wie im eigenen Hause bewegt und nicht auf Schritt und Tritt von geldgierigen Angestellten beobachtet und überfallen wird, ist eine ganz angenehme Sache. Will man etwas haben oder wissen, so findet man jederzeit die größte Aufmerksamkeit bei allen Angestellten.

Es war noch recht frühe am Tag und prächtig kühl, als wir auf die Straße hinaustraten. Daß man in Florida, wie übrigens auch in New-York, sehr frühe auf ist, und fürs gewöhnliche nicht die Nacht zum Tag macht, trägt zur Gesundheit der Bewohner viel bei. Trotz der frühen Stunde wogte es doch schon überall von einer fröhlichen, feiertäglich gestimmten Volksmenge, die von der Umgegend aus den größeren und kleineren Ansiedlungen zusammengeströmt war und sich im Laufe des Tages noch mehren sollte.

Uns lag zunächst an der Stadt selbst nichts, sondern wir wollten das Lager und seine Soldaten in Augenschein nehmen und mit dem Kriegswesen uns bekannt machen. Hatte man doch schon vor langem, als das Lager in Miami kaum errichtet und erst teilweise bezogen war, allerlei erfahren über die Zustände dort, über den Geist, der bei den Soldaten herrschte und über das Verhältnis der einzelnen Regimenter unter einander. So war es Thatsache,

was vom zweiten Louisiana-Regiment erzählt wurde. Dasselbe rekrutierte sich aus lauter Männern vom untern Teil
des Staates Louisiana am Missisippi mit der Hauptstadt
New-Orleans. Sie galten in großer Zahl für Flußdiebe
oder Flußpiraten, deren Beschäftigung das Plündern der
Fahrzeuge und Lagerhäuser am gewaltigen Missisippistrom
war und die es nun für gut gefunden hatten, vom seitherigen Schauplatz ihrer zweifelhaften Thätigkeit für einige
Zeit zu verschwinden. Zu diesem Zweck war ihnen der
Krieg gerade gelegen gekommen. In Miami nun befanden
sich zur Zeit, als das Lager dort errichtet wurde, zwei
größere Wirtschaften mit Schankgerechtigkeit, die einzigen
am Platz, welche für das Recht, Wein, Bier und Spirituosen auszuschenken, die hohe Jahresportel von 4000 Mark
bezahlten. Die Besitzer hatten sich natürlich auf die an-
kommenden Soldaten gefreut und gehofft, recht gute Kunden
an ihnen zu finden. Allein es sollte ganz anders kommen.
Obiges Regiment wählte sich die eine der Wirtschaften
als Kneipquartier und es begann ein wildes, ungebundenes
Leben, das seinen Höhepunkt damit erreichte, daß die
Soldaten, als der Wirt die Verabreichung von weiteren
Getränken einmal verweigerte, alles, was im Hause war,
kurz und klein schlugen, Wein- und Bierflaschen zerbrachen,
die Fenster herausrissen, ja das ganze hölzerne Wirtschafts-
gebäude zu einer Ruine machten. Das war eine Helden-
that, die dem ganzen Lager verhängnisvoll werden sollte.
Denn vom Hauptkommando ging ein Erlaß aus, daß kein
Soldat in Zukunft eine Wirtschaft betreten, ja auch nur
über die Straße sich Getränke holen lassen dürfe. In die
noch vorhandene Wirtschaft wurde eine dauernde Wache
von einem Offizier und drei Mann gelegt, die Tag und
Nacht Aufsicht halten mußten. Das Geschäft des zweiten
Wirts war auf diese Weise auch ruiniert, denn die wenigen

Zivilisten, die da einsprachen, konnten ihm keinen Ersatz für seinen Verlust bieten. Die übrigen Regimenter im Lager aber waren dermaßen aufgebracht über ihre Mitstreiter, daß sie einen Bund machten, das „schwarze“ Regiment bei Nacht zu überfallen und jeden Mann einzeln durchzubläuen. Am Abend vor dem verabredeten Überfall erhielt jedoch das Kommando Wind von der Sache, legte das anrüchige Regiment in den nördlichen Winkel des Lagers und stellte starke Wachen um dasselbe. Lange Zeit aber war der Abscheu der andern Regimenter so groß, daß sie erklärten, nicht an der Seite dieses Louisiana-Regiments fechten zu wollen. Allein auch diese Wunde verletzten Ehrgefühls heilte die Zeit.

Die Folge von obengenanntem Tumult war die, daß in kürzester Zeit 250 sogenannte Sodawasser-Buden in den Straßen erstanden, die zum Lager führten. Von allen Seiten zogen die Besitzer dieser Schankstätten mit ihren Karren herbei, schlugen vier Stangen in den Sand, banden ein Tuch oben drüber und die Wirtschaft war fertig. An Zuspruch fehlte es keinem dieser Unternehmer, ja mancher hatte einen Tageserlös von 300—500 Mark, je nach der Hitze des Tages. Am 4. Juli war es recht heiß und wir selbst konnten die Wohlthat dieser Limonadebuden bei dem gewaltigen Durst dieses Tages ungezählte Male erproben. Für das Militär aber lag eine Hauptwohlthat darin, daß keine Betrunkenheit aufkommen konnte und daher auch Reibereien und offene Streitigkeiten zwischen den einzelnen, zum Teil sehr ungeschlachten Truppenkörpern verhindert wurden. So kam der Heeresleitung der Krawall ungemein gelegen.

Wir gingen in das Lager. Dasselbe ist in große Vierecke oder Blocks abgeteilt, davon jedes einem Regiment als Lagerplatz diente. Je an der Spitze eines solchen

Vierecks standen zwei große Holzbuden, die eine diente
als Wachtlokal, die andere als Küche und Proviantraum.
Die einzelnen Zelte faßten zwischen zwei und zehn Mann
und waren des unebenen Bodens wegen nicht in regel=
mäßigen Reihen aufgeschlagen, so daß das Ganze ein buntes
Durcheinander bot. In der Mitte eines jeden Vierecks
war ein großer Platz für die Pferde, die unter einem ein=
fachen Bretterdach standen. Als der ganze Platz für das
Lager hergerichtet wurde, hatten die Neger einfach die
größten Bäume über dem Boden gefällt und samt dem
niederen Buschwerk verbrannt. Dies und die nicht aus=
gehauenen Baumstümpfe gaben dem Ganzen ein unschönes
Aussehen. Zum Glück hatte man da und dort einen großen,
schönen Baum stehen lassen, und überhaupt sollte ja das
Lager nur für kurze Zeit bezogen bleiben, da man hoffte,
den Krieg in Bälde beendigen zu können. Miami sollte
ja nur ein Sammelplatz für die Truppen sein, die hier
schnell einexerziert und dann nach Kuba befördert werden
würden.

Wir waren etliche Wege im Lager auf= und abge=
gangen und hatten uns Zelte u. s. w. etwas genauer an=
gesehen, als wir durch ein scharfes „Halt“ zum Stehen=
bleiben aufgefordert wurden. Eine Schildwache nahte
uns. Der Mann trug doch wenigstens eine ganze Uni=
form, Hose, Juppe mit Gürtel und einen weichen Hut,
was von einem guten Teil der Truppen nicht gerühmt
werden konnte.

Wir wurden gefragt, was wir hier wollten? Antwort:
„Das Lager besehen.“

„Wer und woher sind Sie?“

„Deutsche Ansiedler von Pompano.“

Ob nun der Mann deutsch für spanisch hielt oder
seinem amerikanischen Gefühle den Deutschen gegenüber,

als nach amerikanischer Meinung den innigsten Bundes-
genossen der Spanier, glaubte Ausdruck geben zu müssen,
kurz, er forderte uns auf, ihm auf die Wache zu folgen,
obgleich außer uns natürlich noch eine sehr große Menge
Schaulustiger durch das Lager schwärmte. Denn dazu
waren sie ja doch alle gekommen, um sich das Lager anzusehen. Wie es geht, wenn in der Eisenbahn einer seine
Fahrkarte nicht finden kann, so ging es uns. Es sammelte
sich sogleich eine Schar Neugieriger um uns, die, wie der
Mann ohne Fahrkarte, natürlich sogleich als Verbrecher
angesehen wurden. „Spanische Spione", hörten wir mur-
meln. Also auch da das Spionergespenst, wie wir Deutsche
es in Frankreich immer wieder spuken zu sehen gewöhnt sind. Die ganze Sache kam uns von Anfang an
unsäglich lächerlich vor, und wir konnten denn auch
unsre Ansicht in unsren Mienen nicht verbergen, zum
Ärger manches dieser Vaterlandsverteidiger, die schon
glaubten einen wichtigen Fang aufs Nationalfest gemacht
zu haben. Das mußte ja doch ein klein wenig Abwechslung bringen in das eintönige Tagestreiben des Gamaschen-
dienstes.

In der Wachtstube saßen zwei Offiziere, vor die wir
geführt wurden und denen die Schildwache über uns rap-
portierte. Auf die Frage des ersten Offiziers, ob ich mich
irgendwie ausweisen könne, was der ganzen Sache ein
schnelles Ende machen würde, die er doch, weil einmal
gemeldet, verfolgen müsse, zog ich meine Legitimations-
karte von der Eisenbahnverwaltung von Jacksonville aus
der Tasche und gab sie ihm in die Hand. Es war auf
dieser Karte bemerkt, daß ich als Pfarrer sämtlicher Deutschen
zwischen Jacksonville und Miami das Recht habe, jederzeit
und zwischen allen Stationen der ganzen Strecke zum
halben Preis zu fahren während des laufenden Jahres 1898.

Die Wirkung dieser Zeilen auf dem Gesicht des Offi=
ziers zu beobachten, war kostbar. Zorn und Verlegenheit
wechselten schnell und eine helle Röte stieg auf. Dem
Zorn machte der Offizier Luft durch ein Wort an die
Schildwache, das im Deutschen etwa „Schafskopf" bedeutete
und den Mann veranlaßte, das Wachtlokal schleunigst zu
räumen und auf seinen Posten zurückzukehren, wobei er
der neugierig fragenden Menge nicht in allzu zarter Weise
Auskunft erteilte.

Aus heller Verlegenheit lud uns der Offizier zum
Sitzen ein, und wir hatten mit einander eine ganz nette
Unterhaltung, wobei er wiederholt sein Bedauern über den
Vorfall aussprach, während ich ihm erklärte, das sei un=
nötig, da ich von meinen eigenen Erfahrungen im deutsch=
französischen Krieg 1870/71 wohl wisse, wie man in Be=
zug auf Spione auf der Hut sein müsse. Als er hörte,
daß ich gar im Krieg gewesen und zwar in einem wirk=
lichen Krieg, da bekam der Mann förmlich Respekt und
ich konnte mir die Frage erlauben:

„Sind wir als Deutsche oder als Spione in diese
Lage gekommen?"

„Ich kann darüber weiter nichts sagen, als daß die
Schildwache Sie als Deutsche gemeldet hat, die im Lager
sich umsehen und Spione in spanischen Diensten sein
könnten."

„Da erlaube ich mir die Bemerkung: wenn wir des=
halb vorgeführt worden sind, weil wir Deutsche sind, so
dürfen Sie überzeugt sein, daß uns Deutschen die Ent=
scheidung in Ihrem Kriege ganz einerlei ist, denn so wenig
unsre Sympathien den Amerikanern gelten, wie Ihre Zei=
tungen der Welt zu verkündigen für gut finden, so wenig
können sich die Spanier derselben rühmen. Sind wir
aber vorgeführt worden, weil man uns für Spione hielt,

so werden Sie selbst einsehen, wie lächerlich es wäre, hier im Lager spionieren zu wollen. Man weiß aus jeder Zeitung, daß in Miami 7000 Mann Soldaten in 1000 Zelten liegen; zu spionieren ist darum hier weiter nichts, man müßte denn glauben, wir hätten wollen eines der Zelte, am Ende samt seinen Insassen, zum Vorteil der Spanier stehlen."

Wir schieden im Frieden, und die Offiziere begleiteten uns vor das Wachtlokal, wo sie uns noch die Hand kräftig schüttelten zur großen Verblüffung der Soldatenmenge, die wohl nicht weniger als eine militärische Hinrichtung erwartet hatte. Von da an waren wir die Helden des Tages, und während wir fortan unangefochten durch das ganze Lager gehen konnten, durften wir dann und wann die Erklärung hören: Das sind Deutsche, die für spanische Spionen gehalten wurden. Unsere Berühmtheit hatte aber, wie das auch sonst zu sein pflegt, für uns eine lästige Folge, daß wir nämlich, als das Dunkel hereinbrach, von vielen Seiten durch die edlen Soldaten angebettelt wurden, zuerst um Tabak, dann um Geld! Wir dachten daher, es sei nunmehr Zeit, uns lieber zurückzuziehen und das Lager zu meiden, weil sonst unsere berühmte Person noch Gegenstand weitergehender Wünsche im Dunkel der Nacht werden könnte. Nach den gemachten Erfahrungen mußte man auf alles gefaßt sein.

Im Lager war uns sehr wohlthuend ein besonders geräumiges Zelt aufgefallen, mit der Aufschrift: „Gesellschaft zum blauen Kreuz". Es gehörte also dem Verein, der Mäßigkeit oder gänzliche Enthaltung von geistigen Getränken auf seine Fahne geschrieben hat und sich nicht scheute, mitten in einem Soldatenlager sein Zelt aufzuschlagen und für seine Sache zu werben. Und sehr schön war es, daß die Heeresverwaltung dazu ihre Er-

laubnis und volle Zustimmung gegeben hatte. Es standen
Tische und Stühle nebst einem Harmonium und Pianino
in dem großen Raum; auf den Tischen lagen alle möglichen Zeitungen und Bücher zur Benützung für jedermann
bereit; auf den Instrumenten durfte Musik machen, wer
wollte, und alles in allem war das Verweilen dort ein
so zwangloses, daß das Zelt fast den ganzen Tag besetzt
war. Dann und wann trat ein Mitglied von der Gesellschaft auf und hielt eine kurze, packende Ansprache, worin
er die Mäßigkeitssache empfahl. Bei den oben geschilderten
Verhältnissen hatte übrigens die Gesellschaft leichte Arbeit
und wesentliche Erfolge.

Was die kirchliche Versorgung der Soldaten betrifft,
so waren teils Militärkapläne angestellt, teils versahen
die Geistlichen von Miami die Stelle von zeitweiligen
Militärgeistlichen. Die Gottesdienste wurden in den Kirchen
der verschiedenen Religionsgemeinschaften abgehalten. Der
Besuch derselben war ein freiwilliger, aber auch ein recht
mäßiger, da in religiöser Hinsicht der Amerikaner von
seinem Vetter in England sehr weit verschieden ist.

Wie es mit der Verköstigung der Truppen bestellt
war, konnten wir sehen, als wir zur Zeit des Mittag-
essens das Lager passierten. Überall hatte die Mannschaft
das Essen gefaßt, das in weißen Bohnen mit gepöckeltem
Schweinefleisch bestand, so grob, wie wir es im Zwischendeck auf der Reise zu genießen bekommen hatten. Man
denke sich bei der in Miami herrschenden Hitze eine tägliche Ration von gesalzenem, durch Salpeter noch haltbarer gemachtem, bis 6 Zentimeter dickem Speck und das
Tag für Tag vorgelegt, nur daß der gesalzene Speck mit
ebenso fettem geräuchertem Speck im Verein mit Bohnen,
Erbsen, Linsen u. a. abwechselte, und man wird begreifen,
wie die Grenzen des Lagers eingefaßt waren mit Mengen

solchen Fleisches, das die Mannschaft als ungenießbar weg-
geworfen hatte. Wir kannten diese Art Fleisch recht wohl,
denn in der äußersten Not hatten wir im Fort Lauderdale
auch solches schon gekauft, das wohl im Norden nicht zu
verwerten gewesen war, da unten aber seiner Billigkeit
wegen immer noch Abnehmer fand. Wir pflegten es dreimal nach einander in frischem Wasser aufkochen zu lassen
und jedesmal das Wasser abzuschütten, allein trotzdem
war es nicht zu genießen, und der Durst, den es erzeugte,
war grenzenlos. Und trotz dieser ärmlichen Verköstigung
der Soldaten wagte man die schon jetzt ungeheure Ver-
teuerung des Büchsenfleisches damit zu begründen, daß
alle Vorräte für die Armee und Marine aufgekauft würden,
die davon noch nichts zu kosten bekommen hatten. Die
Entrüstung der Soldaten über ihre Kost war groß und
machte sich nicht in den schmeichelhaftesten Ausdrücken der
Verwaltung gegenüber Luft. Es war nicht zu verwundern,
daß diejenigen Soldaten, welche noch über bares Geld
verfügten, sich in den Garküchen, deren eine große Menge
am Platz erstanden war, verköstigten. Dort konnte man
für eine Mark Suppe, frisches Fleisch mit Gemüse und
Kartoffeln und einen Nachtisch erhalten. Andere labten
sich an den herrlichen Wassermelonen, die in Hülle und
Fülle von den benachbarten Ansiedlern auf den Markt
gebracht worden waren und in solcher Güte und Feinheit
eben nur in dem Klima von Florida wachsen konnten.

Im Laufe des Sommers und Herbstes sollte es aber
noch schlimmer kommen mit der Verköstigung der Truppen.
Ganze Wagenladungen frischen Fleisches, in Leinwand verpackt und nach Florida gesandt, kam voll Maden an, weil
in den Eisenbahnwagen zuvor Dünger verschickt worden
war und diese nicht gereinigt wurden! Selbst im Büchsenfleisch fanden sich lebende und tote Maden, und vieles

von diesem war mit einem chemischen Stoff behandelt, um
es haltbarer zu machen, durch den bei einer Kompagnie in
Miami drei Leute starben und 14 Tage lang kaum 37 Mann
dienstfähig blieben. Die Qualen, welche die Erkrankten zu
erdulden hatten, waren furchtbar und ließen sich nicht
einmal mit Morphiumeinspritzungen lindern. Auf Kuba
pflegten die amerikanischen Soldaten ihr Büchsenfleisch den
kubanischen Soldaten und den Flüchtlingen von Santiago
aufzuhalsen.

Millionen von Pfunden solcher Schundware sind von
den großen Geschäftshäusern den Unterhändlern der amerikanischen Intendantur übergeben worden, ja der General-
intendant Eagan selbst kaufte privatim große Posten auf
und verkaufte sie der Regierung wieder. In solcher Weise
wurde für die Soldaten gesorgt und zu solchen nieder-
trächtigen Freveln und Betrügereien führte die unersättliche Gier nach dem Dollar!

Während des Vormittags hatten wir Gelegenheit, die
neuangekommenen Rekruten bei der Arbeit zu sehen, während die andern Soldaten frei hatten. In Rotten von je
vier Mann wurden sie von einem Unteroffizier einexerziert,
die meisten in Hemdärmeln, teilweise ohne Schuhe und
ohne Hut. Wir sahen lange zu, wie bei einem solchen
Trupp der Unteroffizier sich alle erdenkliche Mühe gab,
einem der Rekruten, einem etwa 35jährigen Mann, das
Marschieren im gleichen Schritt beizubringen. Aber es
war alles umsonst; nach dem dritten Schritt hatte er den
Tritt wieder verloren. Und als wir nach einer Stunde
nochmals vorüberkamen, hatte der Mann noch keinen Fortschritt gemacht. Wir, wie auch alle die zahlreichen Zuschauer, die sich an diesem Exerzieren auf der blendenden
Hauptstraße der Stadt ergötzten, konnten nicht anders als
die ungeheure Geduld des Unteroffiziers bewundern.

Das Exerzieren überhaupt beschränkte sich bei diesen Truppen auf das allernotwendigste, wie es ja auch begreiflich war mit Hinsicht auf die Art des Kriegs, in welchem dieselben Verwendung finden sollten. So machte sich denn auch der Anblick eines ganzen Regiments, das am Abend in Parade durch die Stadt zog, höchst merkwürdig durch die Ungleichheit im Schritt, Abstand und in der Haltung der Mannschaft. Zugegeben mag werden, daß auch die ganz entsetzliche Musik, die dabei aufspielte und in ihrer Rauheit dem Kommißfleisch zu vergleichen war, mit daran schuld war. Am besten, zwar auch mehr gehackt als gespielt, gelang noch der nationale „Yankeydoodle". Aber nichtsdestoweniger waren Soldaten und Zuhörer nicht verwöhnt und daher von den Leistungen der Regimentskapelle voll befriedigt, und selbst der Braune des seinem Regiment stolz voranreitenden Obersten verstieg sich zu einem selbstbewußten Tänzeln.

Wir konnten nicht umhin, in der noch bestehenden Wirtschaft ein Glas Bier zu trinken; es schmeckte uns aber bitter, wie es nach neunmonatlicher Entbehrung nicht anders sein konnte; und da zudem ¼ Liter 60 Pfennige kostete, so zogen wir uns bald zurück. Der Wirt war mürrisch, da sein Lokal leer stand und er keine Geschäfte machen konnte trotz des Nationalfestes. Der wachehabende Offizier schaukelte sich in dem großen luftigen Raum in seinem Schaukelstuhl und las seine Zeitung, ohne etwas dazu zu trinken; die drei Schildwachen hielten die Außenseiten besetzt. Die zweite Wirtschaft war eine Ruine.

Durch einen schönen, schattigen Wald mit prächtig duftenden Gesträuchern, in denen wunderschöne Vögel ohne Scheu vor den Menschen sich in den Zweigen schwangen, gelangten wir an die Bucht, an der Miami liegt, die Biskayne-Bucht, bis zu welcher der Schienenstrang gelegt

ist und in der zwei große Dampfer eben mit Munition
und Proviant beladen wurden, um dann auch noch zwei
Bataillone Soldaten mit nach Key West zu nehmen. Es
wimmelte von Soldaten, die sich hier ihres freien Tages
freuten. Hunderte tummelten sich an der Einladestelle in
dem warmen Wasser der Bucht und zeigten ihre Schwimm=
künste unter dem brausenden Beifall ihrer dankbaren Zu=
schauer. Viele andere benützten den schönen Tag zu einer
Spazierfahrt teils in kleinen Dampfern, teils in Segel=
und Ruderbooten, von denen die Bucht voll war.

Die Biskayne=Bucht, etwa 10 Kilometer lang und
zwischen 6 und 8 Kilometer breit, ist auf der Landseite
dicht bewaldet; auf der Seeseite ist sie durch eine zu=
sammenhängende Kette von wenig hohen, ebenfalls mit
Wald bedeckten Korallenfelsen vom Ozean abgeschlossen.
Nur an zwei Stellen ist eine schmale Ausfahrt ins Meer
offen. Durch diese vorgelagerte Kette wird der Ansturm
der Meereswogen abgehalten und dadurch die Sicherheit
der Bucht für die Schiffe ungemein gesteigert. Da aber
durch dieselbe auch die frische Meeresbrise zurückgehalten
wird und unmittelbar vor ihr der Golfstrom nach Norden
sich wendet, so ist dadurch das Klima von Miami be=
deutend heißer, als es weiter oben an der Küste ist, da,
wo wir uns niedergelassen haben.

Gegen Mittag versammelte sich viel Soldaten= und
Ansiedlervolk in den Palmenanlagen des großen Royal=
Palm=Hotels, das Flagler an der Mündung des Miami=
flusses in die Biskayne=Bucht hatte erbauen lassen und
das erst kürzlich dem Gebrauch übergeben worden war.
Um eine mehrere Morgen große Gartenanlage auf dem
humuslosen Felsgrund zu bekommen, hatte Flagler über
ein Jahr lang täglich zehn Eisenbahnwagen gelben Sand
von St. Augustine mit dem täglichen Güterzug kommen

unb um das Hotel her aufschütten lassen. In diesen
lehmhaltigen Sand wurden dann etwa tausend junge
Kokosnußpalmen gepflanzt, die alle sehr gut gediehen
und eine eigenartige Anlage versprechen. Schön sieht ein
solcher Garten mit den einförmigen, schlanken Baumstämmen und dem Blätterbüschel als Krone allerdings
nicht aus; aber die Wintergäste haben doch das Vergnügen, unter Palmen zu ruhen und zu wandeln, während
Eis und Schnee ihren Heimatort bedecken.

Im Hotel war der Generalstab der Truppen von
Miami untergebracht und daß da nicht schlecht leben war,
läßt sich denken. Die Herren Offiziere der höchsten Grade
saßen auf der großen Veranda beim zweiten Frühstück,
während die Militärmusik unter den Palmen fröhlich spielte
und das Volk im Gras lag und zuhörte, oder an allerlei
Spielen, Fußball u. a. sich ergötzte. Der Union-Jack, d. h.
das Sternenbanner der Vereinigten Staaten, wehte in einem
riesigen Exemplar von der Spitze des Mittelturms am Hotel,
zum Zeichen, daß hier unter seinem Schutz das freie Volk
sein Nationalfest feierte. Der Tag war für eine solche
Feier wunderschön und es war darum nicht zu verwundern,
daß von allen Seiten, sogar auch vom Süden herauf,
wohin keine Eisenbahnverbindung mehr geht, so viele und
immer neue Ansiedler in allen Arten von Fahrzeugen
und Fuhrwerken zu Wasser und zu Lande gekommen waren.
Hier hielt eine Abteilung Franzosen sich zusammen und
verriet sich durch eifriges Reden und Gestikulieren; dort
trafen wir ein Häuflein Dänen, die vor zwei Jahren
etwa 40 Kilometer nördlich an der Bahn eine eigene,
ziemlich bedeutende Kolonie gegründet hatten. Da verschiedene Familien darunter waren, so bauten sie sogleich
auch stattliche, zum Teil zweistockige Häuser und alles
versprach einen guten Fortgang. Als aber im Januar

ihre Tomaten und Frühgewächse erfroren, verlor die Hälfte
dieser Ansiedler den Mut und zog wieder nach dem Norden.
Die Zurückgebliebenen hatten sich durch Neupflanzen ihrer
Felder bald wieder erholt. Deutsche trafen wir nur zwei,
der eine war bei einem der vielen Garküchebesitzer angestellt,
der andere ein Soldat.

Die Ansiedler ringsum hatten die festliche Gelegenheit
benützt und eine riesige Menge Südfrüchte zur Stadt ge=
bracht, die sehr guten Absatz fanden. Um vierzig Pfennige
konnte der Soldat eine 25pfündige Wassermelone kaufen,
und so saßen sie mit Löffeln bewaffnet im Kreis um ihre
süße Melone und löffelten sie einträchtig mit einander aus.
Orangen, Bananen, Guavas und andere prächtige, durst=
stillende Früchte waren in großer Menge und von aus=
gezeichneter Güte vorhanden.

Unser Mittagsmahl nahmen wir bei einem früheren
Bewohner von Linton ein, der, seitdem wir ihn nicht mehr
gesehen hatten, bankerott geworden war und den Krieg
und das Lager von Miami als willkommene Quelle, sich
wieder aus der Not herauszuschaffen, mit Freuden begrüßt
hatte. Und der Mann machte große Geschäfte, so daß er
fünf Leute in seiner elenden Bretterbude anstellen mußte.
Solche Leute rieben sich allemal wieder aufs neue die
Hände, wenn die Zeitungen eine lange Dauer des Kriegs
verkündigten.

Gegen Abend traf ein Telegramm beim Oberbefehls=
haber ein, das den Sieg der amerikanischen Flotte unter
Admiral Sampson über die spanische Flotte im Hafen von
Santiago de Kuba verkündigte. Sofort ließ derselbe die
Nachricht den Truppen und der Stadt kund geben, und
ein ungeheurer Jubel herrschte in Stadt und Lager, und
machte sich bei Tausenden in einer Extraflasche Soda=
wasser Luft.

Doch als die Dämmerung einbrach, sollten der Jubel und die Landesfeier ihren Höhepunkt erreichen in einem großen, schnell veranstalteten Feuerwerk, dessen Mittelpunkt das Hotel bildete, in dem wir übernachteten. Der Besitzer hatte so viele Feuerwerkskörper, als er auftreiben konnte, zusammengekauft und verteilte sie an jedermann, besonders an die Soldaten, und es begann ein richtiges Bombardement von romanischen Lichtern, Schwärmern und Fröschen über die Straße hinüber, während im Hintergrund zehn, zwanzig und mehr Raketen auf einmal zum nächtlichen Himmel emporschoffen und überall das freudige Volk seine Lieblings- lieder ertönen ließ.

Punkt neun Uhr wurde der Lust ein Ende gemacht; denn das Trompetensignal rief die Truppen ins Lager zur Nachtruhe und um halb zehn Uhr herrschte überall Totenstille.

---

17. Kapitel.

Die Heimreise. Eine Feuersbrunst. Schwerer Abschied. Zu Schiff nach New-York. Auf der „Patria" nach Hamburg. Daheim!

Mein Urlaub ging zu Ende, und in raschem Lauf rückte der Tag meiner Abreise von Floriba heran, auf den es noch vielerlei zuzubereiten gab. Die große Kiste wurde gepackt und allerlei Raritäten zum Andenken an Floriba beigelegt; sodann fuhren zwei der Ansiedler mit derselben zur Bahn nach Fort Lauderdale. Das Boot, das sie benützten und das noch mit sechzehn Fässern mit neuen Kartoffeln befrachtet war, fing schon eine halbe Stunde unterhalb Pompano an zu finken, und obgleich

die Männer in aller Eile die Ladung ans Ufer warfen,
hatte doch meine Kiste lange genug im Wasser gestanden,
um zur Hälfte durchnäßt zu werden. Manche Gegenstände
waren in einer üblen Verfassung, als ich sie zu Hause
ans Licht brachte.

Der Tag der Abreise war festgestellt, als Nachricht
kam, daß der Dampfer von Jacksonville nach New-York
erst einen Tag später abfahre. Statt in Jacksonville blieb
ich daher noch eine Nacht in Pompano. Und da sollte
ich noch etwas für uns sehr Fatales miterleben. Es hatte
den ganzen Tag geregnet und ich verschob die Abschieds-
besuche bei den Ansieblern auf den nächsten Tag. Am
Abend stellte sich ein gewaltiges Gewitter ein, wie sie nur
die tropischen Zonen haben. Wir hatten manchmal vierund-
zwanzig Stunden lang ununterbrochen Blitzen und Donnern
nach allen Himmelsrichtungen mit geradezu ungeheuren
Regengüssen. Dann wurde es die ganze Nacht nicht dunkel,
der ganze Himmel bildete ein Flammenmeer. Merkwürdig
aber war die Erscheinung, daß, wenn die Gewitter vom
Land herkamen, die Wolken, sobald sie den Ozean erreichten, dem Lauf der Küste folgend stilleftanden. Über
dem Land konnten rabenschwarze Wolken stehen, und über
dem Meer, der Küste nach scharf abgeschnitten, schien die
Sonne am blauen Himmel.

So hatten wir an jenem Abend auch ein großartiges
Gewitter und heller Feuerschein drang dauernd von einer
Stelle zu unseren Fenstern herüber. Wir konnten uns
nicht erklären, was in Flammen geraten sein mochte,
dachten aber, es werde die Prärie am Kanal sein, und
schenkten dem Feuer weiter keine Beachtung. Man wird
in Florida an Brände gewöhnt; denn fast immer ist Rauch-
und Feuerschein in irgend einer Richtung zu sehen. Schade,
daß der Wald überall und immer wieder angezündet wird;

die Indianer fingen der Jagd wegen den Unfug an; die Ansiedler mußten ihn der Feuersgefahr für ihre Häuser und Pflanzungen wegen fortsetzen. Sowie Gebüsch und Gras brennbaren Stoff boten, wurde beides angezündet, um von Haus und Feldern weg nach außen zu brennen. Gewöhnlich ergriff dann das Feuer auch den Wald und brannte in den hohen Baumgipfeln oft tagelang weiter.

Als wir nun am folgenden Morgen den Kanal hinab= fuhren, fehlte unserem Auge unser Packhaus auf dem Tomatenfelde! Wir gingen ans Ufer und siehe da! das aus lauter starken Balken erbaute Blockhaus war nebst seinem ganzen Inhalt bis auf ein kleines Häufchen Asche zusammengebrannt. Und das war so zugegangen. Mehrere Tage vorher hatten wir Unkraut verbrannt und der trockene Torf hatte angefangen zu glimmen, was wir wohl be= merkten, aber nicht weiter beachteten, da es schon oft der Fall gewesen war. Durch den Sturm angefacht, war das glimmende Feuer unter den Balken des Hauses durch= gedrungen, hatte diese ergriffen und dann stand das Ganze in hellen Flammen. Unser sämtliches Feldgeräte, sodann zehn Zentner neue Kartoffeln, die für den Bedarf des Hauses bis zur nächsten Ernte hatten dienen sollen, und zwei prächtige Fässer mit Zwiebeln, welche in der folgen= den Woche auf den Markt gekommen wären, alles war vernichtet. Das war ein herber Stoß zuguterletzt! Und der Abschied von meinen Söhnen, für welche mit diesen Vorräten noch hatte gesorgt sein sollen, wurde dadurch nicht leichter. Die Ansiedler versprachen, beizuspringen und aus ihren eigenen Vorräten mitzuteilen, allein das Wort bewahrheitete sich auch diesmal: „aus den Augen, aus dem Sinn."

Morgens um halb fünf Uhr wanderten wir auf unsrer

„Avenue" durch den Wald hinaus nach dem Bahnhöfchen
von Pompano, das die Bahnverwaltung auf unser An=
suchen erstellt hatte.

Daß der Abschied sehr schwer wurde, ist begreiflich.
Wann sollten wir uns wiedersehen? Wie ernst ist doch
das Leben und wie reißt es auseinander, was so gerne
beisammen bleiben möchte! So wie unsere Verhältnisse
liegen, war es nicht möglich, daß die Familie in engerer
Umgebung zusammen sein konnte, und da war es gut,
daß von Anfang an eine örtliche Trennung ins Auge
genommen wurde, bei der es dann nicht darauf ankam,
ob sie größer oder kleiner war. Und weiter war es gut,
daß die beiden Zurückbleibenden es wohl begriffen, daß
sie auf eigenen Füßen zu stehen hätten, und mit ganzem
Willen und voller Energie auch auf diesen Plan eingingen.
Sie hatten im Laufe der neun Monate gemeinsamer Pionier=
arbeit Zweck und Ziel des Unternehmens und die Umsicht,
die dazu gehört, in neuen Verhältnissen das Beste zu er=
reichen, wohl erfaßt und bewiesen, daß sie Manns genug
waren, an dem begonnenen Werk selbständig weiter zu
machen. Und über ihnen waltete ja zu Schutz und Segen
der treue Gott, der als Vater sich seiner Kinder in
aller Welt erbarmt und sie nicht verläßt noch ver=
säumt.

Wir ließen den Zug auf die gewohnte Weise durch
Schwenken des Taschentuches halten, noch eine kurze Um=
armung und in wenigen Augenblicken hatte der Sandstaub,
den der Zug aufwirbelte, Bahnhof und Söhne meinen
Augen entzogen und ich fuhr einsam den Weg zurück, den
wir drei vor neun Monaten mit so gespannten Erwar=
tungen herabgekommen waren. Und wenn ich alles über=
dachte, was wir an Freud und Leid miteinander durch=
gemacht und erfahren hatten, so mußte ich immer

wieder gestehen, es war eine schöne Zeit für alle
gewesen und sie wird uns lebenslang in Erinnerung
bleiben.

*   *   *

Da im Monat Juli die Ananasernte in vollem Gang
ist, so fand ich auch auf der Fahrt die Ansiedler nördlich
von West-Palm-Beach in voller Arbeit, und ein köstlicher
Duft strömte stundenlang von den Feldern aus. Und doch
war mehr als die Hälfte der Pflanzen am 1. Januar dem
Frost zum Opfer gefallen.

Mit Anbruch der Nacht erreichte ich Jacksonville. Von
St. Augustine an war ein Herr mit mir gefahren, der
am Bahnhof seine Frau und ein Söhnchen zurückgelassen
hatte, das bei der Trennung vom Vater bitterlich weinte
und sich nicht trösten lassen wollte. Derselbe schien mir
auf den ersten Blick ein Deutscher zu sein, und ich täuschte
mich auch nicht. Als ich mit ihm ins Gespräch kam, erzählte er mir, daß er ein Badenser sei, im Norden ein
Geschäft habe und seine Frau gesundheitshalber nach
Florida habe bringen müssen, und daß er jetzt auf dem
Weg heim sei und über New-York reisen müsse. Somit
hatte ich einen Reisegefährten auch für die Fahrt auf dem
Schiff, und ich war froh darüber.

Jacksonville ist eine schöne Stadt, — wenn es aus-
geregnet hat. Auf unserer Herreise waren wir mit etlichen
Regenschauern davongekommen. Jetzt aber, in der Regenzeit, regnete es in solch überschwenglicher Weise, daß das
Wasser auf den Straßen stand. Vom Bahnhof mußte ich
auf Holzplanken zum Logierhaus hinüberschreiten, vor
dem sich ein großer See gebildet hatte, in welchem Tausende von Fröschen ihren Nachtgesang ertönen und eine
recht schlechte Nacht erwarten ließen. Doch kaum war ich

zu Bett gegangen, als es eben zehn Uhr schlug, da wurde vom Hotel aus ein Gewehrschuß in die quakende Menge gefeuert, und mit einemmal und für immer verstummte sie; es war das die Polizeistunde für die Frösche in Jacksonville.

Für die Fahrt nach New-York nahm ich den Dampfer einer andern Linie, deren Schiffe viel größer und auf denen die Verköstigung noch besser ist, als es auf dem Weg von New-York nach St. Fernandina gewesen war. Zudem geht das Schiff von Jacksonville selbst ab und fährt über Charleston in vier Tagen nach New-York.

Das Wetter war trübe und regnerisch, als ich um elf Uhr morgens abfuhr. Passagiere waren ziemlich viele an Bord. Unter anderen befanden sich in ihrer Zahl zwei mit Handschellen aneinander gefesselte Soldaten, von denen mir der sie begleitende Sergeant erzählte, sie seien von ihrem Regiment desertiert und für dieses Vergehen zu vier Jahren Gefängnis verurteilt worden, die sie in New-York abzusitzen hätten. Ich hoffe nur, daß diese zwei jungen Burschen, denen wohl auch die Verpflegung zu schlecht gewesen sein mag, nach dem Friedensschluß wieder in Freiheit gesetzt worden seien; sie hatten ihr Gelüste, freiwillig auch beim Krieg ein wenig mitzuthun, schwer zu büßen.

Nach dem Abendessen pflegten sich die Reisenden der I. Kajüte zusammenzufinden und mit allerlei Spielen, besonders aber mit Musik die Zeit zu vertreiben.

Doch ging es nicht während der ganzen Fahrt so gemütlich zu. Am Anfang war das Meer recht bewegt und infolge davon kamen nur wenige Reisende zu Tisch und aufs Verdeck.

Die Fahrt von Jacksonville den St. Johnsfluß hinunter bis ins offene Meer ist eine sehr gefährliche, da die

schmale Wasserstraße zwischen Korallenriffen hindurchführt,
welche elektrisch beleuchtet werden können. Bei Nacht
hätte ich diese Fahrt mit ihren vielen Krümmungen nicht
machen mögen. Unterwegs begegneten wir einem gewaltigen Viermaster, dessen Segel, voll gebläht, das Schiff
rasch vorwärtstrieben. Unser Dampfer hielt seinen Kurs
mitten auf dieses Segelschiff zu; die Entfernung wird
immer kleiner und kleiner; keines der zwei Schiffe will
dem andern ausweichen; es handelt sich noch um etliche
Minuten, so müssen sie ineinander rennen. Da weicht
unser Schiff, als das leichter lenkbare, in der letzten
Minute zur Seite aus, und eine nicht zwei Fuß breite Bahn
bleibt zwischen den beiden Schiffen, als sie dann unter
gegenseitiger Verwünschung des Schiffsvolks aneinander
vorbeifuhren. Ich hatte eine lebhafte Vorstellung davon,
wie es sein muß, wenn es zu einem wirklichen Zusammen-
stoß kommt. Der Atem stand einem geradezu still. Kein
Wunder, daß es viele Unglücksfälle zur See giebt, wenn
so toll und rücksichtslos dreingefahren wird.

Lange Zeit, ehe wir in den offenen Ozean hinaus-
kamen, fanden wir an festgerammten Pfählen kleine
Ruderboote angebunden, in denen je Ein Mann, seine
Pfeife rauchend, saß. Von den starkgehenden Wellen
herüber und hinübergeworfen, warteten diese Lotsen auf
das Einfahren von angemeldeten Schiffen, um sie dann
durch den unteren Lauf des St. Johnsflusses nach Jacksonville zu bugsieren, ein schwerer Lebensberuf und voll
Gefahren.

Ganz vorzüglich und sehr reichlich war die Verköstigung auf dem Schiffe, mir natürlich etwas ganz
Neues und Ungewohntes, nachdem ich neun Monate lang
auf die allereinfachste, frugalste Art und mit den ge-
ringsten Mitteln unsern Haushalt in Pompano geführt

hatte. Daß ich in dieser Zeit vierzig Pfund an Körper-
gewicht verloren habe, das bewiesen mir meine Kleider.
Ich fing aber schon auf dem Schiff an, das Verlorene
hereinzuholen; ganz ist's mir bis heute nicht gelungen.
Geistige Getränke gab es auf dem Schiff nicht. Allen
Respekt vor den Schiffsverwaltungen, die nicht meinen,
ihren Gewinn erhöhen zu müssen, indem sie ihren Reisenden ihre Getränke aufnötigen und den für einen er-
bärmlichen Kerl gelten lassen, der keinen Wein und kein
Bier trinkt. Diese Art der Freiheit im Reisen ist sehr
nachahmungswert.

Am Samstag sollte das Schiff abfahren, auf dem
ich die Reise von New-York nach Europa machen wollte,
und ich hatte gehofft, wir würden New-York noch am
Freitag Abend erreichen. Allein in Charleston wurden
wir längere Zeit aufgehalten, da wir auf etliche Offiziere
von der Landarmee zu warten hatten, die auch nach New-
York fahren wollten. Dem Militär mußte ja in jenen
Kriegszeiten alles nachstehen. Als wir daher bei Sandy
Hook ankamen, von wo die Einfahrt in den Hafen nach
New-York hinauf beginnt, mußten wir, da es schon dunkel
geworden, Anker werfen und an Ort und Stelle die Nacht
zubringen. Das machte wieder der Krieg! Die ganze
Wasserstraße war bis auf einen schmalen Streifen mit
unterseeischen Minen belegt, so daß an ein Weiterfahren
bei Nacht nicht zu denken war, wenn man nicht in die
Luft fliegen wollte. Von beiden Ufern her wurde unser
Schiff in den Bereich zweier elektrischer Scheinwerfer genommen, in einer solchen Weise, daß an Bord alles tag-
hell beleuchtet war. Es schien mir bald, als ob die am
Scheinwerfer Angestellten sich einen Spaß daraus machten,
uns zu beleuchten; denn die Sache ging immer und immer
wieder von neuem los. Man bedenke dabei, daß zu jener

Zeit die spanische Flotte auf Kuba und Manila vollständig
vernichtet war und daß also Spanien kein Fahrzeug mehr
besaß, das, wenn es auch gewollt hätte, hier irgend einen
Schaden anrichten konnte, und doch diese schauspielerische
Entfaltung der Kriegsbereitschaft!

Am Samstag Morgen brachte uns der Lotse wohlbehalten in den Hafen von New-York, vorbei an dem
Fort Fisher mit seiner fünfzig Fuß langen, vierzehn-
zölligen Dynamitkanone, die zur Sicherung des Hafens
ihre Lufttorpedos fünf Kilometer weit zu werfen vermag.

Nur sechs Stunden hatte ich infolge der verspäteten
Ankunft zur Verfügung, mit meinem Gepäck das Schiff
„Patria" der Hamburger Linie in Hoboken drüben zu
erreichen und sonst noch allerlei Notwendiges zu besorgen.

Darum war ich doppelt froh, wieder einem Agenten
in die Hände zu fallen, obgleich ich durch ihn, wie ich
ehrlich gestehen will, um zwanzig Mark beim Fahrpreis
betrogen worden bin. Er verstand es eben, die Eile, in
der ich naturgemäß war, zu seinem Vorteil zu benützen,
was ihm jedermann dort drüben für selbstverständlich an-
rechnen wird. Zeit ist eben Geld!

Der Mann kam aufs Schiff, um die Beförderung
des Gepäcks der Reisenden zu übernehmen, und als er
hörte, daß ich heute noch mit dem Dampfer nach Hamburg abfahren wolle, versprach er, die Fahrkarte und
mein Gepäck ins Reine zu bringen. Ich fuhr mit ihm
auf einem vierräderigen Karren nach dem Geschäftslokal
seiner Firma, die sich mit Auswanderung beschäftigt. Die
Sache wurde telephonisch ins Reine gebracht; vom Schiff
her hieß es, Ein Bett zweiter Klasse sei eben noch frei;
welcher Art dieses war, wird sich weiter unten zeigen.
Von dort eilte ich, von meinem Schwager mich zu ver-
abschieden, der mir versprach, nach Hoboken zur Abfahrt

zu kommen. Nachdem ich noch meinen Söhnen etliche
langentbehrte Wurstwaren gekauft und nach Floriba ab=
gesanbt hatte, begab ich mich ins beutsche Emigranten=
haus, wo ich zu Mittag speiste und von Pastor Berke=
meier Abschieb nahm. Es wurde mir bort ein junger
Mann zur Obhut anempfohlen, ber aus bem fernen
Westen kam und ebenfalls nach Hamburg reisen wollte.
Endlich konnten wir über ben Hubson fahren und er=
reichten bas Dock ber Hamburg=Amerika=Linie, eine
Stunde, ehe bas Schiff bie Reise antrat. Diese Stunde
konnte ich noch gemütlich mit meinem Schwager bei einem
Glas Bier in einem benachbarten Garten verbringen. Ich
banb ihm seine zwei Neffen auf bie Seele und er ver=
sprach, sich ihrer in irgend welcher Not und Verlegenheit
anzunehmen, so baß ich auch nach bieser Seite hin be=
ruhigt abreisen konnte.

Das Reisegelb zweiter Kajüte betrug wenig mehr als
wir auf ber Herfahrt im Zwischenbeck bes Norbbeutschen
Lloyb bezahlt hatten, wie überhaupt bie Reise von New=
York nach Europa wohlfeiler ist, als umgekehrt. Und boch
war in ber Summe noch eine Kriegssteuer von zwölf Mark
enthalten, welche bie amerikanische Regierung von jebem
Reisenden in ber zweiten Kajüte erhob, während im
Zwischenbeck brei Mark bezahlt werben mußten; eine
höchst einträgliche, indirekte Steuer! Daß es ernst ge=
nommen wird mit ben armen Reisenden, bie in New=York
mittellos ankommen, konnte ich baran sehen, baß sechs
solcher Reisenden von ber Gesellschaft im Zwischenbeck
wieber nach Hamburg zurückgenommen werben mußten,
ba sie bei ber Visitation beim Landen keine genügenben
Mittel zum Leben aufzuweisen vermochten.

Nach herzlicher Verabschiebung von meinem Schwager
betrat ich bas Schiff, bas pünktlich zur festgesetzten Stunde

abfuhr. Eine große Menge Abschiednehmender hatte sich an allen Fenstern des großen Gebäudes versammelt. Die Dampfpfeife ließ ihren schrillen Ton dreimal nacheinander ertönen, noch einmal konnte ich meinem Schwager zuwinken, und langsam setzte sich das Schiff in Bewegung und dampfte stolz den Hudson hinab, geführt von einem Lotsen, ohne den, der Minen wegen, wir wieder nicht hätten passieren können. Zum letzten Male erschienen die fünfzehnstockigen Riesengebäude an der Südspitze der Stadt New-York, das Standbild der Freiheit mit dem erhobenen Arm schien zum Abschied zu grüßen und bald waren die Häuser von New-York entschwunden, und ich hatte Abschied genommen von der Neuen Welt, in der ich in der That vieles Neue erlebt und erfahren hatte.

*   *   *

Acht Tage vor unserer Abfahrt war das schöne französische Schiff „Bourgogne" an den Sandbänken von Neufundland gescheitert und zu Grund gegangen, wobei 550 Personen in den Wellen des Meeres ihr Grab fanden. Kein Wunder daher, daß unser Kapitän und seine Offiziere ganz besondere Vorsicht walten ließen auf unserer Reise und zwar zur aufrichtigsten Genugthuung aller Reisenden.

Als ich nach meiner Lagerstätte, einer für jede Seereise sehr wichtigen Sache, mich umsah, fand ich, daß außer mir noch vier Passagiere in der recht geräumigen Kabine ihren Platz angewiesen erhalten hatten. Die ganze II. Kajüte war voll besetzt. Mein Bett war auf das seitherige, sehr schmale Kanapee gemacht, indem einfach ein Brett als Vorderwand zum Schutz gegen ein Herabfallen befestigt worden war. Auf die Bemerkung eines der Mitbewohner, daß ich trotz meines geringen Körperumfangs mich wohl

kaum in diesem sargähnlichen Lager werde wenden können,
erklärte ich, den Versuch schon bei Tage zu machen, um
nötigenfalls für die Nacht andere Vorsorge treffen zu können.
Ich legte mich also in das bescheidene Bettlein und richtig,
ich konnte nicht auf dem Rücken liegen, ohne beide Arme
eng über die Brust ziehen zu müssen. So ging die Sache
einfach nicht. Allein über meinem Bett, am Kajütenfenster,
war ein flacher, breiter Raum der ganzen Kajüte entlang,
unter dem die Leitung zum Steuer hinten am Schiff durch=
führte. Da legte ich das Kanapeepolster hinauf und hatte
nunmehr den freiesten und bequemsten Schlafraum unter
allen Bewohnern der Kabine. Man muß sich nur zu helfen
wissen.

Sonst waren wir in jeder Beziehung ganz vorzüglich
versorgt. Doch, für manche Mitreisende habe ich damit
zu viel gesagt. Denn nach zwei Tagen ging das Bier
aus, von dem 27 Faß bei der großen Hitze, die in New=
York geherrscht hatte, sauer geworden waren, und nach
vier Tagen war kein Tropfen Wein mehr zu haben; die=
jenigen, die sich trösteten, sie könnten auch mit Kognak
vollends auskommen, sahen sich nach etlichen Tagen eben=
falls am Ende ihrer Wünsche und auf Sodawasser ange=
wiesen! Das war herb für die armen Menschen, fünf
Tage lang als Temperenzler auf einem atlantischen Dampfer
verleben zu müssen, d. h. ohne alle geistigen Getränke, ein
für einen deutschen Dampfer und seine Reisenden gewiß
sehr seltenes Ereignis!

Die Gesellschaft war in ihrer größeren Hälfte eine
sehr nette und, wie es geht bei solchem Zusammenleben
auf einem engen Raum, gleich und gleich fand sich bald
zusammen. Nur Einen großartigen Schwindler hatten wir
in unserer Mitte, einen Kartenspieler, der bei dem täg=
lichen Spiel mit etlichen jungen Männern bald mehr von

ihnen gewonnen hatte, als sein Reisegeld betrug, das er für die Überfahrt bezahlt hatte. Zu spät gingen den Leichtsinnigen die Augen auf.

Interessant war es, im Laufe der Fahrt über Gegenwart und Vergangenheit der einzelnen Mitreisenden allerlei zu erfahren, und es gab das zusammengenommen ein Bild im Kleinen von den Gewinn- und Verlustverhältnissen, denen die Jäger nach dem irdischen Glück drüben in Amerika ausgesetzt sind.

„Ich komme direkt aus Guatemala," erzählte ein junger Kaufmann aus Bremen, als wir im Kreise auf dem beschatteten Verdeck saßen, „dort haben Deutsche großartige Kaffeepflanzungen angelegt, die reichen Ertrag abwerfen würden, wenn die Beförderungsmittel nicht so schlecht und teuer wären. Wir müssen alles mit Maultieren oder Ochsen vom Gebirg herab ans Meer befördern und dabei ist der sumpfige Landstrich eine Tagereise von der Meeresküste nach dem Innern zu für die Gesundheit von Menschen und Tieren sehr gefährlich. Die inneren Verhältnisse der Staaten sind die denkbar schlechtesten. Die Indianer dienen als Knechte oder eigentlich Sklaven; sie sind so verstohlen, daß nichts vor ihnen sicher ist als Stiefel, mit denen sie nichts anzufangen wissen. Eine Revolution folgt der andern und stets unter Morden und Blutvergießen. Die Unsicherheit für Leib und Leben ist überall gleich groß. Man kann oft an den Straßen die Leichen ermordeter Weißer finden, um die sich niemand kümmert. Da alles mit Silber bezahlt wird, so hat man wieder Maultiere nötig, um das Geld in die nächste Stadt zur Bank zu verbringen, und da ist bei der herrschenden Gesetzlosigkeit die Gefahr, ausgeplündert und erschlagen zu werden, stets eine große. Das Land selbst, im Gebirge, ist äußerst fruchtbar; es wächst dort alles von selbst. Das

Leben ist sehr wohlfeil, dafür aber der Absatz der Erzeugnisse ein ungemein teurer. Wenn die Verkehrsverhältnisse sich besser gestalten, wird Guatemala einer schönen Zukunft entgegengehen.“

„Ich war bis jetzt mit meiner Frau in St. Francisco in Kalifornien ansässig,“ berichtete ein älterer Herr aus Braunschweig, „und wir haben sieben Tage und sieben Nächte in der Eisenbahn nach New-York zugebracht. Vor 25 Jahren fuhr ich als Seemann auf einem Dampfer zwischen Europa und Amerika; eines Tages blieb ich in New-York, um mein Glück auf dem Lande zu versuchen. In New-York gelang mir dies nicht, daher verzog ich nach Chicago und suchte nach Beschäftigung. Da las ich in einer Zeitung, daß ein junger maschinenkundiger Mann gesucht werde. Ich hatte zwar die Dampfmaschine unseres Schiffes nur gesehen, ohne sie zu verstehen, allein ich dachte: du probierst es. Ich meldete mich und berichtete auf die Frage, ob ich von Maschinen etwas verstehe, was ich von unsrer Schiffsmaschine wußte. ‚Ja,‘ war die Antwort, ‚Schiffsmaschinen und Nähmaschinen sind zweierlei!‘ Und um letztere handelte es sich allein. ‚Zeigen Sie mir eine Nähmaschine und geben Sie mir drei Tage Probezeit und Sie werden mit mir zufrieden sein,‘ erwiderte ich zuversichtlich. So geschah es, und ich wurde von der Singerschen Nähmaschinenfabrik angestellt, wurde später deren Vertreter in St. Francisco für ganz Kalifornien und begebe mich nun nach Deutschland, um da mit meiner Frau den Lebensabend zuzubringen.“

„Mir ist es nicht so leicht und gut, wie Ihnen, ergangen und ich habe viel Abenteuerliches erleben müssen,“ nahm ein vierzigjähriger wetterfester Mann das Wort. „Ich bin nämlich Silbergräber in Montana gewesen. Mit einem Pferd, auf dem ich meine Habseligkeiten und Werk-

zeuge mit mir führte, machte ich mich auf den Weg ins
Gebirge, wo ich ein Stück Land zum Graben auf Silber
erworben hatte. Zwei Männer schlossen sich mir unterwegs
an und wir kamen überein, das Land gemeinschaftlich ab-
zubauen. Allein als wir in der Wildnis waren, wollten
die zwei mich meiner Barschaft und meines Pferdes be-
rauben. In der Notwehr schoß ich den einen nieder, der
andere entfloh und ich zog allein weiter und habe in völ-
liger Abgeschiedenheit und in einer wilden Gegend unter
vielen Mühen und Entbehrungen und nur mit angestreng-
tester Arbeit im Laufe der Jahre soviel zusammenschürfen
können, daß ich jetzt wieder in die Heimat, nach Bayern,
reisen kann."

„Als Farmer in Nebraska habe ich im Laufe von 26
Jahren," fuhr ein anderer Erzähler fort, „erfahren, was
es heißt, das Land aus einem Urwald in' fruchtbares
Weizenfeld umzuwandeln. Mit den bescheidensten Mitteln
fing ich an. Der Boden war gut und so konnte ich Jahr
für Jahr die Farm bis zu 300 Morgen vergrößern und
Knechte und Mägde anstellen. Mit den Ernten war ich
auch meistens, besonders in den letzten Jahren, sehr glücklich und so konnte ich die ganze Farm gut an den Mann
bringen; nun bin ich im Begriff, mit meiner Frau und
meiner kleinen Tochter meine Heimatsstadt Kopenhagen
aufzusuchen."

„Mexiko ist eine große Zukunft bestimmt," versicherte
ein anderer Gast. „Dieses Land hat vom mexikanischen
Golf bis zu den zehntausend und mehr Fuß hohen Bergen
um die Hauptstadt Mexiko her, zu der man in zwölfstün-
diger Eisenbahnfahrt gelangt, alle Zonen der Pflanzenwelt aufzuweisen, vom Kaffee und der Baumwolle am
Golf bis zum Korn und zur Kartoffel, und neben Silber
und Gold hegen seine Berge große Lager von Eisenerzen

und Kohlen. Die Regierung ist eine gute, Eisenbahnen
werden in immer weiteren Gebieten gebaut, und die An=
siedler erhalten jede mögliche Erleichterung. Ich selbst war
als Chemiker in verschiedenen großartigen Brauereien an=
gestellt und hatte Gelegenheit genug, das Land nach allen
Seiten hin kennen zu lernen. Jetzt kehre ich nach Wien in
meine Heimat zurück und gedenke zunächst da zu bleiben.
Aber wer weiß, ob mich die Wanderlust nicht wieder an=
kommt, dann ziehe ich auch einmal hinab nach Florida, von
dem unser Floridaner Freund so Interessantes erzählt hat."

So konnten diese Reisenden einander berichten. Aus
allen möglichen Ländern waren sie da auf dem Schiff zu=
sammengewürfelt, alle möglichen Berufsarten hatten sie
zu den ihrigen gemacht, aber alle waren ein sprechender
Beweis dafür, daß in Amerika ohne großen Fleiß und
tüchtige Sparsamkeit nichts zu finden ist.

Wie ganz anders werden die Berichte mancher der
Reisenden gewesen sein, die in dem neben uns liegenden
Zwischendeck der alten Heimat zu fuhren! Da war manche
verlorene Existenz darunter, mancher, der vor längerer
oder kürzerer Zeit sein Glück in Amerika suchen zu müssen
glaubte und nun ärmer als er war zurückkehrte; mancher,
der gegen Vater und Mutter ungehorsam in die weite
Welt gelaufen und ohne Segen geblieben war und nun
froh sein mußte, daß Elternliebe ihm verzieh und die
Mittel gab, in die Heimat zurückkommen zu können. Eines
von den Sechsen, die wegen gänzlicher Mittellosigkeit frei
zurückbefördert werden mußten, war ein junges Mädchen,
deren Verlobter sie vor etlichen Monaten im Stich gelassen
hatte und nach New=York gefahren war. Sie machte alles
zu Geld, was sie an Habseligkeiten besaß, um ihn in New=
York zu suchen. Allein wie sollte sie ihn finden unter
drei Millionen Menschen? Ihr Geld reichte knapp bis

nach New-York. Somit wurde sie trotz ihrer Bitten und Thränen aufs nächste Schiff gebracht, das nach Hamburg abfuhr. Am zweiten Tag gebar sie auf dem Schiff ein Knäblein. Eine Geldsammlung unter allen Reisenden des Schiffes gab ihr die Mittel, in ihre Heimat, nach Polen, zurückkommen zu können.

Aber vorne, auf dem erhöhten Teil des Schiffes, die I. Kajüte! Da waren auch allerlei Reisende beisammen, auch sonderbare. Der dicke Herr mit dem wohlgenährten Gesicht und fast an jedem Finger einen schweren Ring, der den Reichtum des Besitzers möglichst augenfällig verkündigen sollte, ihm gehörten die 78 schönen Pferde schwersten Schlages, sowie zwei kostbare Rennpferde. Für Fracht allein mußte er 8000 Mark dafür bezahlen und für Futter und Bedienung selbst Sorge tragen. Ein anderer, der nie unter 20 Mark Trinkgeld für die kleinste Dienstleistung eines Kellners im Hotel zu geben pflegte, war plötzlich von der Laune erfaßt worden, nach Europa eine Vergnügungsreise zu machen und da er nicht allein reisen wollte und keine fremde Sprache verstand, nahm er gegen hohe Bezahlung den Oberkellner aus einem der ersten Hotels von New-York mit; und so fuhren die beiden sogleich mit einander ab, nachdem sie noch zuvor dafür gesorgt hatten, daß die ganze Sache in den Zeitungen von New-York zu lesen war. O Selbstsucht und Unverstand!

Das Wetter war ausnahmsweise schön und das Meer meist spiegelglatt, so daß man dem munteren Treiben der Walfische und namentlich der Delphine stundenlang zusehen konnte. Prachtvoll war das Meeresleuchten bei Nacht; selbst die Offiziere erklärten, dasselbe so schön noch selten gesehen zu haben. Fünf Tage und fünf Nächte dampfte auf eine halbe Stunde Entfernung ein anderes Schiff neben uns her; am Morgen des sechsten Tages ließ es plötzlich nach und war nach einem halben Tag unsren Blicken entschwunden. Die Schraube mußte warm gelaufen sein, wie ein Offizier bemerkte; doch hatte das Schiff keine Hilfeleistung nötig. Ein gewaltiger Viermaster frug aus der Entfernung an, in welcher Länge und Breite er sich eigentlich befinde, da er den Kurs verloren habe? Von unsrem Schiff aus wurde ihm bereitwilligst die gewünschte Auskunft erteilt und zwar durch allerlei farbige und verschieden bezeichnete kleine Fähnchen, die auf- und abgezogen werden; mit diesem Flaggenapparat, den alle seefahrenden Völker verstehen, ist man imstande, 72000 Wörter zu geben, die in einem großen Buch verzeichnet sind. Kein Tag verging, an dem nicht die verschiedensten Schiffe bald nahe bald ferne in unsren Gesichtskreis kamen.

Mehreremale im Tag wurden Lotungen vorgenommen, um die Tiefe des Wassers zu erforschen, und dreimal die Schnelligkeit des Dampfers gemessen. Das ergab nun allerdings geringere Zahlen als beim Kaiser Wilhelm der Große, indem 320 Seemeilen die höchste, in einem Tag erreichte Zahl war. Allein wenn die Fahrt auch etliche Tage länger währte, was schadete es? Wir waren ja gut versorgt, und bei dem schönen Wetter dünkte uns die Fahrt gar nie langweilig. Ein junger Professor von der Kriegsschule in Chicago machte mancherlei photographische Aufnahmen von Schiff und Passagieren, und auch damit ging die Zeit vorüber und ein hübsches Andenken blieb zurück.

Das Wetter blieb gut, bis wir an der Südspitze von England vorüber waren. Dann setzte Regen und Nebel ein, so dicht, daß jede Minute die Nebelpfeife ihren heulenden, durchbringenden Ton hören ließ und zwar die ganze Nacht hindurch. Die Fahrt wurde dabei immer wieder verlangsamt, ja manchmal standen wir ganz still. Es war eine unheimliche Nacht. Als der Morgen kam, nahm

der Nebel noch mehr zu an Dichtigkeit und im langsamsten
Tempo fuhren wir weiter. Von allen Seiten erschallten
Nebelpfeifen herüber; oft hielt der Dampfer an und von
links oder rechts tauchte aus dem Nebel ein vorüberfahren-
des Schiff gleich einem schwarzen Berg auf. Einige der
jungen Leute trieben ihren Spaß mit den Rettungsringen,
die beim Schiffbruch angezogen werden, um den Verun-
glückten über Wasser zu halten. Die Jungen legten die
Ringe über die Schultern und trugen sie unter heiteren
Gesängen herum. Ich wies zwei derselben mit der Hand
auf die Arbeit etlicher Matrosen an den Rettungsbooten hin.

„Was thun diese?" frugen sie.

„Nun, Sie sehen doch, daß sie die Rettungsboote klar
machen für den Fall eines Unglücks. Unsre Lage scheint
ernst zu sein."

So war es auch. Und selbst die Leichtsinnigsten kamen
zum Bewußtsein über die Gefahr, in der wir dahinfuhren,
und überall wurde es stille. Der drohende Tod ist ein
gewaltiger Prediger.

Auf unsren Kapitän und die Offiziere konnten wir
uns wohl verlassen und das beruhigte uns. Im Lauf
des Nachmittags klärte sich endlich das Wetter auf, die
Sonne konnte wieder durchbrechen und als wir an den
Kreidefelsen von Dover vorüberkamen, war alles wieder gut.

Am folgenden Morgen fuhren wir an Helgoland
vorüber, dessen Felsen in rötlichem Sonnenschein wunderbar
schön vom Meer und Horizont sich abhoben. Immer
näher kam das Ufer der Heimat. An der Mündung der
Elbe legte ein kleiner Dampfer an unsrer Seite an, in
in welchen die Passagiere der I. und II. Kajüte umsteigen
mußten. Auch ein Reisender aus dem Zwischendeck kam
mit, aber nicht freiwillig. Ein Geheimpolizist von Hamburg hatte ihn in Empfang genommen, da von einer

Nähmaschinenfirma in New-York ein Telegramm angelangt war, wornach der Betreffende eine Nähmaschine erworben, aber das Bezahlen vergessen hatte. Diese fand
sich wirklich vor; dem Dieb entging seine Beute noch in
letzter Stunde.

In Hamburg hatte in den letzten Tagen das große
deutsche Turnerfest stattgefunden und ein Dampfer nach
dem andern, mit Turnern vollbeladen, fuhr an uns vorbei
dem schönen Helgoland zu. Stolz lag ein deutsches Kriegsschiff am Eingang in den Kaiser Wilhelm-Kanal bei Bruns-
büttel. Immer schöner wurden die Ufer der Elbe, besonders das rechte Ufer mit Blankenese und den andern
Villenorten, in denen sich die reichen Kaufherrn aus Hamburg mitten in den schönsten Gärten und Waldungen ihre
Residenzen erbaut haben. So oft wir an einem der vielen
Ausflugsorte vorbeidampften, ertönten uns neue freudige
Begrüßungsrufe der vielen, Feiertag haltenden Uferbe-
wohner entgegen; aus voller Kehle wurden sie von unsrem
Schiff aus erwidert. Denn die deutsche Heimat war ja
glücklich erreicht.

Durch einen dichten Wald von Masten ging die Fahrt
in den Hafen von Hamburg hinein, das rauchgeschwängert
vor uns lag und dessen höchsten Punkte gerade noch von
der vergoldenden Abendsonne gestreift wurden.

Nachdem die Landung glücklich erfolgt, das Zoll-
geschäft abgemacht und wir wieder völlig an Land waren,
suchten wir Quartier für die Nacht, was bei der noch zahlreich anwesenden Turnerschar nicht so leicht war. Unser
Drei fanden noch ein gemeinsames Zimmer und schliefen
wieder einmal auf festem Land ausgezeichnet.

Am Morgen gingen auch diese letzten Reisegenossen
auseinander, der eine nach Berlin, der andere nach Wien
und ich über Frankfurt und Stuttgart der eigentlichen

Heimat zu. Naß und unfreundlich war die lange Fahrt durch ganz Deutschland, und als ich in Stuttgart den Zug zur letzten Strecke der 19 tägigen Reise bestieg, konnte ich nur Gott von Herzen danken für alle Bewahrung auf dem so langen Weg zu Wasser und zu Land. Bemerkt sei noch, daß ich die ganze Reise ohne Taschenuhr gemacht habe; denn meine Uhren gingen nicht. Zu spät bin ich trotzdem nie gekommen.

Meine Lieben fand ich gesund zu Hause. Meine Frau, die mich auf dem Bahnhof abholte, kannte mich nicht mehr.

Ich brachte die Nachricht mit heim, daß heute Deutsch= lands großer Sohn, Fürst Otto von Bismarck gestorben, der treue Diener Kaiser Wilhelms des Großen!

Key-Weſt aus der Vogelſchau.